ENFANTS PLACÉS,
ENFANCES PERDUES

En Suisse romande est également paru une recherche sur le placement des enfants menée par l'Unité de recherche de l'École d'Études sociales et pédagogiques de Lausanne. Cette recherche a été soutenue par le Département de la formation et de la jeunesse du canton de Vaud.

Geneviève Heller, Pierre Avvanzino, Cécile Lacharme, *Enfance sacrifiée. Témoignages d'enfants placés entre 1930 et 1970*, Lausanne, Éditions des Cahiers de l'éésp – Haute école de travail social et de la santé – éésp-Vaud, 2005. www.eesp.ch

Le livre de Louisette Buchard Molteni, *Le tour de Suisse en cage. L'enfance volée de Louisette*, est à nouveau disponible aux Éditions d'en bas.

Une exposition itinérante de témoignages audio et de débats a été créée par l'association Enfances volées, *Enfances volées / Verdingkinder Reden, Regards et témoignages d'enfants placés / Fremdplatzierungen damals und heute*. Cette exposition va tourner en Suisse de 2009 à 2013. www.enfances-volees.ch

MARCO LEUENBERGER & LORETTA SEGLIAS (Éds)

ENFANTS PLACÉS, ENFANCES PERDUES

Traduit de l'allemand par François Schmitt

Introduction de Elisabeth Wenger

Épilogue de Franz Hohler

Photos de Paul Senn

Éditions d'en bas

Ce livre est issu d'une recherche menée en Suisse alémanique sur le placement des enfants aux XIXe et XXe siècles. Sont remerciés pour leur soutien à cette recherche et au livre les institutions, fondations et partenaires suivants : la Fondation suisse pour la culture, Pro Helvetia ; la Fondation Schweirischen Landesaustellung 1939 ; l'Office fédéral de la culture OFC ; le Burgergemeinde Berne ; la Fondation de la Famille Vontobel ; le Fonds zur Förderung von Lehre und Forschung der Freiwilligen Akademischen Gesellschaft, Bâle ; la Fondation Hatt-Bucher ; la Fondation du Jubilée de la Banque cantonale bâloise ; l'Office de la culture et Swisslos du canton de St. Gall ; le Musée des Beaux-Arts de Berne ; les Fonds de la Lotterie des cantons de Berne, Bâle-campagne, Soleure et St. Gall (financé par Swisslos) ; la Fondation Prof. Dr. Fritz Peter Hager ; Pro Senectute Suisse ; la Fondation du Jubilée de Raffeisen ; la Schweizerische Gemeinnützige Gesellschaft ; le Fonds national pour la recherche scientifique ; la Fondation UBS pour la culture.

Les Éditions d'en bas remercient la Fondation suisse pour la culture, Pro Helvetia, pour son soutien à la traduction de ce livre ; et pour la publication du livre : le Département de la formation et de la jeunesse du canton de Vaud et Omina Freundeshilfe.

Graphisme couverture : lbbl Sàrl, Lausanne
Photo couverture : photo de Paul Senn (1901-1953), Garçon de la maison d'éducation de garçons d'Oberbipp, canton de Berne, 1940.
Fondation bernoise pour la photographie, le film et la vidéo, Musée des Beaux-Arts, Berne. Dépôt de la fondation Gottfried Keller.
© Fondation Gottfried Keller, Winterthur.

Édition originale :
Versorgt und vergessen. Ehemalige Verdingkinder erzählen
ISBN 978-3-85869-382-2
© Rotpunktverlag, Zürich, 2008 – www.rotpunktverlag.ch

ISBN 978-2-8290-0376-9
© 2009
Éditions d'en bas – Rue des Côtes-de-Montbenon 30 – 1003 Lausanne
(Suisse) – enbas@bluewin.ch – http://www.enbas.ch

Sommaire

Préface

Elizabeth Wenger

Dans le présent ouvrage, quarante témoins parlent de leur passé d'enfants placés. Ils sont les porte-parole de centaines de milliers de compagnes et compagnons d'infortune qui, des siècles durant, ont été exploités comme main-d'œuvre bon marché, battus et fréquemment victimes d'abus sexuels. Ces enfants ont trop souvent connu une existence triste et sans amour, sans la moindre chaleur humaine, sans compassion. Méprisés et mis à l'écart, ils ont occupé le dernier rang de la hiérarchie sociale.

Les directeurs d'institutions et les familles d'accueil se considéraient comme socialement engagés. C'était en contradiction frappante avec les mauvais traitements infligés à une grande partie des enfants qui leur étaient confiés, mais on le voyait rarement, on ne voulait pas le voir. Les instituteurs se taisaient, alors qu'ils voyaient les injustices comme tous les autres habitants du village. L'Église se taisait, soutenant ainsi ces comportements malfaisants. Le petit clergé se rangeait du côté des autorités et des parents d'accueil, alors que les dignitaires ecclésiastiques connaissaient la situation réelle.

Il y avait aussi des familles d'accueil qui traitaient bien leurs protégés, il faut avoir l'honnêteté de le dire. Pourtant, au lieu de secours, d'affection et de présence, beaucoup d'enfants ont enduré chaque jour les coups et la peur. On attendait même qu'ils se montrent reconnaissants pour cette attitude ignoble. Ils ne connaissaient que la discrimination, la moquerie et la souffrance que leurs petites âmes subissaient jour après jour. On inculquait aux enfants des sentiments de culpabilité jusqu'à ce qu'ils finissent par se sentir vraiment coupables des injustices subies ; jusqu'à ce qu'ils soient persuadés de ne pas avoir mérité une enfance normale.

On ne parlait pas de ces injustices, car on en avait honte. Les enfants qui parlaient de leurs malheurs étaient traités de menteurs. Alors ils se taisaient et, à la longue, perdaient confiance envers leur entourage. Souvent, il ne leur restait pas d'autre choix que de tenir le coup chez leurs bourreaux jusqu'à leur sortie de l'école et parfois jusqu'à leur majorité. S'ils avaient de la chance, ils étaient alors libérés. Sinon, ils étaient maintenus sous tutelle ou même enfermés. Qui s'en souciait ? Aujourd'hui encore, la majorité des victimes n'ose pas parler. Certains ont rassemblé leur courage et raconté leur histoire. Mais, régulièrement, les familles s'opposent à la publication de ces récits, par égard pour elles-mêmes. Mais qui a eu, qui a des égards pour les victimes ?

Qui a vécu une enfance et une jeunesse sans amour, sans chaleur, sans contacts sociaux, qui a été maltraité, abusé, battu, tombe dans un profond trou quand il devient adulte. Car il n'a jamais appris à résoudre les conflits et les problèmes. Comment aurait-il pu ? C'était toujours lui le coupable et, une fois adulte, il restera coupable jusqu'à ce qu'il acquière le respect nécessaire et développe une dose suffisante de confiance en soi. Mais il faut beaucoup de force et de courage pour faire remonter les sentiments refoulés à la surface et les transformer.

Le manque d'amour et de chaleur, accompagné de traitements inhumains dans l'enfance, a conduit bien des victimes à un échec fatal. Nombre d'entre elles, ne voyant plus de perspectives d'avenir, se sont ôté la vie. Beaucoup, une fois adultes, n'ont pas eu la force et la volonté de se défendre et de prendre leurs distances avec leurs bourreaux.

Qu'on pardonne ce ton dur et acerbe, que l'on comprenne ce que je ressens quand j'entends et vois avec quelle insensibilité et quel cynisme des êtres humains ont été traités. Je me permets de parler clairement, car j'ai moi-même été un enfant placé, avant que les parents d'accueil me mettent au service de paysans. Moi aussi j'ai travaillé dur pour ma subsistance. Moi aussi j'ai été maltraitée et abusée sexuellement, et j'ai tenté une fois adulte de mettre un peu de lumière dans l'obscurité. Mais, comme à beaucoup de compagnes et compagnons d'infortune, on m'a refusé l'accès aux dossiers avec des arguments fallacieux. Beaucoup de communes ont simplement détruit ces dossiers. Il y a toujours des communes qui n'ont pas reconnu les signes des temps et qui n'admettent pas que des enfants ont été victimes de grandes injustices pendant des siècles. Il ne s'agit pas de désigner des coupables. Les bourreaux sont morts, et leurs descendants ont souvent honte de ce qu'ils nous ont fait. Mais nous ne pouvons pas non plus enjoliver le passé.

On peut objecter que c'était une autre époque. Peut-être, mais nous parlons ici d'êtres humains, de leur dignité, et de respect. Tous les enfants méritent d'être traités avec respect, estime et considération, et cela vaut tout particulièrement de nos jours. De la part des autorités fédérales, pas un seul mot d'excuse n'est parvenu jusqu'à ce jour aux victimes des injustices. Des excuses constitueraient un geste de bonne volonté et une reconnaissance des injustices commises. Elles rendraient leur dignité aux victimes, qu'elles soient décédées ou encore en vie.

Nous ne pouvons pas faire comme si ce drame social des derniers siècles n'avait pas eu lieu, mais c'est notre devoir à tous de faire en sorte que pareilles cruautés ne se reproduisent pas. Nous sommes tous appelés à regarder la réalité en face. Chacun et chacune d'entre nous se doit de faire connaître et dénoncer les anomalies. Où sont les gens qui voient et entreprennent quelque chose ? Les femmes et les hommes qui s'engagent demeurent rares. Aujourd'hui encore, il est plus facile de fermer les yeux, car le courage civil exige de la fermeté et peut être inconfortable. Il faut ouvrir les yeux et mettre le doigt sur la plaie.

À ce jour, il n'existe toujours pas de législation et de surveillance complètes pour la protection des enfants placés en Suisse. Nous ne pouvons plus rien changer au passé, mais nous pouvons aménager l'avenir. Que vienne le jour – c'est mon plus cher désir – où tous les enfants du monde pourront grandir auprès de leurs parents dans l'amour, la chaleur et la sécurité.

Je remercie les historiennes et historiens du groupe de travail qui a lancé le projet de recherche. Cet ouvrage a pu être réalisé grâce au grand engagement des femmes et des hommes qui ont recueilli les témoignages des personnes touchées, et grâce aux chercheuses et chercheurs qui n'ont pas lâché prise. Il s'adresse à tous ceux qui considèrent la dignité de l'être humain comme intangible.

Comme personne directement concernée, je suis heureuse d'avoir eu l'honneur de rédiger la préface de cet ouvrage unique en son genre. Je tiens à remercier chaleureusement celles et ceux qui m'ont accordé leur confiance.

Introduction

Marco Leuenberger

« Placés et oubliés » – Ces mots ne désignent pas des objets qui, consciemment ou par négligence, auraient été posés n'importe où, mais bien des personnes. Des êtres humains dont nous ignorons qu'ils se trouvent peut-être dans notre voisinage immédiat ou dans notre propre famille. Ils ne portent pas sur eux leur destin personnel. Pourtant – c'est une particularité suisse – des centaines de milliers de personnes ont vécu une destinée qui, par un oubli fâcheux, n'apparaît guère jusqu'ici dans l'histoire suisse. Il s'agit des enfants placés hors de leur famille pour travailler.

Il a fallu la curiosité d'une journaliste britannique pour que des recherches sur le phénomène du placement des enfants en Suisse soient faites durant l'été 1999.[1] Son article a attiré l'attention d'une ancienne correspondante radiophonique suisse, alors domiciliée à Londres. Après son retour en Suisse, celle-ci a enquêté à son tour sur le sujet. Le reportage qu'elle a publié dans le « Magazin » du « Tages-Anzeiger »[2] a intéressé un large public. Dès fin 2003, la question des enfants placés a occupé pendant plusieurs mois une grande place dans les médias helvétiques.

À la même époque, des historiens et historiennes ainsi que d'autres personnes désireuses d'étudier ce chapitre méconnu de l'histoire suisse se retrouvaient à intervalles irréguliers au buffet de la gare d'Olten. Il en est résulté un projet de recherche dirigé par les professeurs Ueli Mäder et Heiko Haumann, qui a été partiellement approuvé par le Fonds national en décembre 2004.[3] Dans le cadre de ce projet, les témoignages de plus de 270 personnes placées durant leur enfance ont été recueillis entre 2005 et 2008. Ils avaient répondu à des appels lancés dans divers médias et accepté de raconter leur vie. Leurs récits portaient sur des périodes comprises entre la fin du xixe siècle et les années 1970.

Ce livre présente une sélection de ces entretiens. Par leur choix, les auteurs n'ont pas cherché à divulguer des cas d'abus particulièrement graves. Ils ont voulu proposer un large éventail de destins d'enfants placés, en les situant dans le contexte des conditions de vie et de la mentalité de l'époque. Même si le nombre exact d'enfants placés hors de leur famille en Suisse ne pourra jamais être établi, il faut admettre que, jusque dans la seconde moitié du xxe siècle, des dizaines de milliers d'enfants par an n'ont pas pu grandir auprès de leurs parents.

D'innombrables enfants orphelins ou de parents divorcés, mais aussi des enfants illégitimes et de milieux difficiles, ont souvent été simplement enlevés par les autorités et placés de force, en général dans des fermes. D'autres ont été abandonnés par leurs parents tombés dans la misère et le désespoir. Pour une grande partie de ces enfants, c'était le rendement de leur travail qui comptait. Les autorités les plaçaient notamment chez des paysans, qui recevaient une indemnité d'entretien, mais les utilisaient comme main-d'œuvre et les considéraient comme des domestiques.4

En effet, l'ampleur de la charge de travail et sa position sociale distinguent l'enfant en service de l'enfant placé. Dans la discussion sur le placement des enfants, il convient donc de distinguer les buts visés initialement et les motifs pour lesquels les familles d'accueil recevaient un enfant. Ce livre traite avant tout des enfants qui devaient gagner leur subsistance et leur hébergement par leur travail. Il laisse de côté des formes particulières du placement des enfants, comme on en rencontrait en Suisse orientale et en Autriche (« Schwabengänger ») ainsi qu'au Tessin et au Nord de l'Italie (« Spazzacamini »).

Ce livre entend rendre justice à une minorité que l'histoire suisse a jusqu'ici largement ignorée et occultée. Il décrit surtout des destins individuels ; mais ce livre est aussi une tentative d'aborder certains aspects thématiques récurrents dans le placement des enfants et les us et coutumes de l'époque en Suisse. À la demande des intéressés, une partie des portraits ont été pourvus de pseudonymes – parfois choisis par eux-mêmes – marqués comme tels (*). Outre le nom et l'année de naissance, le titre de chaque portrait indique dans quel(s) canton(s) les placements ont eu lieu. La préface a été rédigée par Elisabeth Wenger, elle-même placée dans son enfance. Le livre s'achève sur un épilogue de l'écrivain, cabarettiste et chansonnier Franz Hohler.

Dans les quarante témoignages sélectionnés, les lecteurs trouveront des analogies et des thèmes récurrents. Chaque série de cinq portraits est accompagnée d'un texte de mise en situation, dont certains éléments se retrouvent dans d'autres récits et éclairages. Aux chapitres I, II et VII, Marco Leuenberger, Liselotte Lüscher et Ueli Mäder situent le placement des enfants dans le contexte des conditions de vie de l'époque et de l'état actuel des recherches, sous l'angle de la pauvreté, du travail des enfants, de l'école, de la formation professionnelle et du pouvoir (avec ses abus).

Les portraits illustrent la (toute-)puissance des autorités de l'époque et le sentiment des enfants et de leurs familles d'être totalement à leur merci. Aux chapitres III et IV, Mirjam Häsler et Katharina Moser expliquent les dispositions légales, les pratiques suivies, ainsi que les règles et les mœurs alors en vigueur en Suisse.

Les récits des personnes placées dans leur enfance révèlent des modèles de souffrance stéréotypés. Leurs portraits font apparaître beaucoup d'abus ou même d'horreurs qui étaient connus de contemporains attentifs. Aux chapitres V, VI et VIII, Loretta Seglias et Sabine Bitter examinent les différentes formes de l'humiliation et les conséquences du déracinement et de l'isolement.

Les récits reflètent le regard rétrospectif de victimes sur la façon dont elles ont vécu leur placement. Les personnes interrogées ont exprimé elles-mêmes le souhait de raconter leur vécu. Pour la lecture et l'interprétation de leurs récits, différents aspects doivent être pris en compte. Heiko Haumann et Ueli Mäder se penchent sur cette thématique au chapitre IX. Les témoignages choisis ne sont pas représentatifs, parce que les intéressés se sont annoncés volontairement et qu'il s'agit principalement de personnes qui se sont délibérément confrontées à leur passé et ont maîtrisé leur destin.

Cette constatation est d'autant plus remarquable que les enfants placés étaient souvent issus de familles nécessiteuses, et que les lacunes de leur formation scolaire et professionnelle ne leur laissaient a priori qu'une faible chance de sortir de cette indigence au cours de leur vie. De nombreux enfants possèdent la capacité sans doute innée de surmonter sans dommage des circonstances de vie difficiles. Mais on sait aussi que bien des personnes placées dans leur jeunesse ont échoué dans leur vie ou ont même choisi de quitter celle-ci prématurément à cause des expériences abominables subies dans leur enfance. Les témoignages de ces personnes font forcément défaut.

Les auteurs veulent par ce livre donner un aperçu d'une Suisse jusqu'ici largement ignorée et démontrer qu'une étude historique de fond est d'une urgente nécessité. Là-dessus se greffe l'espoir de jeter enfin un peu de lumière sur l'histoire obscure d'une minorité jusqu'ici silencieuse et occultée. Ce livre s'adresse ainsi aux victimes directes, à leurs descendants et aux autres personnes intéressées, mais il entend aussi dévoiler les lacunes des connaissances actuelles sur le placement des enfants. À ce jour, il n'est pas un seul canton dans lequel l'histoire de ces placements ait été analysée. C'est regrettable.

Nous remercions vivement toutes les personnes qui ont bien voulu raconter leur vécu, ainsi que les professeurs Ueli Mäder et Heiko Haumann et les nombreux étudiants de l'Université de Bâle et d'autres personnes, sans la collaboration active desquels ce livre n'aurait pas vu le jour. Les portraits sont en effet l'œuvre de beaucoup d'auteurs différents, qui se sont confrontés à ce thème et ont eu des contacts personnels avec les personnes concernées. Nous remercions également les différents donateurs qui ont soutenu financièrement le projet de recherche et cette publication. Le Musée des beaux-arts de Berne nous a permis d'illustrer le livre par des photos de Paul Senn. Ses photos de personnes défavorisées et marginalisées – y compris d'enfants placés – sont déjà connues en Suisse et au-delà.[5]

Chapitre I

Pauvreté et travail des enfants en Suisse

Marco Leuenberger

Temps de pénurie

Le phénomène du placement extra-familial d'enfants en Suisse est étroitement lié à la notion de pauvreté. Dans le contexte de l'époque, il faut comprendre par là l'accès insuffisant aux biens vitaux comme la nourriture, le logement ou l'habillement, au contraire de la « nouvelle pauvreté », comprise comme manque de qualité de vie.

Effectivement, beaucoup de personnes ont mené encore au XXe siècle en Suisse une vie très chiche et pleine de privations. La peur de manquer marquait l'existence de vastes groupes de population en ville et à la campagne.[1] Pendant la Première Guerre mondiale et particulièrement les deux dernières années de guerre 1917-1918, les pertes de revenu causées par le service militaire ainsi que le renchérissement et l'inflation ont entraîné une grande misère. Ainsi, plus de 15 % de la population suisse devait être soutenue par les autorités en juin 1918.[2] La transformation structurelle dans l'agriculture, les grandes crises économiques de l'entre-deux-guerres (1921-1922 et de 1932 à 1939) ainsi que la Deuxième Guerre mondiale ont accru la pénurie et la pauvreté dans de larges milieux de la population.

Les familles appauvries d'artisans, d'ouvriers et de paysans vivaient dans des conditions modestes. L'électricité ou l'eau courante n'ont été installées que progressivement dans la première moitié du XXe siècle. L'espace habitable était étroit pour des familles souvent nombreuses, et les enfants dormaient souvent à deux ou trois dans le même lit, dans des chambres non chauffées. Les possibilités étaient restreintes pour l'alimentation, l'éducation ou l'hygiène. Les enfants de parents pauvres étaient souvent exclus de certaines activités sociales et ne pouvaient guère participer à la vie publique. La pauvreté était parfois telle que même les besoins élémentaires pouvaient à peine être satisfaits.[3] Des milliers de gens se trouvaient à la limite du minimum vital ou même au-dessous. Il n'est donc pas étonnant que des témoins racontent avoir été envoyés mendier par leurs parents dans les années de crise des décennies 1920 et 1930 ou, comme Ernst Wessner, Werner Bieri et Armin Stutz, avoir souffert de la faim à la maison.

Compte tenu des ressources limitées, les occasions de faire des réserves pour les temps de disette étaient rares. Une maladie, un accident ou un autre imprévu financièrement lourd pouvait détruire rapidement le fragile équilibre économique d'une famille. C'est pourquoi une visite chez le médecin, par exemple, était souvent retardée au maximum, parfois jusqu'à ce qu'il soit trop tard ou qu'il en résulte une affection chronique définitive. Pour les personnes nécessiteuses, la situation était encore aggravée par le fait que certains risques de pauvreté comme la maladie, l'accident ou le chômage n'étaient alors guère atténués par des assurances. L'assurance vieillesse et survivants (AVS/AI), notamment, n'a été introduite qu'en 1948. Il n'est pas surprenant que l'accident ou la mort de l'un ou des deux parents – deux des principales causes du placement forcé des enfants avec la naissance illégitime – conduisait régulièrement à l'éclatement de la communauté familiale. La famille bourgeoise, avec le père comme unique soutien, était l'idéal d'une couche moinne supérieure, mais pas valable pour une grande partie de la population.

La famille comme communauté de travail

Comme aujourd'hui dans les pays en développement, une misère indicible a contraint en Suisse aussi de nombreux parents à intégrer tôt leurs enfants dans le processus de travail. Les enfants étaient indispensables pour le fonctionnement de la communauté de production familiale. Le travail était réparti selon l'âge et la force. Les enfants procuraient ainsi à la famille un revenu supplémentaire et souvent d'une impérieuse nécessité. Les enfants de familles pauvres travaillaient aussi souvent pendant la journée dans des fermes afin de gagner leur nourriture. Jusqu'à une période avancée du XXe siècle, les enfants de familles nécessiteuses devaient donc « participer dès quatre, cinq ans aux travaux des champs ».[4]

Ainsi le travail des enfants n'était pas l'exception, mais la règle. Il n'y avait pas d'alternative. De manière symptomatique, une phrase revient toujours : « Cela a toujours été comme cela ». Il n'y avait donc rien d'exceptionnel quand – Ernst Wessner et Hans Unglück le disent aussi – les enfants, sans formation professionnelle, prenaient un emploi aussitôt après l'école obligatoire dans l'agriculture ou dans une fabrique. Jusqu'à leur majorité, ils remettaient (plus ou moins volontairement) leurs revenus à leurs parents. Plus la famille était pauvre, plus la contribution des enfants était grande et importante.

Pourtant, il ne faut pas conclure de ce qui précède que tous les enfants élevés dans de telles conditions étaient malheureux. Les parents pouvaient tout à fait compenser certains aspects de la pauvreté par leur affection, leur chaleur et la transmission d'un sentiment de solidarité. Beaucoup de personnes concernées gardent le souvenir d'une enfance heureuse malgré la pauvreté.

Prescriptions insuffisantes

Certes, la loi fédérale sur les fabriques promulguée en 1877 stipulait notamment l'interdiction générale du travail des enfants de moins de 14 ans dans l'industrie. Mais dans l'agriculture, qui employait un grand nombre d'enfants placés et issus de familles pauvres, le travail n'a jamais été réglementé par la loi. Seule la révision du droit des enfants de 1978 aurait étendu la protection légale aux enfants placés. (Cf. « Évolution légale du placement d'enfants », p. 73.)

Les réclamations contre les horaires de travail trop longs pour les enfants étaient fréquentes : on se plaignait que l'avantage d'un emploi dans l'agriculture, en principe plus sain que le travail en fabrique, se transforme en inconvénient à cause de la longue durée du labeur.[5] Toutefois les efforts pour réglementer la durée du travail dans l'agriculture ont commencé tardivement.[6] Toutes les interventions ont échoué à cause d'intérêts trop divergents et de la trop forte résistance des milieux agricoles et de l'industrie à domicile contre une telle atteinte à leur liberté personnelle. Les tentatives de réglementation ont aussi échoué face à l'organisation fédéraliste de l'école obligatoire.

Fait aggravant pour les enfants placés, les milieux de l'assistance propageaient depuis la Réforme l'idée d'imposer un travail dur aux enfants pauvres. On ne mettait pas au premier plan le bien-être de l'enfant ou de l'individu, mais la prospérité de l'État. L'application, l'assiduité et l'habileté passaient jusqu'au XXe siècle pour des buts éducatifs souhaitables, en particulier pour les enfants placés hors de leur famille. La conception courante au XIXe siècle de la pauvreté causée par sa propre faute, par la génétique ou par la paresse est encore fortement perceptible au XXe siècle dans les relations avec les enfants placés.[7] Les milieux de l'assistance voyaient dans la contrainte sociale un moyen d'imposer dans les couches inférieures de la société les modes de comportement et la discipline de travail bourgeois.[8] Le travail était le moyen par lequel l'enfant pauvre devait s'intégrer dans la société bourgeoise. On partait du principe que les enfants devaient contribuer autant que possible à leur entretien. Par leur travail, ils fournissaient une contribution active au fonctionnement de cette société, ils remboursaient en quelque sorte les dépenses qu'elle devait consentir pour leur formation. En conséquence, beaucoup de placements étaient influencés par des conceptions rétrogrades en matière d'éducation, de morale et de sanction.

Actuellement, des mesures dites compensatoires sont prises en considération dans la lutte contre la pauvreté, par exemple le soutien du travail scolaire des enfants de familles démunies. Cet élément était clairement négligé pour les enfants placés. Les aspects purement financiers n'ont perdu leur prédominance qu'au cours du XXe siècle, lorsque l'on a commencé à se préoccuper davantage du bien physique et mental de l'enfant.

L'emploi d'enfants dans l'agriculture en général et celui d'enfants placés en particulier semble n'avoir pris des formes dangereuses que lorsque ce secteur a commencé à souffrir de la pénurie croissante de domestiques par suite de l'émigration des travailleurs.[9] Des plaintes répétées donnent à penser qu'avec la raréfaction de la main d'œuvre dans l'agriculture, les exigences envers les enfants ont augmenté dès le début du XIXe siècle et que leur travail dans ce secteur a atteint une ampleur sans précédent. La population des enfants placés a constitué depuis la seconde moitié du XIXe siècle, tant pour les autorités que pour les milieux agricoles, un réservoir permettant de combler les lacunes dans la domesticité. Cela répondait moins à des soucis de bienfaisance qu'aux besoins de main-d'œuvre auxiliaire dans l'agriculture.

La vie à la ferme

Lorsqu'un enfant était placé dans une famille d'artisans ou – beaucoup plus souvent – de paysans, ce monde ne lui était souvent pas totalement étranger. Pour beaucoup d'enfants placés, les nouvelles conditions d'habitation et de vie étaient tout à fait comparables à celles qu'ils connaissaient à la maison. Néanmoins, bien des signes montrent les rigueurs de ce changement. Les protestations ne portaient pas sur le travail exigé, mais sur les mauvais traitements physiques et surtout psychiques. Ce n'est pas par hasard que le manque ou l'absence d'affection trace un fil rouge à travers les entretiens avec des personnes placées dans leur enfance. Trop souvent, les enfants placés se retrouvaient à l'échelon social le plus bas dans leur nouvelle communauté familiale : Pour eux, être pauvres ne signifiait pas seulement souffrir de privations matérielles, mais aussi n'avoir aucun pouvoir ni aucun droit.

L'enfant placé devait se soumettre, il devait obéir aux ordres de tous les membres de la famille et se tenir constamment disponible. C'est sans doute aussi pour cette raison qu'il était souvent appelé non par son nom ou son prénom, mais simplement « garçon » ou « fille ». C'était particulièrement difficile pour les enfants qui étaient habitués à d'autres situations ou qui souffraient de carences dans certains domaines, voire de surmenage et de maltraitance. Comme il ressort des récits de ce livre, l'éventail était large : certains enfants placés n'avaient pas accès à la partie habitable de la ferme et ne pouvaient se tenir qu'à l'étable et à la cuisine, certains étaient maltraités et exploités à l'extrême. D'autres ont été traités et élevés par les parents nourriciers comme s'ils étaient leurs propres enfants.

Il n'était pas rare que des enfants soient placés dans une exploitation agricole dans l'intention bienveillante de leur assurer au moins une alimentation suffisante et variée. En outre, ils devaient pouvoir grandir dans des conditions analogues à celles de la maison – cela pour compenser leur éloignement des membres de la famille. La réalité se révélait souvent différente. En fait, là aussi, le beurre, les œufs ou la viande, quand il y en avait, n'étaient sur la table que le dimanche ou les jours de fête. Les témoins se souviennent souvent que, à cause de la pénurie, des plats même immondes – par exemple de la viande infestée de vers – étaient servis et mangés ou devaient l'être. Cela montre bien que les familles nourricières elles-mêmes vivaient souvent dans des conditions économiques difficiles et étaient obligées de se restreindre autant que possible. De ce fait, et à cause d'une nourriture déséquilibrée, comprenant surtout des rösti, du lait et du pain, les enfants placés souffraient là aussi de carences alimentaires et même, comme Hans Crivelli, de la faim. Et là aussi, on économisait sur l'habillement ou les visites médicales.

Même si, faute d'enquêtes sur ce thème, on ne dispose pas de données sûres, il semble qu'au XXe siècle au moins, les enfants étaient placés surtout dans des exploitations agricoles petites ou moinnes, où les enfants de la famille étaient encore trop petits pour travailler ou avaient déjà quitté la ferme. Les enfants placés devaient alors se soumettre aux rythmes des activités agricoles. S'ils étaient encore petits, ils devaient garder le bétail, exécuter des travaux simples dans les champs ou surveiller les petits enfants. Plus grands, ils remplaçaient généralement un ou une domestique.

De nombreux témoins soulignent la longueur excessive et la dureté des journées de travail : celui-ci commençait dès quatre – cinq heures du matin ou encore plus tôt et durait, après l'école, jusqu'à huit ou dix heures du soir. Cela tient notamment au fait que la mécanisation de l'agriculture ne s'est généralisée qu'après la Deuxième Guerre mondiale et qu'auparavant la quasi-totalité des travaux se faisaient à la main. En conséquence, les enfants placés devaient être disponibles à la ferme pendant les récoltes. Les vacances scolaires étaient adaptées aux périodes où le travail agricole est le plus intense, et elles servaient à cela. Les enfants placés avaient donc en général un sommeil beaucoup trop court et peu réparateur, et leur temps de travail excédait largement les recommandations des autorités de l'époque.[10] Des études récentes prouvent que la santé psychique et physique des enfants pauvres et surmenés est généralement moins bonne que celle de leurs contemporains mieux lotis.[11]

Par conséquent, les enfants placés n'avaient pour ainsi dire pas de temps libre. De ce fait, ils étaient encore plus touchés par l'exclusion des contacts et activités sociales qu'auparavant dans leur propre famille. Comme il leur était souvent impossible, par manque d'argent et de temps, de se rendre chez des membres de la famille, beaucoup de ces enfants vivaient dans l'isolement. Dans les exploitations agricoles, ils servaient avant tout de main-d'œuvre bon marché. Dès lors, le placement extra-familial avait une importance économique non négligeable, en particulier pour le canton de Berne, où ont travaillé environ un quart des enfants concernés. Cette réalité a peut-être fait obstacle à un changement fondamental dans la prise en charge des enfants placés.

Le recensement fédéral des entreprises de 1929 mentionnait de « forts effectifs de main-d'œuvre enfantine » en particulier dans les petites exploitations du canton de Berne,[12] où les enfants de moins de 15 ans représentaient près de 20 % des ouvriers agricoles permanents. Même en y intégrant les enfants des familles paysannes, cela permet d'imaginer le nombre énorme d'enfants placés dans l'agriculture. Dix ans plus tard, la situation n'avait guère changé.[13] Au contraire, les besoins de main-d'œuvre aussi peu coûteuse que possible ont encore augmenté dans les années suivantes à cause de la Deuxième Guerre mondiale. Plusieurs décès et scandales ont finalement conduit en 1945-1946 à une première perception du problème dans la population.[14] Une conséquence directe en a été la fondation de l'action pour les enfants en placement en 1948 à Zurich, et de l'Association suisse pour les enfants en placement deux ans plus tard.

Armin Stutz*, 1927, Lucerne

« Et simplement toujours cette faim, cette faim »

Armin Stutz a grandi avec plusieurs dizaines d'autres enfants dans un orphelinat du canton de Lucerne. Certaines expériences l'ont profondément marqué et lui pèsent encore aujourd'hui. L'ordre et la discipline régnaient à l'orphelinat. Les coups étaient fréquents, mais en même temps on récitait son chapelet chaque soir. Armin Stutz se souvient précisément comment, le matin, on frottait le visage des enfants qui avaient mouillé leur lit avec les draps imprégnés d'urine. Quant à la nourriture, elle était si infecte qu'il préfère ne pas en parler.

C'étaient des sœurs d'Ingenbohl qui s'occupaient des enfants. L'une d'elles se faisait satisfaire par les garçons ; les abus sexuels étaient quotidiens. « Une jeune, une toute jeune (sœur). Quand on était seul dans la chambre, au lit, elle nous suçait la quéquette. Et nous devions la toucher sous le machin. Elle baissait ses bas-culottes clairs, je m'en souviens bien. » Le dimanche, le curé venait à vélo ou en calèche pour dire la messe. « Il se changeait dans la chambre des sœurs et nous allions regarder par le trou de la serrure quand les nonnes et le curé étaient nus dans la chambre. Je n'en dirai pas plus. »

Comme l'orphelinat servait aussi d'asile bourgeoisial, de nombreux adultes tributaires de soins y vivaient aussi. En outre, il recevait des personnes originaires du canton de Lucerne et tombées dans la misère ailleurs en Suisse. Les gens qui avaient perdu leur travail hors du canton étaient amenés ligotés par la police.

Les enfants devaient aussi entendre les bruits faits par le maître valet quand il traînait par les pieds les pensionnaires décédés au bas des escaliers et les amenait à la petite morgue avant leur inhumation :

« Le maître valet en traînait presque chaque semaine un ou deux en bas, par les jambes. Ça faisait 'tac-tac' quand la tête heurtait les marches. » En été, les enfants étaient envoyés pieds nus dans les chaumes pour glaner les épis restants. Ceux qui en ramassaient le plus étaient récompensés par une pomme gâtée.

Après sa première année scolaire, quand, selon une opinion répandue, Armin Stutz a eu l'âge de travailler, il a été placé chez un paysan pauvre comme Job, qui avait lui-même plusieurs enfants. Il se souvient que dans la région, chaque paysan possédant quatre ou cinq vaches avait à son service un garçon ou une fille de ferme venant d'une famille pauvre. Le patron d'Armin n'avait rien d'autre que quelques vaches et arbres fruitiers. Tout le travail se faisait à la main, et Armin devait se lever à cinq heures du matin pour accomplir différentes tâches avant d'aller à l'école. La ferme était si éloignée du village que le garçon devait rester à midi à l'école, où il recevait une soupe au lait. Il devait toujours rapporter le pain restant pour les enfants du paysan.

Armin a régulièrement servi de facteur pour l'office des poursuites. Le paysan n'avait même pas de quoi nourrir les poules, si bien que le propriétaire de la volaille les lui a confisquées. Le garçon de ferme était également contraint de se procurer sa nourriture en cachette et de voler parfois quelque chose.

Au bout de quelques années, Armin Stutz a été attribué à un autre paysan, chez qui il est tombé encore plus mal. Là aussi il a souffert de la faim, alors que la famille était tout sauf pauvre : le père d'accueil, membre du Grand Conseil et du Conseil communal, était un personnage respecté. Malgré cela, on regardait à la moindre dépense. Armin devait par exemple ramasser le dimanche devant l'église les mégots jetés par les paroissiens mâles : la famille d'accueil en faisait son tabac pour la pipe. Le garçon a passé là les années de guerre, synonymes de nouvelles privations. Tout en gardant le bétail, il cherchait des glands que l'on séchait sur le poêle afin d'en faire une sorte de café. Par chance pour lui, une ancienne fille de ferme issue d'une famille pauvre travaillait encore là comme domestique. Elle lui donnait en cachette des pommes de terre à cochons ou des châtaignes.

« Et simplement toujours cette faim, cette faim. Nous devions toujours courir après la nourriture. Parfois, j'ose à peine le dire, quand la jeune fille avait nourri les cochons, je descendais à l'auge pour en retirer une poignée de pitance. » L'hygiène laissait aussi à désirer. Armin Stutz se souvient : « Sur la table de la cuisine, où tous mangeaient ensemble, il y avait de grosses fentes où l'on voyait les vers se tortiller ». Il était aussi dégoûté de voir des morceaux de pommes sécher sur le four entre les chaussettes trempées de sueur.

Armin Stutz raconte que sa mère nourricière lui donnait assez de nourriture, mais les fils, qui le traitaient de tous les noms parce qu'il était orphelin et pauvre, l'empêchaient de manger à sa faim. À tout propos, ils en faisaient leur souffre-douleur. Ainsi quand un travail ne pouvait pas être terminé à temps ou qu'un chevreuil mort bloquait la faucheuse, ils déchargeaient leur colère sur Armin et lui assénaient des coups de fouet. « Quand il pleuvait et que nous n'arrivions plus à monter le chargement d'herbe, c'était toujours moi qui devais pousser. Et si nous n'avancions pas, on me fouettait. J'avais des marques sur tout le dos. » Les fils du paysan, surtout le plus jeune, se faisaient un plaisir de tourmenter Armin. Quand le distillateur était à la ferme, ils le forçaient à boire des quantités excessives d'eau-de-vie. Quand il était ivre, ils le traînaient jusqu'à l'étable où ils le laissaient étendu sur le sol. L'une des occupations favorites du cadet était de tirer au fusil des rats et des corneilles qu'il mettait, parfois encore vivants, sous le lit d'Armin. Celui-ci était constamment la victime de toutes sortes de vannes et d'humiliations auxquelles il était livré sans défense.

Il n'a jamais vu un inspecteur qui ait fait le moindre contrôle. Par malheur, le père d'accueil, en tant que préposé aux orphelins, aurait dû lui-même se préoccuper du bien-être des enfants placés dans la commune. Les autres enfants placés dans des fermes retirées de la région vivaient dans des conditions similaires. Une fois qu'Armin s'est plaint que l'un des fils du paysan lui remplissait toujours le pullover de sciure et le cachait, il a reçu des coups pour toute réponse. Les enfants adultes de la famille qui ne vivaient plus à la ferme mais venaient parfois en visite ne se souciaient pas davantage du sort d'Armin. En revanche, de violentes disputes éclataient dans la famille. Armin Stutz se souvient d'avoir vu plusieurs fois un fils attendre le père avec son fusil d'assaut, résolu à l'abattre.

La vie d'Armin Stutz a été marquée par un travail dur et interminable. À quatre heures ou quatre heures et demie du matin, il était réveillé brutalement par un des fils qui lui retournait son matelas. Armin devait faucher ou ratisser l'herbe, aider à l'étable et apporter le lait à la fromagerie. Pendant la guerre, il a dû reprendre en plus le travail des hommes mobilisés.

Les camarades d'école le tourmentaient aussi, par exemple en lui chipant les tartines qu'il recevait de l'orphelinat pour certains services. Et quand cela n'a plus été possible, l'ancien pensionnaire de l'orphelinat a simplement reçu une volée de coups. L'école n'a pas été facile non plus pour Armin. Comme il ne pouvait jamais faire ses devoirs, il était toujours classé parmi les « premières » après quatre ans d'école. Jamais il n'a été soutenu. Pendant l'enseignement, le maître l'envoyait régulièrement nettoyer son vélo dehors. Le garçon recevait un crayon en échange. Par ailleurs il était puni avec la plus grande sévérité pour n'importe quelle bagatelle : l'instituteur lui tapait sur les mains avec sa canne, ou le faisait rester de longues minutes à genoux dehors, immobile et les bras tendus. « Et les autres, tout joyeux, applaudissaient. »

L'instituteur suivant avait plus de sollicitude. Comprenant qu'Armin manquait de sommeil, il le laissait dormir pendant les leçons. Un jour d'hiver, ce maître lui a même payé une paire de sabots, car Armin venait pieds nus à l'école. Il a dû dissimuler ces souliers à ses parents nourriciers. Il n'avait qu'une paire de sabots pour le travail à l'étable, mais ils étaient déjà éculés. Le reste du travail – comme garder le bétail en automne par temps froid – se faisait pieds nus, si bien que « dès qu'une vache pissait, je tendais les pieds. » Armin se débrouillait aussi avec de vieux chiffons ; il n'avait pas non plus de chaussettes.

Au village, on savait bien dans quelles conditions Armin et sa collègue vivaient à la ferme, mais personne ne les a aidés. Armin n'a jamais pu non plus se confier à quelqu'un. Il ne l'a fait qu'une seule fois, lorsqu'à la rentrée scolaire il a dû raconter ses vacances dans une rédaction. Après quelques hésitations, Armin a décrit son dur travail quotidien et les mauvais traitements subis. Le maître a alors confronté la famille avec ce récit, sur quoi le fils aîné a presque tabassé le garçon à mort. Il l'a frappé si violemment avec la lanière de cuir que la blessure ainsi causée ne s'est jamais complètement refermée. Des années plus tard – lors du recrutement – on a supposé qu'il avait été blessé par un coup de feu. Après cette mésaventure, rien n'a changé, mais Armin s'est tu. Lorsque l'ancienne fille de ferme a été engrossée par l'un des fils, le paysan l'a discrètement déplacée dans un autre canton.

La cruauté de la famille s'est aussi manifestée lors d'autres épisodes qu'Armin Stutz n'a pas oubliés. Le père d'accueil était tuteur ou curateur de plusieurs pensionnaires âgés de l'asile. Le dimanche après-midi, ils prenaient parfois le chemin de la ferme pour chercher quelques francs gagnés par exemple par un travail. Armin devait se cacher derrière une paroi et projeter par les fentes, à l'aide d'une poire à lavements utilisée pour les vaches, de l'eau au visage de ces gens « afin qu'ils s'enfuient en hurlant. Ceux de la ferme exultaient chaque fois que quelqu'un criait ». Vis-à-vis de l'extérieur, la famille se montrait strictement catholique et assistait régulièrement à la messe. À la maison, tous devaient réciter leur chapelet chaque jour. Sur la base de ses expériences, Armin Stutz a rompu par la suite avec la religion.

Du temps libre, des vacances, des anniversaires ou des jours fériés comme Noël, Armin n'en a pas connu. Il n'a reçu de cadeau que pour sa confirmation, une montre de son parrain. Mais il a aussitôt dû la donner à un fils de la famille d'accueil, au motif que le père en avait besoin pour la séance du Grand Conseil. Il n'a jamais revu sa montre. Il n'a jamais eu d'argent non plus, ou alors il devait le donner quand quelqu'un lui glissait quelques sous.

Un jour, Armin a été déplacé pour des raisons qu'il ne connaît pas. Dans cette dernière famille, il a trouvé pour la première fois de sa vie un accueil familial et une certaine sécurité. Il est resté toute sa vie en contact avec ces gens. Le père nourricier l'a aussi soutenu plus tard dans une querelle d'héritage.

Armin Stutz n'a jamais pu décrocher un diplôme. Il n'a fréquenté l'école qu'environ quatre ans et demi au total. Quand il a commencé l'école de recrues, il n'avait aucune notion du temps ou de l'argent. La seule formation qu'il a eue, c'est celle de chauffeur de camion à l'école de recrues. Mais là aussi, son passé l'a rattrapé. Plusieurs fois, des camarades éméchés l'ont barbouillé de cirage noir en rentrant à la caserne. Par la suite, il a dormi dans une cachette au dépôt de matériel. Même aux cours de répétition, il était accueilli méchamment et son véhicule était manipulé dès le premier jour, de sorte qu'il ne pouvait plus le conduire.

Longtemps, Armin Stutz n'a pas su qui étaient ses parents. Une fois adulte, il n'a pu retrouver que sa mère. Il semble qu'il ait eu 17 frères et sœurs, mais sa mère n'a pas pu lui dire ce qu'ils étaient devenus. Armin Stutz n'a rencontré aucun de ses frères et sœurs à ce jour, et n'a jamais rien pu savoir de son père.

Armin Stutz est marié depuis plus de 40 ans avec sa troisième femme. Il a perdu la première, morte d'une leucémie à la naissance de son deuxième enfant, puis sa deuxième épouse l'a laissé seul avec quatre enfants en bas âge. Malgré sa mauvaise formation, il a toujours pourvu aux besoins de ses enfants, notamment en travaillant souvent la nuit. Il leur a tous permis d'acquérir une formation. Il avait parfois plusieurs emplois en même temps. Il a travaillé comme concierge pendant plus de 60 ans.

Plusieurs dizaines d'années après, Armin Stutz a retrouvé un ancien camarade de l'orphelinat, nommé Otto Graber*. Celui-ci, aujourd'hui décédé, a confirmé par écrit les observations et expériences décrites par Armin Stutz. Après l'orphelinat, il est encore plus mal tombé : son père nourricier l'a frappé de façon répétée jusqu'à l'évanouissement. Pour Armin Stutz, Otto Graber a été un soutien moral, tout comme sa femme. Aujourd'hui encore, il ne peut pas oublier ce qui lui est arrivé, et ces souvenirs lui reviennent tout le temps.

Loretta Seglias, Marco Leuenberger

Christoph Grädel*, 1938, Berne

« Comme la petite hirondelle, ils nous ont jetés hors du nid »

Lorsque Christoph Grädel est venu au monde dans le canton de Berne, la joie de ses parents fut grande. Il devait reprendre un jour la ferme familiale. Mais les parents ont dû céder leur ferme par la suite, car l'argent manquait pour payer les autres héritiers. La famille s'est alors installée dans une vieille maison délabrée. Le père gagnait cent sous par jour chez un paysan. Mais il fallait deux francs cinquante rien que pour le lait, car la famille comptait maintenant six personnes. L'argent ne suffisait jamais. La famille a été forcée de changer encore une fois de logement. Malgré cela, les enfants ont dû s'en aller l'un après l'autre.

En 1945, après la fin de la guerre, le tour de Christoph Grädel est venu. Il dit aujourd'hui : « C'est là que la guerre a commencé pour moi. » Un jour, il a dû se laver et mettre d'autres habits. L'après-midi, son nouveau père nourricier a emmené le garçon de sept ans sur un char attelé. À son arrivée à la ferme de la famille d'accueil, dans un village voisin, la mère nourricière lui a montré sa chambre. Lorsque Christoph a enfilé son pantalon de travail troué, la paysanne a tout de suite commencé à dire du mal de sa mère. L'enfant en a été gravement blessé. À cet instant au plus tard, il a réalisé ce qui lui arrivait. Après les quatre heures, la détresse l'a envahi. Sur la plus haute marche de l'escalier qui menait à sa chambre, il a fondu en larmes. Ainsi, les parents d'accueil ne voyaient que les jambes du garçon et ne remarquaient pas qu'il pleurait. Par la suite, il s'est souvent assis là pour pleurer quand la nostalgie du foyer s'emparait de lui.

Christoph Grädel remplaçait à la ferme un garçon placé qui devait quitter l'école quelques mois plus tard. Il a dû reprendre une tâche après l'autre. « On ne pouvait tout simplement plus être un enfant, on avait toujours un travail à faire. » Christoph n'était plus qu'un garçon de ferme qui ne pouvait même plus faire convenablement ses devoirs scolaires. Pour cela, il n'avait de temps – et encore – que tard le soir, et la lumière était faible dans la chambre. Quand les gens du village parlaient de lui, ils disaient « c'est le garçon de ferme de H. » En réalité, Christoph ne savait pas ce que cela voulait dire, jusqu'à ce que l'instituteur fasse la lecture en classe de l'histoire du Jérémie tirée du « Miroir des paysans » de Gotthelf. Un élève demanda ce qu'était un garçon de ferme. L'instituteur répondit alors : « Eh bien, Christoph est un garçon de ferme ». Il dut alors affronter les regards de la classe, tous tournés vers lui et le dévisageant.

Christoph Grädel devait sans cesse endurer les désavantages liés à sa condition de garçon de ferme. La vaisselle tachée ou les ustensiles cassés étaient toujours pour lui. Son tour venait toujours en dernier, et il jouait un rôle subalterne à la ferme. Il ne recevait par exemple presque jamais de douceurs, mais il se débrouillait. Comme il savait où était rangée la boîte à biscuits, il se servait de temps en temps, « pas trop, pour que cela ne se remarque pas ».

À l'école aussi, Christoph et les enfants illégitimes étaient en position d'infériorité par rapport à leurs camarades en règle. En hiver, des pommes étaient distribuées à la récréation. Comme par hasard, il était de ceux qui recevaient toujours les pommes les plus petites ou véreuses. Christoph a aussi été choqué lorsque la mère de sa copine d'école a dit à sa fille : « Il faut t'enlever cela de la tête. Si tu veux un gars comme lui, tu seras une pauvre femme ».

Christoph Grädel pense que les gens auraient su comment vivaient les enfants placés s'ils l'avaient voulu. « Mais personne n'osait rien dire. Parce qu'on en aurait été puni d'une façon ou d'une autre ». Les parents d'accueil prétendaient toujours qu'ils le traitaient comme leur propre fils. Mais alors que la commune versait une pension pour lui, les parents d'accueil ne lui ont presque jamais acheté de nouveaux habits, et Christoph avait parfois honte de ses vêtements. Il a fini par renoncer à prendre part aux courses d'école, parce que cela engendrait des discussions sur les coûts, qui lui sont devenues insupportables à la longue.

Sa situation dans la famille est apparue de manière particulièrement crue lors du mariage d'un fils du paysan, puis de sa fille. Christoph n'a pas été invité à la noce. Il a dû rester à la ferme pour s'occuper du bétail.

La détresse du garçon se traduisait par le fait qu'il mouillait son lit. Les parents d'accueil prétendaient alors qu'il mangeait trop de pruneaux ou de pommes, qu'il courait partout pieds nus, ou qu'il était un peu simple d'esprit. Mais Christoph a entendu une fois la fille de la maison, qui vivait ailleurs et travaillait dans le social, en appeler à la conscience des parents : « L'être humain ne vit pas de pain seulement. Faire pipi au lit est lié à un problème psychique. »

Maintes fois, Christoph Grädel se réfugiait dans un monde imaginaire : « Souvent, j'étais couché dans l'herbe et je rêvais que je pouvais retourner à la maison ». Il trouvait aussi du réconfort auprès des animaux, en particulier le cheval et les veaux. Les chats venaient dans son lit. Une fois, une chatte a même fait ses petits dans son lit. Christoph se souvenait particulièrement d'un épisode vécu avec W., le garçon de ferme plus âgé qui y vivait encore. Tous deux avaient observé un jour un couple d'hirondelles qui expulsait un petit du nid. W. lui avait alors dit : « La petite hirondelle est comme nous, nous n'avions plus de place non plus à la maison. Nous aussi, ils nous ont jeté du nid. » Les deux garçons ont ensuite eu le plaisir de pouvoir placer la jeune hirondelle dans un autre nid où elle a été acceptée et nourrie.

Lorsque Christoph Grädel a quitté l'école, il a d'abord dû financer par son travail le costume de confirmation en fait déjà payé par l'allocation d'entretien. On a ensuite voulu le garder comme valet de ferme bon marché. On a tenté de le persuader qu'il n'était pas capable de faire un apprentissage. Christoph s'est lui-même annoncé à l'orientation professionnelle et a trouvé une place d'apprenti charron. La femme du patron s'est montrée d'une grande bonté avec lui. « C'était la meilleure personne que j'aie rencontrée jusque-là ».

Pendant des années, Christoph Grädel n'a jamais participé aux réunions d'anciens élèves. Lorsqu'il s'est enfin laissé convaincre, il y a rencontré son ancien instituteur, entre-temps devenu nonagénaire. Au terme de la conversation, celui-ci lui a inopinément demandé pardon. Christoph Grädel lui a répondu qu'il lui avait pardonné depuis longtemps. « J'ai toujours pensé que, comme enfant placé, j'avais eu ce que je méritais. Et que c'était son droit de me traiter autrement que les autres ».

Christoph Grädel vit aujourd'hui dans l'Oberland bernois, marié, père de deux enfants et quatre fois grand-père. Toute sa vie, il a éprouvé la crainte permanente qu'il lui arrive un malheur. Il s'est toujours demandé avec angoisse ce que deviendraient alors ses enfants. Il voulait leur épargner un destin comme le sien et s'est réjoui de les voir voler de leurs propres ailes.

Comme enfant placé, il a dû courber l'échine. Mais il y est parvenu, et n'a rien demandé. Christoph Grädel a gardé cette attitude dans la vie. Jusqu'à ce que quelqu'un finisse par lui dire : « Christoph, tu es maintenant assez âgé pour te défendre. Sinon tu seras toujours écrasé. »

D'autres ayant toujours décidé pour lui, Christoph Grädel n'a jamais pu prendre facilement des décisions. Il a toujours travaillé durement et beaucoup. À côté de sa profession d'employé de poste, il a exploité avec sa famille la ferme de ses beaux-parents. Ses enfants lui disent aujourd'hui encore qu'il a passé trop peu de temps avec eux. Christoph Grädel ne le conteste pas : « C'est vrai, j'avais trop peu de temps pour eux. Je devais gagner de l'argent et faire en sorte que tout aille bien, pour que mes enfants ne tombent pas dans la même situation que moi. »

Après avoir pris sa retraite, Christoph Grädel a mis son petit domaine en fermage. Il passe beaucoup de temps à la montagne avec son chien. Avec sa femme, il aime assister à des spectacles de musique folklorique. Il a rompu avec sa famille d'accueil depuis qu'il a voulu féliciter son père nourricier pour ses 80 ans et qu'il a trouvé toute la famille réunie à la ferme sans en avoir été averti. Christoph Grädel dit : « Au fond je ne peux pas dire du mal de ces gens. Ils luttaient aussi pour leur survie. Mais je n'ai jamais pu être un enfant. Cette partie de la vie m'a manqué. »

Trudi Schmied

Hans Unglück*, 1931, Berne, Thurgovie

« Je devais donner mon salaire à la maison, c'était normal à l'époque »

Hans Unglück est né au printemps 1931 à Bâle-Campagne. Sa maman est morte l'été suivant. Le père a confié les deux grandes sœurs à des personnes de la parenté. À trois mois, Hans Unglück a été mis pour un an dans un foyer pour enfants. Sa belle-mère lui a dit plus tard : « C'était horrible là-bas ». Hans a passé les deux années suivantes dans deux familles d'accueil différentes. Toutes deux l'ont bien traité et il est resté en contact avec les parents jusqu'à leur mort.

À trois ans, Hans est retourné chez son père. Ce dernier s'était remarié et avait eu un petit garçon avec sa deuxième femme, un demi-frère pour Hans. L'ambiance était rude à la maison. « Oui, nous avons grandi avec des coups, dit-il. Quand quelque chose n'allait pas, on était tout de suite battus. Et le petit frère était le coq du village, c'est clair. Quand il me mettait en colère ou pour n'importe quoi, c'était toujours moi le fautif et ça recommençait ».

Le père ne trouvant pas de travail comme maçon, la famille a quitté Bâle-Campagne pour la Thurgovie. Le père y a travaillé dans une grande exploitation agricole. Mais il ne gagnait pas assez. En 1942, à onze ans, Hans a été conduit dans une ferme du Seeland bernois, où une fille du même âge travaillait déjà. « On m'a simplement transbahuté dans le canton de Berne. J'étais même content au début [...] J'espérais qu'on ne m'y battrait pas comme à la maison. »

Mais comme garçon de ferme, il y a aussi reçu des coups. À cela s'ajoutait un dur labeur, qui prenait le pas sur l'école. Le matin, Hans travaillait à l'étable avant d'aller à l'école. À midi et le soir, il travaillait aux champs, sept jours par semaine. Il n'avait plus de temps pour les devoirs scolaires, encore moins pour les loisirs et les jeux. Pendant un an et demi, le garçon a travaillé à la ferme, sans rentrer une seule fois à la maison ; il ne se souvient pas non plus que ses parents lui aient rendu visite.

Hans n'appartenait pas vraiment à la famille paysanne. Il n'était admis que le dimanche après-midi dans la chambre familiale. Sinon sa place était dans sa chambre ou à l'étable avec le bétail. Il devait se laver hiver comme été dehors à la fontaine, tandis que la famille se lavait à l'intérieur avec de l'eau chaude. Comme il s'ennuyait toujours plus de la maison, ses parents sont revenus le chercher au bout d'un an et demi. La paysanne lui avait donné des vêtements, mais il a dû les rendre en repartant. Ainsi il est rentré à la maison dans les vieilles guenilles qu'il portait en arrivant.

Son père lui a cherché un nouveau travail. Hans, qui avait alors 14 ans, a alors habité et travaillé chez un paysan de la même commune, mais assez loin de ses parents. Rétrospectivement, Hans juge que cette période a été bonne pour lui. Il recevait un salaire de 70 francs par mois et n'était plus battu. À l'école, il suivait la classe terminale. C'était un mauvais élève. Personne ne l'avait soutenu lors de ses fréquents changements d'écoles.

Après la fin de l'école, Hans Unglück est retourné chez ses parents, qui s'étaient installés entre-temps dans le canton de Zurich. Pendant un certain temps, il a aidé son père dans une entreprise de construction, pour gagner de l'argent, « et ensuite je devais donner mon salaire à la maison […]. C'était normal à l'époque. » Hans recevait de l'argent de poche.

Son plus grand désir était de devenir mécanicien sur autos ou électricien. Mais il ne trouvait pas de place d'apprenti parce que ses certificats étaient trop mauvais. À l'orientation professionnelle, on lui a conseillé de faire un apprentissage de boulanger. Il ne lui restait qu'à suivre ce conseil. Pendant tout l'apprentissage, il n'a reçu que cinq francs d'argent de poche par semaine. Il a suivi cette formation dans le canton de St-Gall, dans des conditions difficiles, et l'a pourtant réussie. Mais le métier ne lui plaisait pas, sauf quand il pouvait entretenir ou réparer des machines. Quand il a eu l'occasion de travailler dans un garage, il s'est décidé tout de suite. Il est devenu un bon mécanicien, mais sans suivre l'école professionnelle et sans obtenir de diplôme. Plus tard, comme chauffeur de camion actif en Suisse et à l'étranger, ses capacités de mécanicien automobile lui ont été utiles.

Hans Unglück dit aujourd'hui que l'instabilité de son enfance et de sa jeunesse l'a marqué pour la vie. Il était anxieux, ne savait pas se défendre, n'avait aucune confiance en lui. Jeune homme, il est devenu agressif et colérique. Il ne pouvait pas se contrôler. À vingt ans, il aurait presque battu à mort son demi-frère au cours d'une bagarre, si son père ne s'était pas interposé pour le ramener à la raison en le cognant à son tour. Ce sont les derniers coups que Hans Unglück a reçus de son père. Effaré par sa propre violence, il s'est résolu à ne plus recourir à la force à l'avenir. Il s'est marié et a eu deux enfants. Il a voulu élever ses enfants sans châtiments corporels, ce qu'il a presque toujours réussi.

Dans sa vie d'adulte, Hans Unglück n'a pas été épargné par les coups du sort. En déchargeant un camion, il s'est blessé si gravement à la main qu'il est devenu invalide. Après un recyclage comme dactylographe à une main, il a trouvé un nouvel emploi dans un service public. En 1976, son fils de 18 ans a été écrasé par une auto sur le chemin de l'école. Il devait bientôt passer sa maturité et voulait devenir médecin. La femme de Hans Unglück en est tombée malade et ne s'est jamais remise de ce malheur. Hans Unglück a pris sa retraite à 63 ans. Il voulait profiter de la vie et passer des vacances avec sa femme. Durant la première année de retraite, ils ont effectivement pu voyager ensemble, mais par la suite sa femme n'a quasiment plus pu quitter la maison pour raisons de santé. Elle est décédée en 2004.

La vie de Hans Unglück a été marquée par des situations difficiles et des coups du sort. Mais il a toujours trouvé par ses propres moins des issues à ces crises. Il s'est engagé à la société de tir et à l'association des invalides. Il a été aux côtés de sa femme pendant toute la durée de sa maladie. Aujourd'hui il s'efforce de se réinstaller dans le canton de Bâle-Campagne et de prendre part à nouveau à la vie sociale.

Priska Arnold

Werner Bieri*, 1942, Berne

« Cela me poursuit encore aujourd'hui.
Cela ne s'est plus jamais arrangé »

Deuxième de cinq frères, Werner Bieri est né dans le canton de Berne. Les parents s'étaient connus avant la guerre dans une ferme où la mère travaillait comme domestique et le père comme charretier. La jeune famille voyait peu le père, car il travaillait à l'extérieur dans la construction et venait au mieux tous les quinze jours à la maison. Quand il était là, la mère ne tolérait pas qu'il aille à l'auberge. Des disputes sont survenues, et le divorce a suivi avant la fin de la guerre. Werner Bieri n'a qu'un souvenir de son père : à l'âge de quatre ans, il lui a appris à tirer avec une carabine à air comprimé. Plus tard il n'a plus eu de contact avec lui. « Ne parlons plus de lui, cela n'a aucun sens. »

Dès lors, la mère a habité dans un petit appartement avec les garçons, auxquels un demi-frère s'est ajouté par la suite. Le loyer était payé par la commune, c'était le seul soutien financier pour la famille. Le père aurait dû verser une pension après le divorce, mais il ne remplissait pas cette obligation. En conséquence, la mère travaillait deux jours par semaine comme femme de ménage et aidait un voisin à faucher l'herbe, ce qui lui rapportait quelques pommes de terre et légumes. Le frère de Werner, qui avait trois ans de plus, devait aider un paysan pendant les vacances scolaires. Mais cela ne suffisait pas. Werner et ses frères souffraient de la faim. « Je me rappelle d'une fois où nous avions terriblement faim. Chez le boucher, il y avait une tête de taureau, nous l'avons fait bouillir pendant quatre mois environ. Vous pouvez vous imaginer quel goût ce bouillon avait encore. C'est tout ce que nous recevions. Nous mangions les monticules de terre formés par les vers pour ne pas sentir la faim. L'ennui, c'est qu'ils contenaient des œufs qui se sont retrouvés dans nos estomacs ».

À sept ans, Werner avait aussi ses obligations : quand la mère était à la maison, il aidait chez un paysan où il était toujours brimé. En l'absence de la mère, il devait nourrir et langer le plus jeune garçon, encore tout petit. Comme il préférait souvent jouer avec les autres enfants, les cris du petit laissé à lui-même ont attiré l'attention des voisins, qui ont fini par alerter la commune.

Durant quatre heures de visite, trois membres des autorités ont tenté de convaincre la mère que, dans sa situation, elle devait placer les garçons chez des paysans. Werner devait aller chez le paysan pour qui il travaillait déjà. Sur les instructions de sa mère, il a réussi à se réfugier chez des connaissances avec son frère aîné. La mère a suivi avec les deux fils cadets. Elle avait laissé ses deux autres fils à la commune. Deux fois, ils ont trouvé temporairement refuge chez des relations, mais ils ont dû reprendre la fuite précipitamment et dans des circonstances dramatiques. À la longue pourtant, tous les frères ont été placés séparément. L'un d'eux est entré en institution, l'aîné a été accueilli provisoirement par son parrain, le cadet a aussi eu de la chance.

Pour Werner Bieri, l'instabilité a continué : en l'espace de quelques mois, il a été placé dans deux familles différentes. Peu avant le début de la deuxième année scolaire, il est arrivé dans une petite exploitation paysanne de la région de Guggisberg. Il devait y rester jusqu'à la fin de l'école obligatoire. « Au lieu d'un foyer, c'est l'enfer que j'y ai trouvé. Je devais dire papa à un père que je n'avais jamais vu et maman à une mère que je n'avais jamais vue. Rien que cela était une catastrophe quasi insurmontable ». Les parents d'accueil invectivaient régulièrement Werner sans raison, « comme si j'avais été un criminel ». Ils lui reprochaient sans cesse de petites fautes, y voyant la confirmation que l'enfant était « un filou », et le menaçaient de le mettre dans une institution. « Quand on vous répète cela tous les jours parce que vous avez fait quelque chose qui n'était pas juste, vous risquez l'anéantissement psychique. Et pas seulement pendant deux, trois semaines – pendant des mois ! ». Au fil du temps, il s'est lié d'amitié avec la fille des parents d'accueil. Aujourd'hui encore, tous deux entretiennent de bons contacts. Mais comme elle avait huit ans de plus que lui, elle s'est mariée et a quitté la ferme deux ou trois ans après son arrivée.

Werner, qui avait à peine huit ans, devait se lever à six heures du matin pour nettoyer l'étable et apporter le lait à la fromagerie. Après, c'était le petit-déjeuner. Avant d'aller à l'école, il balayait la place devant la maison. À midi, sitôt la classe terminée, il renfilait ses vêtements de travail et, suivant la saison, allait trimer au champ, dans la grange ou en forêt. Il devait casser et attacher du bois, car on cuisinait et chauffait exclusivement au bois. Il devait aussi aider au jardin potager. À dix ans, il quittait son lit de la froide cuisinette dès cinq heures du matin pour, en plus, traire les vaches. Certes, il mangeait toujours assez et bien, mais il faisait le travail d'un domestique. Pour ses devoirs scolaires, il ne trouvait de temps qu'avant d'aller se coucher, vers huit heures et demie du soir. Il avait des difficultés à l'école. De plus, il n'aimait pas du tout l'institutrice de la deuxième année. Elle le punissait pour des actes qu'il n'avait pas commis, et le retenait après la classe. À la maison, il était alors giflé pour son retard.

Werner avait aussi de la peine à rester tranquille sur son banc d'école. Sa mère l'a fait soigner par un médecin de Lucerne, et son agitation a disparu. « Mais jamais complètement. Cela s'est toujours maintenu. Toujours une angoisse intérieure. Elle m'a poursuivi jusqu'à maintenant, elle n'a jamais complètement disparu. » Un traitement médical régulier n'était pas possible faute d'argent. « Encore une fois ce maudit argent ! Le père, il ne s'en est pas soucié. Il ne savait même pas où nous étions ».

Werner a dû répéter la deuxième année scolaire. Jusqu'en quatrième, il a eu une institutrice qu'il aimait beaucoup. Grâce à la bibliothèque de l'école, il a découvert le monde fascinant de la technique et des machines et a lu des livres d'aventures. Plus tard, les journaux ont aussi suscité son intérêt.

Il n'a jamais eu d'amis ou de camarades de jeu. « Je devais toujours travailler dur. » Hors de l'école, il n'avait guère de contacts qu'avec des adultes. La famille d'accueil n'était pas très ouverte. Elle ne fréquentait les voisins ou les proches que pour des choses pratiques, comme le prêt d'outils. Werner n'avait congé que le dimanche après-midi. Alors il s'amusait au grenier avec des jouets usés, ou, malgré l'interdiction, disparaissait dans la forêt avec un vieux fusil.

En grandissant, Werner se rebellait toujours plus souvent et n'exécutait plus tous les ordres parfaitement. Parfois on le punissait en le privant de repas, mais il se servait alors en cachette dans le garde-manger. Personne n'intervenait en sa faveur, seul le chien de la fromagerie a mordu une fois la mère d'accueil alors qu'elle lui avait donné une gifle.

Après le retrait du droit de garde aux parents naturels, le procureur des mineurs de Berne a attribué un tuteur à Werner Bieri. « Oui, il ne me rendait pas visite, mais il me sermonnait une fois par an. Et contrôlait si j'avais quelque chose sur mon carnet bancaire. » En effet, Werner attrapait des souris pour vingt centimes la bête.

Quand Werner a eu onze ans, la famille a aussi accueilli un de ses frères cadets. « C'est très dommage qu'il ne soit plus en vie. Hélas, il s'est tué d'un coup de fusil. C'était mon meilleur ami. Nous deux, quand nous avions un problème, nous en parlions ensemble. Et c'était efficace : il trouvait une solution pour moi et j'en trouvais une pour lui. » Le dimanche ils lisaient des livres qu'ils trouvaient au grenier. Ils passaient souvent pour les moutons noirs. « Dans tout le village on disait que les garçons de G. avaient fait le coup. Ainsi nous étions punis à tort. » Les garçons étaient rarement frappés, mais quand le père nourricier cognait, il y allait de toutes ses forces. Les blessures n'étaient pas soignées.

Werner trouvait affection et consolation auprès des animaux. Quand il était triste, il s'allongeait entre les pattes antérieures d'une vache et se faisait lécher. C'était doux et chaud.

Une à deux fois par an, les garçons rencontraient leur mère au tea-room de la boulangerie du village. Leurs plaintes, transmises par la mère au responsable de l'assistance, restaient sans suite.

Werner est tombé deux fois sérieusement malade dans son enfance. La scarlatine lui a valu un mois d'isolement à l'hôpital. Victime d'une double pneumonie à 14 ans, il n'a pas pu aller en cure pour des raisons financières. Cela a entraîné une déficience chronique des bronches.

À partir de la cinquième année, Werner a eu un instituteur avec qui il ne s'entendait pas. En dernière année, un incident lourd de conséquences a éclaté. Devant la classe, le maître a tant humilié Werner que l'élève, hors de lui, l'a menacé avec des ciseaux. L'instituteur a alors rendu visite à la famille d'accueil, ce qui a provoqué un tournant inattendu : pour la première fois, le maître s'est vraiment occupé de la situation de Werner et s'est montré compréhensif. Il a reconnu que Werner Bieri était devenu adulte. Pendant le reste de l'année scolaire, Werner a étudié sans pression et obtenu de bonnes notes. À partir de là, ses parents d'accueil l'ont aussi traité avec respect.

Après l'école obligatoire, Werner Bieri a d'abord travaillé comme domestique en Suisse romande, pendant qu'un autre frère le remplaçait à la ferme. Il a ensuite occupé un emploi physiquement très exigeant dans l'agriculture, puis son tuteur lui a trouvé une place d'apprentissage dans le métier qu'il souhaitait, monteur et serrurier-mécanicien. Mais Werner Bieri a dû interrompre son apprentissage au bout de trois mois, parce que personne ne voulait subvenir à ses frais d'alimentation et de logement. Son petit salaire n'y suffisait pas. Werner Bieri a alors pris son destin en mains. Il a déniché un apprentissage de maçon et a pu à nouveau loger chez ses anciens parents d'accueil. Le père voulait même l'adopter, mais la mère n'a pas donné son accord. Malgré des retards et des détours – examen final pendant l'école de recrues, partie pratique insuffisante, nouveau maître d'apprentissage pour la répétition de l'examen – Werner Bieri a obtenu son diplôme. Il a tout de même dû se battre énergiquement pour être libéré de sa tutelle à 20 ans, l'âge de la majorité. Dans la suite de sa vie professionnelle, il a dû se reconvertir à cause de ses problèmes de santé. Comme chauffeur, il a travaillé surtout dans la construction. Plus tard, des accidents de travail l'ont rendu invalide.

Werner Bieri a une fille d'un premier mariage, qui s'est terminé par un divorce. « Mais j'ai versé la pension », relève-t-il par allusion à son propre père. Après la maturité, sa fille a suivi une formation de secrétaire. Il la voit une à trois fois par année. Avec ses connaissances, il n'a guère parlé de son enfance et de sa jeunesse. Les gens ne s'y intéressaient pas, d'autres sujets étaient plus importants. Werner Bieri vit aujourd'hui dans le canton de Berne, tant bien que mal. « J'ai dû supporter beaucoup de peines, j'étais vraiment au bord de l'abîme. Et cela me poursuit encore aujourd'hui. Cela ne s'est jamais arrangé. »

Sabina Mauron

Ernst Wessner, 1930, St-Gall

« À l'époque on était content d'avoir une bouche de moins à nourrir »

Ernst Wessner est né en 1930, comme quatrième enfant après trois filles. Ses parents tenaient une laiterie et un élevage de porcs dans le canton de St-Gall. À cette époque, les porcs ont été victimes d'une épizootie. Toutes les bêtes ont dû être abattues. Sans revenu ni indemnité, la famille a été presque ruinée. Elle a trouvé un refuge provisoire à l'étage supérieur de l'auberge du grand-père, dans le Toggenbourg.

Ce logement est devenu trop petit lorsque le frère d'Ernst est venu au monde cinq ans après lui. La famille a alors pris un appartement simple dans un autre quartier. Le père, au chômage, tentait de faire vivre sa famille par des travaux occasionnels. Ernst était déjà assez grand et fort pour gagner un peu d'argent comme aide au jeu de quilles. Il recevait cinq centimes chaque fois que les neuf quilles étaient renversées. Il gagnait aussi quelques sous en ramassant du bois à la forêt ou en pelletant la neige en hiver. Son père a fini par trouver un emploi fixe dans une menuiserie, où il était exposé sans protection à la poussière du polissage et aux vapeurs de vernis.

Les temps étaient difficiles, la nourriture rationnée. La famille a dû s'installer dans une maison à peine habitable. Un voisin a proposé un travail dans son exploitation agricole, et Ernst Wessner y a mis énergiquement la main à la pâte. Il a appris à utiliser des outils et fauchait l'herbe tôt le matin. Cela permettait de remplacer de temps en temps le pain dur et la soupe claire à la semoule par des aliments plus nourrissants. « La faim m'a souvent fait pleurer », se souvient Ernst Wessner. Le laitier, un homme bon, donnait parfois à la famille un demi-litre de lait sans bon de rationnement. Cela lui a valu d'être emprisonné par la suite, et à la famille d'Ernst Wessner d'écoper d'une amende de 120 francs.

À 49 ans, le père est mort d'un cancer. Après son décès, la vie est devenue encore plus difficile pour les survivants. La mère d'Ernst a continué à aider les gens encore plus pauvres, alors que la famille elle-même ne possédait pratiquement plus rien. Elle considérait les représentants des autorités comme intouchables. Le curé en faisait aussi partie, lui qui, lors d'une visite, a menacé sans raison le garçon de l'envoyer à la maison de redressement. Ernst Wessner n'avait rien entendu de bon sur ce genre d'institution. À partir de ce jour-là, cette menace a plané au-dessus de sa tête comme un spectre lugubre. Ses trois sœurs aînées, à peine avaient-elles terminé l'école, ont dû travailler durement dans différentes entreprises. La plus jeune gagnait trente centimes de l'heure dans une fabrique de broderie.

Lorsqu'un paysan est venu chercher un garçon pour l'aider à la ferme, la mère l'a d'abord renvoyé. L'année suivante, il est revenu. Personne ne savait que son domestique était mort jeune d'une pneumonie. « La pauvreté est la pire calamité », disait la maman d'Ernst. « À l'époque on était content d'avoir une bouche de moins à nourrir, c'est pourquoi j'ai quitté la maison », dit Ernst Wessner pour expliquer le revirement de sa mère. Il a suivi le paysan sur le vieux vélo de son défunt père. Son cœur battait la chamade. La chaîne du vélo ne cessait de sauter, si bien qu'il avait les plus grandes peines à suivre son nouveau père nourricier. Le garçon, qui avait douze ans, préférait aller chez le paysan que dans une maison d'éducation. À son nouveau domicile, tout était étrange et sale, avec des mouches partout. La mère de famille était habillée en noir des pieds à la tête, même ses ongles étaient bordés de noir. Elle a montré à Ernst sa chambre et son sac de feuillage, avant de le conduire dans la pièce principale. Il a réalisé qu'il était un étranger dans cette maison. Il s'est efforcé de retenir ses larmes en regardant par la fenêtre pour que personne ne le voie. « Je ne voulais pas être un lâche et un vaurien, j'ai été obéissant, appliqué, je me suis fait à tout ». Cette attitude a marqué Ernst Wessner toute sa vie.

Le matin il se levait entre cinq heures et cinq heures et demie pour travailler à l'étable. En été, il fauchait l'herbe dès quatre heures. Avant, il avait droit à un verre d'eau-de-vie, censé stimuler son ardeur au réveil. Le travail quotidien s'achevait à 22 heures. Avant d'aller au lit, il buvait une tasse de café. Ernst n'aimait pas ce breuvage noir coupé de lait maigre qui restait toute la journée dans le fourneau, mais cela lui donnait au moins un peu de liquide. En effet, pour ses parents nourriciers, il fallait manger vite et boire aussi peu que possible. Boire ne faisait qu'augmenter la soif.

À 19 ans, Ernst Wessner a dû se faire enlever un rein. Il pense que cette opération est due aux habitudes de boisson de sa famille nourricière. Aujourd'hui encore, il souffre des séquelles provoquées par les examens qui ont précédé son opération rénale.

La famille avait aussi des méthodes particulières pour soigner les blessures. Voici comment la mère d'accueil a traité une blessure subie par Ernst Wessmer : elle a pris une plume dans le poulailler pour étendre sur la blessure ouverte de la crème prélevée d'un pot à lait où des souris affamées s'étaient noyées. Sur la couche de crème, elle a collé une toile d'araignée, avant de recouvrir le tout d'un chiffon sale. Après ce traitement, Ernst a eu quatre semaines de forte fièvre, il a été gravement malade. Personne ne s'est occupé de lui, personne non plus de l'école qu'il fréquentait à la demi-journée.

Ernst Wessner a survécu. Il a aussi survécu aux humiliations de l'instituteur, qui le donnait en spectacle sur une chaise face à la classe en disant : « Voilà à quoi ressemble un imbécile ! » Ernst Wessner s'est rendu compte plus tard seulement qu'il était dyslexique.

Ernst Wessner se sentait exploité à outrance. Il gagnait 20 francs par mois, dont il envoyait une bonne partie à sa maman. Il vivait le plus chichement possible, et allait toujours pieds nus en été, car une paire de chaussures coûtait 50 francs à l'époque. « Au moins je n'y ai jamais eu faim », relève Ernst Wessner comme aspect positif de cette période de sa vie.

En 1944, une terrible dispute a éclaté entre les parents d'accueil, et le paysan a pris la clé des champs. Ernst Wessner s'est enfui à la maison. Un curé bienveillant est intervenu en sa faveur, si bien qu'il n'a pas dû retourner dans sa famille d'accueil. L'adolescent, âgé de 14 ans, a lui-même trouvé de l'emploi dans une autre famille paysanne du canton de St-Gall. Il y a travaillé comme domestique pendant une année. Il gagnait désormais 40 francs par mois. Rétrospectivement, il estime qu'il a été moyennement à bien traité, mais là aussi il a dû travailler dur. Il envoyait toujours à la maison une grande partie de son salaire. Pour pouvoir éponger plus vite les lourdes dettes de sa mère et de ses sœurs, il a pris en 1945 un emploi dans une fabrique de meubles. « On disait que je devais faire un apprentissage, mais personne ne m'y a aidé. D'une manière ou d'une autre, j'ai toujours payé pour les autres ».

Quand Ernst Wessner s'est rendu compte qu'il n'obtiendrait jamais un bon salaire à la fabrique, il l'a quittée pour un poste bien payé dans le canton d'Appenzell Rhodes extérieures. Encouragé par son supérieur, il s'est épanoui. Deux fois, il a fait des séjours professionnels à l'étranger. À force de travail, il est devenu chef de département. Il s'est révélé créatif. Beaucoup de ses inventions ont été primées et sont encore utilisées aujourd'hui.

Sur le plan privé, il a mis plus de temps à trouver le bonheur. Ernst Wessner a d'abord dû apprendre à se défendre. Sa seconde épouse est un grand appui pour lui. Ensemble, ils habitent aujourd'hui leur propre maison, au jardin soigné, dans le canton de St-Gall. Leur vie quotidienne est agrémentée par la présence de chats, de lapins, de colonies d'abeilles et de pigeons voyageurs.

Elisabeth Grob

Chapitre II

L'école et l'apprentissage passaient pour négligeables

Liselotte Lüscher

Les témoins dont la vie est résumée dans ce livre ont grandi à une époque agitée et difficile. Ils ont été écoliers soit pendant la crise économique mondiale des années 1930, soit pendant la Deuxième Guerre mondiale, soit dans l'après-guerre.[1] Peu d'enfants ont été placés durant la haute conjoncture des années 1960 et 1970.

L'agriculture, où travaillaient la plupart des enfants placés, était très touchée par la crise économique internationale, et cela déjà depuis la fin de la Première Guerre mondiale. Le taux de chômage est monté à 5 %. La baisse des salaires atteignait 6 à 10 %.[2] Les prix payés pour les produits agricoles étaient en baisse. Les petites exploitations paysannes le ressentaient particulièrement. Les petits paysans avaient de la peine à trouver des gains accessoires et s'efforçaient de tirer le maximum de leurs fermes, souvent avec l'aide d'enfants placés.

Dans ces temps instables, il n'y a guère eu de réformes scolaires porteuses d'avenir. Les rares modifications reflétaient l'esprit de l'époque, comme dans le canton d'Argovie : l'enseignement ménager est devenu obligatoire dans la loi scolaire de 1942.[3] Cela correspondait à l'idée de la femme alors prédominante : épouse, mère et ménagère. Dans le canton de Berne, où ont été placés plus de la moitié des témoins cités dans ce livre, peu de changements ont touché l'école à cette époque. La loi scolaire de 1894 est restée en vigueur jusqu'en 1951.[4]

Selon les réglementations légales, l'école n'était plus depuis longtemps déjà une affaire sans importance au XXᵉ siècle. L'article 27 de la constitution fédérale de 1874 obligeait les cantons à un enseignement primaire suffisant, qui devait être dirigé par l'État, obligatoire et gratuit. En outre, les écoles devaient être ouvertes à toutes les religions et les écoles confessionnelles supprimées.[5] L'école était ainsi sécularisée et l'Église perdait son influence sur l'éducation. Dans plusieurs cantons, l'enseignement était interdit aux membres d'ordres religieux et de congrégations.[6]

Malgré la constitution fédérale, on faisait travailler les enfants dans l'agriculture au lieu de les envoyer à l'école dans bien des régions rurales. L'important était que le travail avance à la ferme ; les connaissances transmises à l'école étaient secondaires. Les vacances, par exemple, étaient adaptées au travail agricole. Suivant le temps, la commission scolaire décidait si les vacances des foins commençaient une semaine plus tôt ou plus tard. En été, toute activité scolaire cessait pendant des semaines pour les récoltes, et en automne, les congés dépendaient de la maturité des pommes de terre.

Pendant l'entre-deux-guerres, il était d'usage dans bien des régions de Suisse que l'école soit rallongée en hiver et raccourcie en été.[7] Les instituteurs se montraient indulgents quand les enfants manquaient l'école parce qu'ils travaillaient aux champs ou à la ferme. Cela ressort de nombreux témoignages. Alors que, depuis 1847 déjà, un paragraphe de la loi bernoise sur les pauvres obligeait les parents d'accueil à envoyer régulièrement leurs pupilles à l'école[8], cette règle est souvent restée lettre morte des décennies plus tard.

La Constitution fédérale déclarait l'école obligatoire, mais la durée de l'enseignement imposé différait d'un canton à l'autre. En 1938 seulement, une loi fédérale a fixé à 15 ans l'âge minimum d'entrée dans la vie active. Pour beaucoup de cantons, c'était l'occasion de prolonger la durée de l'école obligatoire.[9] Le canton de Berne avait depuis longtemps une durée de 10 ans, puis de neuf ans.[10] En 1930, les enfants quittaient encore l'école à 14 ans à Zurich et en Argovie, tandis que l'enseignement obligatoire ne durait que six ans dans la plupart des cantons de Suisse centrale.[11] En outre, l'âge d'entrée à l'école variait entre la sixième et la septième année. De ce fait, l'attribution à une classe n'était souvent pas claire pour les enfants lors de changements de cantons. D'autres problèmes découlaient du fait que les plans d'enseignement étaient cantonaux, donc différents. Les projets fédéraux visant à réduire le morcellement du système scolaire suisse ont toujours été écartés en agitant le spectre du « bailli scolaire » fédéral.[12] Il a fallu attendre 2005 pour que soient adoptés des articles constitutionnels permettant à la Confédération d'intervenir lorsque les cantons ne parviennent pas à s'entendre.[13]

Dans les campagnes bernoises, les classes étaient rarement formées d'après l'année de naissance : les âges y étaient en général mélangés. Parmi les 832 sites scolaires de la partie alémanique du canton, 121 écoles dispensaient en 1930 l'enseignement à tous les enfants ensemble, de la première à la neuvième classe ; en outre, 265 écoles avaient deux niveaux, le plus souvent un niveau inférieur allant de la première à la quatrième classe, et un niveau supérieur de la cinquième à la neuvième. Un instituteur enseignait au niveau supérieur et une institutrice au niveau inférieur. Un peu plus rares étaient les écoles à trois niveaux, dans les grandes communes, avec en plus un niveau moyen allant de la quatrième à la sixième classe.[14]

Selon les récits figurant dans ce livre, quasi personne n'a suivi l'école dans des classes formées d'après l'année de naissance. Les petits villages et les fermes isolées où la plupart des enfants étaient placés n'avaient souvent pas accès à une grande école, ou bien elles étaient trop éloignées. Le chemin de l'école posait de toute façon un problème à beaucoup d'enfants. Certains le parcouraient deux fois chaque matin, parce que la fromagerie où ils devaient apporter le lait le matin se trouvait au centre du village et la ferme où ils travaillaient loin à l'extérieur. De ce fait, certains arrivaient régulièrement en retard à l'école. Quand la ferme était proche de l'école, ils arrivaient aussi en retard parce qu'on leur donnait trop de travail le matin. Les instituteurs réagissaient de deux manières opposées à ces arrivées tardives : pour les uns, les élèves n'y pouvaient rien et ils fermaient les yeux ; les autres infligeaient des punitions alors qu'ils connaissaient les raisons du retard. À l'époque déjà, des enseignants ont été poursuivis à cause de châtiments corporels.[15] Pourtant les gifles et les coups de règle sur les doigts étaient courants, comme le relève Emil Weber : « Il (le maître) frappait surtout les enfants placés ». À cela s'ajoutaient d'autres discriminations, par la parole ou la mise à l'écart. « À l'école je devais m'asseoir tout seul au fond », raconte Josef Anderhalden. Il était discriminé parce que son père était en prison. Marie Bachmann raconte que son instituteur se moquait d'elle parce qu'elle s'essouf-flait vite en courant ou qu'il s'amusait de voir qu'elle ne portait pas de soutien-gorge. L'attitude des enseignants se répercutait généralement sur les camarades de classe. Eux aussi brimaient les enfants placés, souvent parce qu'ils venaient en classe dans leurs habits de ferme ou d'autres guenilles.

Le mot « intégration » était encore inconnu à l'époque. Il ne sem-blait pas nécessaire de préparer les enseignants, durant leur forma-tion, à s'occuper d'enfants sortant de la norme, que ce soit par leur apparence ou leur comportement. Vu la grandeur des classes, les enfants qui auraient eu besoin d'aide supplémentaire n'avaient pas la tâche facile, de même que leurs maîtres. En 1945, il y avait encore dans le canton de Berne des classes de 50 à 70 élèves.[16]

Il n'y avait guère de collaboration et même de contacts entre l'école et les parents, y compris les parents d'accueil. Dans le canton de Berne, on n'a parlé du travail des parents et de conseils de parents que dans les années 1970. Il en était de même dans le reste de la Suisse. La plupart des personnes interrogées disent que l'école ne se souciait pas de savoir comment ils étaient traités à la maison. Pourtant une partie des enseignants essayaient de les aider. Certains payaient de leur poche la course d'école à un enfant placé ou interve-naient pour cela auprès des parents d'accueil. Quant à l'instituteur de Marie Bachmann, par provocation, il a remplacé le pansement arra-ché par ses parents d'accueil.

L'école pouvait simplement être un autre lieu de tourments, ou au contraire un lieu de détente. Elsa Schweizer aimait aller à l'école « parce qu'elle s'y sentait acceptée et protégée » et « pouvait échap-per à l'atmosphère glaciale de la maison ». Hugo Hersberger raconte qu'il était un tout autre garçon à l'école. Durant sa carrière scolaire, un enfant placé pouvait avoir tour à tour un instituteur qui l'encoura-geait et un autre qui le marginalisait. Ou bien l'école était un contre-poids positif à la situation à domicile, ou bien elle prolongeait la discrimination et le manque de soutien. Les rares témoins qui se trouvaient bien à la maison ne se plaignaient pas non plus de l'école. En cas de bonnes prestations, un enfant placé avait plus de chances d'être accepté à l'école. Pourtant, seules quelques-unes des personnes interrogées ont réussi à entrer à l'école secondaire, même avec de bonnes prestations.

La durée de l'école secondaire différait selon les cantons. Berne était le seul grand canton alémanique où la sélection intervenait après la quatrième année scolaire. Dans presque tous les autres cantons, on ne passait à l'école secondaire qu'après la sixième année. Dans le canton de Berne comme ailleurs, l'école secondaire était publique depuis le milieu du XIXe siècle déjà, mais il était souvent difficile de s'y rendre depuis les fermes éloignées. En outre, la fréquentation de l'école secondaire aurait entraîné des frais et de longues absences de la ferme. C'est seulement en 1957 que le canton de Berne a fixé dans la loi la gratuité de l'école secondaire.[17] Après la quatrième classe justement, beaucoup d'enfants étaient placés ou replacés, car on les jugeait alors assez forts pour travailler dans une ferme. Dès lors, il devenait le plus souvent inutile d'envisager un passage à l'école secondaire. Les enfants étaient là « pour travailler » et non pour aller à l'école, disait-on selon Joseph Baumeler. Lui aussi, un crac à l'école, a été empêché pour ce motif de passer en secondaire.

La proportion d'enfants qui fréquentaient l'école secondaire n'était pas encore à l'époque aussi élevée qu'au début du XXIe siècle. En 1950, seuls 15 % des enfants en âge scolaire allaient à l'école secondaire dans le canton de Berne. La plupart étaient issus de familles de fonctionnaires ou de paysans et artisans cossus.[18] C'étaient rarement les milieux où vivaient les enfants placés. Les parents d'accueil n'étaient pas tenus d'encourager la scolarité de leurs pupilles.

Le manque de soutien à l'école n'explique pas à lui seul pourquoi peu d'enfants placés ont suivi l'école secondaire et beaucoup ont dû redoubler une année scolaire. Ils n'avaient guère de temps pour les devoirs à domicile et étaient tellement fatigués le soir que, comme Emil Weber, ils s'endormaient épuisés sur leur livre. Il n'était pas rare que ces enfants travaillent jusqu'à dix heures du soir. Le matin, ils devaient souvent sortir du lit à quatre ou cinq heures. Pour les devoirs aussi, les enseignants avaient des attitudes différentes. Certains punissaient impitoyablement ceux qui n'avaient pas fait leurs devoirs, d'autres fermaient les yeux.

Le faible taux de scolarisation secondaire avait un avantage : le diplôme secondaire n'était pas exigé pour les apprentissages. Les enfants placés n'en profitaient guère. Ils pouvaient rarement entreprendre un apprentissage directement après la fin de l'école obligatoire. À quelques exceptions près, les témoins n'ont pas fréquenté d'écoles supérieures. Elsa Schweizer est l'une de ces exceptions : elle voulait devenir jardinière d'enfants et a eu de la chance. Son assistante sociale avait décidé qu'elle devait devenir repasseuse, mais elle a pu imposer son point de vue grâce à l'appui de connaissances et entrer à l'École normale.

Depuis 1930, une loi fédérale sur la formation professionnelle stipulait la fréquentation de l'école professionnelle comme partie intégrante de l'apprentissage.[19] Il arrivait pourtant qu'un maître d'apprentissage refuse de sacrifier une journée de travail à l'école. C'est pourquoi Joseph Baumeler n'a pas pu obtenir le diplôme de boulanger. En 1940, la Suisse comptait soixante écoles professionnelles artisanales, dont neuf dans le canton de Berne. Pour les écoles d'agriculture, ce canton venait en tête avec cinq établissements.[20] Les nombreux enfants placés dans le canton de Berne auraient eu un grand choix d'apprentissages. Le canton avait en outre mis en vigueur dès 1897 une loi sur les pauvres prévoyant que des inspecteurs parlent avec les enfants placés de leurs désirs professionnels et les conseillent. Mais seuls quelques-uns de ces enfants ont pu apprendre le métier qu'ils souhaitaient ou même simplement faire un apprentissage après la fin de leur scolarité. On leur faisait croire qu'ils n'étaient pas capables de suivre un apprentissage. Pour les paysans, il était plus profitable de garder ces jeunes à la ferme pour un petit salaire. Souvent ils ne recevaient même pas de salaire, au motif qu'ils devaient gagner leurs habits de confirmation.[21] Cette coutume inouïe a été mentionnée par beaucoup de témoins. Les jeunes filles étaient incitées à faire un stage ménager d'un an et à rester à la ferme comme

« domestiques bon marché », selon les termes de Marie Bachmann. On leur refusait un apprentissage dans l'idée qu'elles allaient de toute façon se marier. Ce qu'elles faisaient souvent, et trop tôt. Dans les années 1930, seules quelque 20 % des jeunes filles d'une classe d'âge accomplissaient un apprentissage. Cela n'a changé qu'après la Deuxième Guerre mondiale.[22]

Dans les carrières professionnelles des enfants placés, le hasard a joué un grand rôle. Ils ont souvent été aidés par des gens bien intentionnés, conscients que personne ne s'occupait d'eux. Emil Weber s'est laissé docilement engager comme domestique après la fin de l'école, jusqu'à ce qu'un paysan chez qui il travaillait lui recommande de faire un apprentissage. Il l'a réussi bien qu'il n'ait pas été un très bon élève.

Plusieurs ont réussi plus tard par leurs propres moyens à progresser dans leur profession. Cela vaut surtout pour les hommes. Roger Hostettler, qui aurait voulu devenir graphiste et à qui cela n'a pas été permis, a fini par diriger, après quelques détours, sa propre compagnie de taxis. Joseph Baumeler, qui a pu faire un apprentissage de boulanger et avait été un excellent élève, a repris une boulangerie puis deux hôtels. Les femmes ont souvent tenté par un mariage de prendre de la distance par rapport à leur jeunesse et de trouver ainsi un foyer. Cela ne leur a pas toujours réussi. Ces mariages précoces ont souvent abouti au divorce.

Pour ceux qui ont pu faire une carrière professionnelle – et quelques-uns y sont parvenus – la ténacité et la persévérance ont joué un rôle, ou encore d'heureux hasards. Souvent, ils ont dû rattraper le temps perdu à force de privations, alors qu'ils avaient déjà la charge d'une famille.

Elsa Schweizer-Dürrenberger, 1935, Bâle-Campagne, Soleure

« J'étais un enfant du péché »

Elsa Schweizer a été placée toute petite dans un foyer pour enfants de Bâle-Campagne, car les autorités avaient dénié toute capacité éducative à sa mère célibataire de 19 ans. Celle-ci a quand même pu voir sa fille régulièrement, puisqu'elle travaillait dans le même établissement. À deux ans et demi, Elsa a été placée dans une famille paysanne du canton de Soleure.

À son arrivée dans la petite ferme, celle-ci n'abritait plus que les parents d'accueil, qui avaient dépassé la cinquantaine, et deux filles sur un total de sept enfants. Toute deux, déjà hors de l'école, travaillaient comme tisseuses à domicile.

Dès le début, la mère d'accueil et ses filles étaient mal disposées envers Elsa Schweizer. D'après cette dernière, cela était lié au fait que la mère, dont la foi catholique tendait à la bigoterie, avait été contrainte de se marier parce qu'elle était enceinte. Son antipathie envers Elsa visait donc l'« enfant du péché », c'est-à-dire illégitime. La fillette était battue à tout bout de champ. Comme la mère d'accueil était de santé fragile et n'avait pas la force de la frapper, l'aînée des filles s'en chargeait avec un plaisir sadique. Sa sœur ne la battait pas, mais la fusillait sans cesse du regard. Seul le père nourricier – lui-même placé de force dans son enfance – était gentil avec elle, mais il était incapable de tenir tête à sa femme et à ses filles.

Comme Elsa Schweizer l'a appris par la suite, sa mère pouvait encore lui rendre visite chez les parents d'accueil dans les premiers temps. Mais du fait que la maman, après chaque visite, quittait sa fille en sanglotant, la mère d'accueil a fait savoir aux autorités que les visites maternelles avaient une mauvaise influence sur l'enfant. En conséquence, ces visites ont été interdites. Le père d'Elsa lui rendait aussi des visites, mais elle n'avait pas le droit de savoir que c'était son père. De manière générale, les questions sur son origine étaient toujours étouffées, étonnamment surtout par le père nourricier, en qui elle avait confiance. À ses questions, il répondait seulement : « Cela ne te regarde pas ! » L'avis d'Elsa Schweizer : « C'est le pire qu'on puisse faire à un enfant. En comparaison, les coups ne comptent plus tellement. Mais bien le fait d'être privé de sa propre identité. » Aujourd'hui encore, elle ne se sent nulle part de vraies racines. « Je peux vivre partout. […] Je pourrais partir pour l'Australie, demain déjà. »

De temps en temps au moins, elle trouvait un foyer de substitution dans la famille de sa meilleure amie du village, où elle se sentait en sécurité. Ces visites interdites entraînaient souvent des coups. Elle était aussi momentanément épargnée pendant les visites des enfants de la famille d'accueil qui vivaient ailleurs. Elle avait une très bonne relation avec plusieurs de ces filles – parmi lesquelles sa marraine.

Elsa a été vite poussée à travailler. Dès l'âge de 5 ans, elle tricotait ses premières chaussettes. On lui donnait sans cesse un travail ou l'autre. Outre le tricotage, elle devait trier les petits pois, apporter à manger au paysan dans les champs ou distribuer des illustrés, une tâche dont la mère d'accueil était responsable pour le village. Dans cette dernière activité, on lui a vite accordé une assez large autonomie. Ainsi, elle s'occupait non seulement de la distribution des magazines, mais aussi de l'encaissement. Elle mettait les recettes dans la caisse du ménage, ce qui lui donnait l'occasion de détourner régulièrement et discrètement de l'argent pour elle. Elle s'en servait surtout pour acheter des friandises pour ses camarades de classe.

Pour le logement et l'alimentation, Elsa n'était pas à plaindre. Elle était même gavée de nourriture. À son avis, les parents d'accueil voulaient ainsi montrer vis-à-vis de l'extérieur qu'elle était bien traitée chez eux.

À l'école, Elsa n'avait pas de problèmes. Elle n'était pas particulièrement assidue, mais quand même bonne et pour cela admirée des autres élèves. Elle avait aussi une bonne relation avec les instituteurs, à l'exception de la maîtresse de couture et du curé. Elle aimait l'école, car elle s'y sentait acceptée et protégée, et qu'elle y échappait à l'atmosphère glaciale de la maison.

Malgré les épreuves, la famille d'accueil est devenue à la longue une sorte de foyer pour elle. Alors qu'elle avait une douzaine d'années, la fille qui la battait toujours s'est mariée et a quitté la maison. Ce départ a fondamentalement amélioré la situation. Les parents d'accueil se sont étonnés de voir tout d'un coup Elsa plus sociable et à l'aise chez eux.

Après la fin de l'école, Elsa Schweizer a fait un stage ménager d'un an dans une ferme lucernoise. Elle y a été victime d'abus sexuels du paysan, mais elle est finalement parvenue à échapper à ses agressions. Elle avait en revanche de bonnes relations avec la paysanne et les enfants. Au bout d'un an et demi, elle a passé son examen de fin de stage, puis a encore travaillé six mois à la ferme. Pendant son stage, sa mère et son père d'accueil lui ont chacun rendu visite une fois. Et pendant cette période elle passait naturellement les vacances chez eux, car « c'était ma maison ».

Son désir de devenir jardinière d'enfants a d'abord été accepté par l'employée de l'assistance. En attendant d'avoir l'âge requis pour entrer à l'École normale, elle a travaillé dans un foyer pour enfants aux Grisons, puis dans une famille à Soleure. À l'approche de l'entrée à l'école de jardinières d'enfants, l'assistante sociale avait changé d'avis : elle a poussé Elsa Schweizer à suivre une formation de repasseuse. Mais Elsa Schweizer a imposé sa volonté et, grâce au soutien de son dernier employeur, elle a pu accomplir la formation souhaitée avec succès.

Elle explique qu'elle est toujours arrivée à imposer sa volonté dans les situations décisives, malgré ses sentiments d'infériorité. Ceux-ci proviennent de son enfance et de sa jeunesse, qui ont été marquées par des accusations ou des affirmations comme « Tu n'es rien et tu ne deviendras jamais rien, d'ailleurs tu n'as rien à espérer ». Jusqu'à présent, Elisa Schweizer n'a jamais pu éliminer complètement ce manque de confiance en elle.

Seul son mari a finalement pu lui offrir un vrai foyer. Il lui a aussi donné de la reconnaissance et un soutien dans ses activités. Elle a découvert qu'elle était une femme intelligente, et a encore entrepris à 56 ans une formation de jardinière d'enfants orthophoniste. Elle a longtemps fait l'impasse sur les questions relatives à son origine et au devenir des membres de sa famille. Jusqu'à ce qu'une de ses filles commence à s'y intéresser et entreprenne des recherches. Il lui a fallu peu de temps pour retrouver les quatre frères et sœurs d'Elsa Schweizer – sa mère était déjà décédée. Depuis lors ils se rencontrent de manière épisodique, par exemple lors de fêtes d'anniversaires.

Aujourd'hui, Elsa Schweizer vit avec son mari dans une maison individuelle en Valais.

Edwin Pfaffen

Emil Weber*, 1934, Berne

« Ma mère n'a pas osé parler avec l'instituteur »

Emil Weber a souffert entre 11 et 16 ans à la fois du paysan psycho-
pathe chez qui il travaillait et d'un instituteur qui l'injuriait et le frappait. Les crises du paysan le terrorisaient. Mais il souffrait aussi de
l'attitude de ses parents : la lâcheté de son père et l'incompréhension
de sa mère pour sa situation. Il ressent aussi comme injuste le fait
d'avoir dû redoubler la deuxième année d'école et de n'avoir pas pu
de ce fait suivre la neuvième. Il n'avait personne pour l'aider. Ce
n'était pas non plus le cas de la secte dont sa mère était membre. « Je
n'ai jamais été personne », dit-il. Il pense que ses expériences de jeunesse ont engendré de gros problèmes dans sa vie d'adulte.

Quatrième de huit enfants, Emil Weber est né dans un village de
la campagne bernoise. Son père avait trente ans de plus que sa mère,
il était maladif et, de l'avis d'Emil Weber, incapable. Il venait d'une
grande exploitation agricole, mais n'arrivait pas à gérer avec succès
sa ferme, beaucoup plus petite. Le père cédait ses enfants, lorsqu'ils
avaient atteint un certain âge, à d'autres paysans, probablement sur
un marché. Il ne se sentait nullement coupable et disait aux voisins
que tout était en ordre. Emil Weber se souvient des visites d'un
tuteur chez le deuxième paysan : il inspectait même sa chambre,
mais ne parlait pas avec lui.

Emil Weber a d'abord été placé vers l'âge de huit ans chez un paysan du village où vivait sa famille. Il ne se plaint pas de ces deux ou
trois ans. Les gens étaient bons avec lui et la nourriture aussi. Il pense
pourtant qu'on l'y traitait comme un domestique. Il n'était pas battu
et cela se passait bien à l'école aussi. Malheureusement, ce paysan avait

une liaison hors mariage et un enfant illégitime. Lorsque la chose a été connue, Emil Weber est retourné chez ses parents, où il est resté plusieurs mois. Puis il a été placé chez un autre paysan dans le voisinage de la maison familiale. Il devait alors avoir 11 ans et suivre la quatrième année scolaire, car il avait redoublé. La proximité de la maison familiale se révéla être un désavantage : sa mère venait souvent le chercher pour accomplir de gros travaux chez elle. À cette époque, elle avait déjà repris le domaine agricole, car le père n'était sans doute plus capable de travailler. Quand il se plaignait auprès d'elle de son nouveau lieu de vie, il n'obtenait rien, et cela l'a souvent fait pleurer le soir.

La vie chez le deuxième paysan était insupportable et lui causait de terribles peurs. « C'est un vrai crime [...] de placer un enfant chez un homme malade [...] et de n'y voir que des avantages pour soi [...]. La commune aussi n'était intéressée qu'à se débarrasser de l'enfant, de ne pas avoir à le nourrir, etc. » juge-t-il aujourd'hui. Le paysan était malade psychiquement, avait souvent des crises et ne savait plus ce qu'il faisait. « Quand on le voyait dans cet état [...], on se demandait si on était encore vivant. Il ne savait plus comment il gesticulait », raconte Emil Weber.

Dans de telles crises, il a même parfois fallu appeler la police, car le médecin ne parvenait pas seul à calmer le paysan pour le faire hospitaliser. Une fois, il a touché Emil Weber à la tête avec un marteau. Aujourd'hui, il pense que le paysan ne l'a pas frappé volontairement, mais seulement parce qu'il avait une crise. Chez lui, il était toujours appelé « garçon » – comme d'autres enfants placés.

La nourriture était convenable, mais restreinte. Emil recevait les vêtements usés des fils adultes, mais il a dû les rendre à son départ. « J'avais ma valise presque pleine d'habits, pour l'hiver et pour l'été. Et après, quand je suis parti, tout a été vidé. Je suis parti quasiment nu ». Il n'avait presque pas de temps pour faire ses devoirs, et quand il s'y mettait le soir, il s'endormait sur son livre.

La ferme se trouvait juste à côté de l'école, mais il était fréquent qu'Emil arrive en retard parce qu'il n'avait pas pu finir à temps à l'étable. Son instituteur n'avait aucune compréhension et l'engueulait chaque fois. Il frappait surtout les enfants placés, mais Emil encore plus que les autres. Il le giflait et lui donnait des coups de règle sur les doigts. Emil avait peur de lui. Le maître se moquait de lui quand il n'arrivait pas à faire quelque chose, et le faisait rester debout devant la porte quand il arrivait en retard. Pourtant, l'instituteur connaissait la situation chez lui. Emil a demandé à sa mère de l'aider en parlant au maître. « Mais elle n'a pas osé le faire. » Les enfants placés étaient aussi tourmentés et tyrannisés par les autres élèves, et Emil ne savait pas bien se défendre. Il n'avait pas le temps de nouer des liens avec d'autres enfants, et n'avait donc pas d'amis.

Sa mère décidait de son instruction religieuse, et il devait assister le dimanche aux cérémonies de sa secte. Elle y était entrée après avoir été déçue par le pasteur du village : elle lui avait vainement demandé de l'aide alors qu'elle était seule avec ses enfants. Elle n'a pas fait confirmer les enfants. Mais les gens de la secte n'ont pas non plus aidé Emil ; ils lui conseillaient de tenir bon. Plus tard, Emil Weber est sorti de cette communauté. Le bruit courait, semble-t-il, que sa famille était riche et le cachait. Cela était probablement dû au fait que son père était le fils d'un gros paysan.

Après sa sortie de l'école, Emil Weber est devenu domestique chez un autre paysan, qui lui versait un petit salaire. Il y est resté quatre ans, et a eu de la chance : le vieux paysan était bien disposé à son égard et lui a recommandé de suivre les deux ans de formation agricole, ce qu'il a fait avec succès. Il a ensuite travaillé comme maître valet et trayeur, mais il a commencé à souffrir d'un bras. Il aurait voulu apprendre le métier de fromager, mais n'a pas trouvé de place d'apprentissage. Il a été très affecté de ne pas être admis à l'école de recrues. Il explique cela par son bras handicapé et sa timidité. Il n'avait pas la réplique facile et avait de la peine à formuler ses phrases. Il espérait que sa mère lui transmettrait le domaine agricole, et y a travaillé quelque temps. Mais elle ne l'a pas fait. Il s'est alors annoncé à la Poste et a réussi l'apprentissage sans difficultés.

Emil Weber a travaillé comme facteur jusqu'à sa retraite. Il vit aujourd'hui avec sa femme dans le canton de Berne.

Liselotte Lüscher

Josef Anderhalden, 1932, Obwald, Soleure, St-Gall, Lucerne

« À l'école ils m'ont toujours mis tout seul au fond »

La vie de Josef Anderhalden a été hypothéquée dès sa naissance : c'était un enfant illégitime. Son père l'a bien reconnu et lui a donné son nom, mais il a fait plusieurs années de prison pour meurtre. Sa mère ne s'est pas du tout occupée de lui et a épousé par la suite un autre homme. Pourquoi, après deux séjours chez des paysans, il a abouti dans une maison d'éducation, il ne le sait pas clairement aujourd'hui encore. Les villageois savaient tous qui il était, et il est resté de ce fait un paria. La morale catholique rigide a aussi joué contre lui. Aujourd'hui, il ressent sa jeunesse comme un fardeau et fait des reproches aux autorités de tutelle compétentes.

Fils illégitime d'une domestique, Josef Anderhalden est né à Nidwald mais a été rapidement déplacé à Obwald. Sa commune d'origine, dans ce canton, restait compétente pour son cas. À l'âge de trois mois, il est arrivé chez une femme d'un certain âge qui gagnait sa vie en s'occupant de trois ou quatre enfants placés. Josef Anderhalden conserve un souvenir positif de cette femme. Elle ne le battait pas, mais une de ses filles le faisait. Là, cela allait bien pour lui à l'école aussi. Il se rappelle qu'il subtilisait de temps à autre une pièce de 20 centimes à la dame pour s'acheter une friandise à la boulangerie. Il n'a pas le souvenir d'avoir été puni pour cela.

Après sa libération, son père a subi un traitement psychiatrique et a été plusieurs fois interné. Il avait commis son homicide sous l'emprise de l'alcool et sans doute involontairement. Il avait sans cesse des conflits avec les autorités. Alors qu'il était dans un asile psychiatrique, Josef, encore enfant, lui a une fois rendu visite et a eu peur de lui. Plus tard, son père réapparaissait parfois brièvement, et le frappait. C'était sa méthode éducative. Une seule fois son père est intervenu en sa faveur, mais aucune relation ne s'est créée avec lui. Encore moins avec sa mère, qui ne lui a rendu visite qu'une fois dans son enfance, et qu'il a plus tard rencontrée une fois par hasard.

Après les huit ans passés chez la dame, Josef a été placé chez un petit paysan du même canton. C'était un lutteur couronné et un vrai cogneur. Josef travaillait du matin au soir, avant et après l'école, comme un domestique. Il avait toujours trop peu à manger. Les adultes avaient du fromage avec les pommes de terre cuites, lui seulement deux pommes de terre. Pour des raisons qu'il ignore, le paysan l'enfermait le dimanche dans sa chambre ou dans la porcherie. Les coups pleuvaient souvent si fort qu'il ne pouvait presque plus marcher ; ils dépendaient plus de l'humeur du patron que de fautes de sa part.

Josef fréquentait une école où l'enseignement était donné par des religieuses. Celles-ci soutenaient manifestement les agissements du paysan. Josef Anderhalden suppose que les coups étaient destinés à exorciser le diable en lui. D'après lui, le catholicisme intensif de la région n'était pas étranger au traitement qu'il a subi. On le considérait comme perdu parce qu'il était le fils d'un meurtrier condamné. À cause du crime de son père, on le traitait constamment de « fils d'assassin », et on lui a par exemple refusé la première communion. À l'école il devait s'asseoir seul tout au fond, « presque comme un monument expiatoire ». Il a alors adopté une attitude provocante qui lui a valu d'être transféré dans une autre école. Là, pendant une brève période, une religieuse s'est engagée en sa faveur et l'a pris sous sa protection.

Petit à petit, les villageois ont eu connaissance de la situation chez le paysan. « Ils n'auraient rien fait [...], les gens de la commune. [...] Ils ne s'en sont pas souciés. Ils étaient contents que l'enfant soit quelque part. Alors qu'ils savaient exactement ce qui se passait », raconte Josef Anderhalden.

Une aide ménagère a été la première à informer la commune des mauvais traitements qu'il subissait à la ferme. Finalement, un voisin a averti les autorités communales que le garçon finirait par être tué si personne n'entreprenait rien. Après cela, Josef Anderhalden a dû annoncer les raclées suivantes à son tuteur, ce qu'il a fait. D'un jour à l'autre, Josef a été emmené chez un autre paysan, dont il ne se plaint pas. Il n'y est resté qu'un an, avant d'être placé, pour des raisons obscures – selon lui parce qu'il avait des problèmes à l'école – d'abord dans un centre de transit à Soleure puis dans un foyer pour garçons à St-Gall. Il pense qu'après son séjour chez le paysan-cogneur, il était redevenu complètement sauvage. « Plus il me rouait de coups, plus j'avais la tête dure ».

Il s'est enfui du foyer pour garçons au bout d'environ cinq mois. Il a emporté la caisse du téléphone, parce qu'il lui fallait dix francs pour un billet de train. Il est retourné chez le paysan pour lequel il avait travaillé en dernier lieu. Il y est resté jusqu'à Noël, avant d'être placé dans une maison d'éducation du canton de Lucerne. Ce fut un choc pour lui, avec pour conséquence des problèmes de mémoire et de concentration. Alors qu'il était un assez bon élève jusque-là, il ne pouvait subitement plus rien retenir et n'était plus bon non plus en calcul. Cela lui a encore causé des problèmes à l'école professionnelle, et ne s'est amélioré qu'à l'âge adulte.

Un motif de son placement en maison d'éducation pourrait être le fait qu'il avait frappé à l'école un instituteur qui l'avait enfermé dans une cellule d'arrêt à cause d'une farce. Josef Anderhalden tient un vicaire et un instituteur pour les instigateurs de ses placements. Il juge son séjour à la maison d'éducation comme à la fois positif et négatif. Il s'est senti marqué et rabaissé parce qu'il y avait été. Le bon côté, c'est qu'il a pu y suivre un apprentissage de serrurier, le métier qu'il souhaitait exercer. Durant cet apprentissage aussi, Josef Anderhalden s'est montré récalcitrant, mais il s'en est sorti tant bien que mal. Là encore, il ne s'est pas fait d'amis. Comme adulte, il a eu un certain temps des problèmes d'alcool, car il perdait ses inhibitions à parler après quelques bières, et buvait de ce fait parfois trop. Il pense aujourd'hui que sa jeunesse lui a été volée, « les années les plus importantes, les années de développement […] ont été perdues. »

Par la suite, certaines personnes l'ont parfois aidé. Il a progressé sur le plan professionnel et a appris le métier de monteur en chauffage à côté de son travail. Mais à cause de problèmes de dos qu'il explique par les violents coups du premier paysan, il n'a plus pu travailler dans sa profession. Il a alors trouvé un poste de chef d'installation dans une fabrique de denrées alimentaires, où il est resté jusqu'à sa retraite. Il vit aujourd'hui avec sa femme dans sa propre maison dans le canton de Fribourg.

Liselotte Lüscher

Joseph Baumeler, 1923, Lucerne

« Mon patron a dit que j'étais là pour travailler, pas pour aller à l'école »

Joseph Baumeler a grandi dans une famille de 14 enfants dans le canton de Lucerne. Le père était un petit paysan qui gagnait aussi un peu d'argent par des travaux auxiliaires. Son domaine isolé comptait trois à quatre hectares de terrain acide, donc mauvais. L'étable comprenait quatre vaches, deux bœufs et deux chèvres, à quoi s'ajoutaient 50 poules. À part l'élevage, le paysan cultivait des pommes de terre. En échange de chevaux pour les travaux des champs, le père aidait le voisin pour le fauchage et les foins.

L'invasion de hannetons de 1929 a été désastreuse pour l'exploitation en engendrant des pertes massives de récolte. Le père de Joseph Baumeler a dû vendre du bétail et acheter du foin à crédit. Comme il ne pouvait pas payer les traites, Joseph, huit ans, a été placé comme garçon de ferme chez le créancier, un gros paysan, afin de rembourser les dettes par son travail.

L'exploitation, vouée à l'élevage et à la culture des champs, se trouvait de l'autre côté du village où les parents de Joseph avaient leur ferme. Elle était dirigée par trois frères célibataires et une sœur qui tenait le ménage. L'un des frères était le patron et servait en même temps de père d'accueil pour Joseph. Plusieurs hommes travaillaient toute l'année comme domestiques à la ferme, ainsi que des femmes à la saison des récoltes. Les frères ont été les premiers au village à acheter un tracteur.

Joseph a été bien accueilli dans cette famille. Il avait plus à manger qu'auparavant chez ses parents, recevait des habits et dormait dans la chambre de l'un des trois frères. Mais il devait trimer dur. À côté du travail aux champs, il aidait à l'écurie le matin avant l'école et le soir. Les jeudis après-midi de congé, il nettoyait la porcherie. Le soir en automne, il pelait en outre les pommes dont on faisait des fruits séchés.

Les contacts humains étaient rudes à la ferme, mais les maîtres étaient aussi exigeants envers eux-mêmes. Comme les autres, ils ne portaient que des sabots de bois pendant toute l'année. Joseph Baumeler n'a jamais été battu par son patron, mais bien par les domestiques. Aujourd'hui encore, il ne parvient pas vraiment à s'expliquer leur attitude de rejet ; peut-être était-ce dû au fait qu'il était mieux considéré qu'eux par son patron.

À l'école, Joseph était l'un des meilleurs, alors qu'il n'avait pas le temps de faire ses devoirs. Il s'entendait bien avec les garçons de sa classe. En revanche les filles le taquinaient sans cesse à cause de son odeur d'écurie. Contrairement à ses camarades, il devait aider à l'étable avant l'école et n'avait pas le temps de changer d'habits. Il pense toutefois que la vraie raison des chicanes des filles était leur jalousie pour ses bons résultats scolaires.

Les instituteurs étaient bien disposés à son égard et s'efforçaient de le soutenir. Dès la quatrième classe, il a reçu des devoirs supplémentaires. Il était particulièrement fort en calcul. Pourtant, son désir d'étudier plus tard la physique et l'astronomie ne s'est jamais réalisé. Lorsqu'un instituteur a tenté de convaincre son patron de le faire passer à l'école secondaire, celui-ci n'a pas montré la moindre compréhension. « Il a dit que j'étais là pour travailler et non pour aller à l'école. Et si l'instituteur voulait absolument me faire suivre l'école secondaire, il devait m'emmener et me nourrir. » Rétrospectivement, Joseph Baumeler ne regrette pas trop d'avoir été privé d'école secondaire et d'études : il a réussi à faire fortune même sans études.

Après la fin de l'école obligatoire, il a encore dû travailler six mois à la ferme pour éponger les dettes de son père. Il a ensuite commencé un apprentissage de boulanger chez une sœur de son père nourricier. Mais il n'a pas pu fréquenter l'école professionnelle. Son patron ne voulait pas sacrifier une journée de travail à l'école. Il a donc terminé son apprentissage sans diplôme. Mais il a rattrapé l'examen après coup alors qu'il travaillait dans le canton de Schwyz. Là, son chef, qui présidait l'association cantonale des boulangers, lui enseignait la théorie le dimanche après-midi. Il a réussi l'examen sans difficultés. Cinq ou six emplois auxiliaires ont suivi. Comme la 2e Guerre Mondiale avait éclaté entre-temps, on ne trouvait plus que des places de trois mois pour remplacer des boulangers au service militaire. C'est ainsi qu'il est arrivé en Valais en 1941. Au bout des trois mois, le chef l'a engagé ferme, et il a finalement travaillé huit ans chez lui. Lorsqu'il a voulu se marier et reprendre une boulangerie, son patron l'a convaincu de prendre la sienne en gérance. Il a alors dirigé la boulangerie avec sa femme, avant de la racheter dix ans plus tard avec le café-restaurant qui lui était rattaché. Il a fait démolir le bâtiment et construire un hôtel avec boulangerie. Un autre hôtel s'y est ajouté par la suite, si bien qu'avec sa femme – qui lui a donné deux enfants – il est finalement devenu propriétaire de trois entreprises.

Un grave coup du sort s'est abattu sur lui et sa femme en 1977, lorsque leur fille est morte d'un cancer. Un hôtel a été transmis au fils, l'autre a été loué. Joseph Baumeler et sa femme se sont retirés ; il ne s'est plus occupé que des jardins, livrant des légumes aux deux hôtels.

Depuis la mort de sa femme en mars 2005, Joseph Baumeler vit seul dans son propre appartement en Valais. Il travaille toujours dans son jardin et aide parfois son voisin à la vigne, la coupe des arbres ou la récolte des abricots.

Edwin Pfaffen

Marie Bachmann-Pauli, 1930, Berne

« Je devais aller à l'école tout l'hiver avec les mêmes habits »

Marie Bachmann est née dans un petit village rural aux confins du Seeland, dans le canton de Berne. Elle faisait partie d'une famille nombreuse. Le père, qui était meunier de métier mais travaillait comme photographe, avait neuf enfants d'un premier lit. Trois filles étaient mortes jeunes de la tuberculose, maladie qui avait aussi touché le père. Marie est née d'un deuxième mariage, tout comme trois frères et une sœur. Sa mère avait 26 ans de moins que son père. Elle semble avoir souffert du placement des enfants, consécutif à la maladie du père. Ce dernier est mort quand Marie Bachmann avait 28 ans, et elle dit ne l'avoir pratiquement connu que malade.

Plusieurs frères et sœurs ont été placés hors de la famille. Une sœur est très bien tombée : ses parents d'accueil l'ont élevée comme leur propre enfant. Elle avait une « place de rêve » selon Marie Bachmann. Elle portait toujours de beaux vêtements et recevait souvent du neuf. Marie avait le sentiment que sa sœur se croyait de ce fait « un peu mieux qu'elle ». Un frère plus âgé a été placé dans un village assez éloigné.

Marie a été placée chez deux paysans du village de ses parents. Contrairement à d'autres enfants placés, elle a ainsi eu l'avantage de ne jamais perdre totalement le contact avec sa famille. Le dimanche après-midi et entre Noël et Nouvel An, elle pouvait rentrer à la maison. Elle désigne ces visites à sa famille comme son seul plaisir. Ses parents sont aussi plusieurs fois intervenus en sa faveur, mais parfois sans succès.

Marie est arrivée à onze ans, au printemps 1941, dans une exploitation agricole moinne. Il n'y avait pas d'employés, mais deux frères.

L'un d'eux était marié et patron de la ferme, où vivait aussi le père des deux frères. Marie n'est restée chez ces gens que six mois. Elle était battue et recevait des coups de pied pour la moindre bagatelle. Le patron et sa femme étaient encore jeunes, mais impulsifs et colériques. Ils lui tiraient les cheveux et les oreilles ou lui bottaient les fesses. Une fois, le paysan a lancé une gerbe de blé contre elle. Le frère du patron intervenait en faveur de Marie, par exemple lorsque la patronne lui a ordonné d'avaler tout le pot de confiture parce qu'elle avait mangé une friandise en cachette. Il a dit à sa belle-sœur qu'il lui jetterait le pot à la tête si elle ne le faisait pas disparaître. Marie Bachmann garde aussi un bon souvenir du père des deux frères. Mais les patrons étaient durs avec elle. Une fois qu'elle a eu de la fièvre pendant plusieurs jours, au point de s'évanouir à la fromagerie, ils l'ont accusée de simulation. Une autre fois, la patronne l'a engueulée au lieu de la consoler alors qu'elle pleurait le soir au lit parce qu'elle s'était brûlé la main.

Marie avait sa propre chambre, mais elle était envahie de guêpes en été. À son avis, la rudesse ambiante venait de la patronne, qui tenait son mari sous sa coupe. Marie se plaignait auprès de sa mère, qui l'a gardée chez elle l'hiver suivant. Elle ne se souvient pas d'avoir eu de tuteur à aucune de ses deux places. En tout cas la commune n'a pas réagi quand elle a quitté sa première place pour rester à la maison.

Au printemps 1942, Marie a dû à nouveau quitter la maison. Elle ne sait pas d'où l'ordre est venu. Elle a été placée chez un gros paysan qui était conseiller communal au village. Elle y est restée alors qu'elle était malheureuse. Il s'agissait d'un grand domaine où travaillaient un trayeur, un charretier et un domestique faible d'esprit. Elle n'y a jamais été battue, mais particulièrement persécutée par le fils de la famille, qui avait cinq ans de moins qu'elle, et surtout par la patronne. Cette dernière lui prenait tout ce qu'elle recevait ou faisait elle-même. Cela « me faisait tellement mal qu'elle me prenne tout ». La patronne lui prenait par exemple l'argent qu'elle recevait de soldats pour leur avoir fait la vaisselle. Elle lui a aussi pris un parapluie qu'elle avait reçu en cadeau de son frère aîné, et la jaquette qu'elle avait tricotée à l'école avec de la laine payée par sa mère. Quand sa mère lui achetait pour Noël « une belle blouse ou tout autre cadeau, cela disparaissait toujours tout de suite ». Les patrons faisaient aussi payer les frais scolaires par sa mère, alors qu'ils savaient comme la famille était pauvre. Marie Bachmann a ressenti cette attitude de la patronne comme humiliante. Elle n'a aujourd'hui pas la moindre pitié pour cette femme qui vit encore et subit un traitement assez dur de sa belle-fille.

Tout ce qu'on achetait pour Marie – et c'était peu – devait être bon marché. Durant tout le temps passé auprès de cette famille, elle n'a reçu que deux paires de chaussures. Dans la neige fondante, la semelle s'est détachée d'un soulier parce qu'elle n'était pas en cuir mais en carton. C'était peu avant la confirmation, pour laquelle son parrain lui avait envoyé 20 francs. Elle a dû sacrifier cet argent à la réparation de la chaussure. Le costume de confirmation a été confectionné par une couturière parce que c'était moins cher. Il était trop serré pour elle, de sorte qu'elle n'a plus pu le porter après la confirmation. Pendant trois ans, elle a toujours mis les mêmes vêtements pour aller à l'école en hiver. « Je n'avais pas d'habits de rechange de tout l'hiver ». Alors qu'elle n'avait pas de chaussures pour aller au cirque avec l'école, une camarade lui en a donné une paire. Mais la patronne ne l'a pas accepté, et Marie a dû rendre les souliers. Elle n'osait pas se défendre.

Marie n'avait pas le droit d'être malade ou hors d'état de travailler. Alors qu'elle ne pouvait plus bouger à cause de graves problèmes de dos, la patronne l'a laissée étendue toute la journée dans sa chambre sans boire ni manger. « Elle a claqué la porte en disant 'quand on a le plus à faire, elle reste au lit [...]. Si tu veux quelque chose, tu dois te lever' », raconte Marie Bachmann. Les patrons n'ont pas permis à la mère d'emmener sa fille à l'hôpital pour une consultation gratuite à cause de ses problèmes de dos. Ils ne l'ont pas laissée non plus la conduire chez le médecin pour une inflammation de l'œil. La patronne a engueulé Marie quand son mari l'a envoyée du champ à la maison pour prendre un cachet contre ses maux de tête. Elle a aussi dû retirer les pansements que le maître d'école lui avait mis parce qu'elle s'était écorché les mains à la gymnastique. « Tu ne peux pas travailler comme cela, lui dit-on. Enlève-les ». Pour Marie, la devise était « Travailler, travailler, travailler et ne rien avoir de la vie. » Une fois son père s'en est mêlé, non sans un certain succès. Marie avait été renvoyée à la maison par son instituteur, parce que ses souliers étaient mouillés et sales après le fauchage. Elle est allée chez ses parents naturels et a obtenu que son père aille réclamer auprès du maître et de la famille d'accueil. Cette intervention a produit une certaine amélioration, surtout pour le petit-déjeuner. Il était arrivé qu'après s'être levée à cinq heures et être allée à la fromagerie, elle ne reçoive plus rien à déjeuner parce que le domestique faible d'esprit avait tout mangé.

À l'école, tout allait bien pour Marie. Dès la troisième année, elle faisait des dictées sans faute, et le calcul ne lui posait pas non plus de problèmes. Pour les travaux manuels, elle était le plus souvent en avance sur les autres. Elle faisait ses devoirs le soir au lit dans sa chambre non chauffée et mal éclairée. Elle a eu deux instituteurs aux comportements opposés à son égard. Le premier, qu'elle a eu de la cinquième à la septième année, s'occupait particulièrement des enfants placés, dont elle. Cela lui faisait du bien qu'il la prenne par la main en course d'école quand elle était fatiguée. Il veillait à ce que « les enfants placés soient aussi quelqu'un ». C'est aussi lui qui a pansé une deuxième fois les mains écorchées de Marie et a protesté parce qu'on lui avait enlevé le bandage. L'instituteur suivant avait une attitude tout à fait contraire. Selon Marie, il la faisait courir à la gymnastique exprès parce qu'on voyait qu'elle ne portait pas de soutien-gorge. Il se moquait d'elle avec les garçons quand elle s'essoufflait en courant dans la forêt.

Alors que des voisins habitaient près de la ferme, Marie n'avait jamais la permission de jouer le soir avec les enfants de son âge. Elle se tenait souvent à la fenêtre et pleurait en voyant les autres jouer à la balle. Elle raconte aussi qu'on ne l'aurait pas autorisée à se lier d'amitié avec une autre fille.

Malgré ses bonnes prestations scolaires, Marie n'a pas pu apprendre de métier. Sa patronne l'a convaincue de faire un an de stage ménager chez elle pour un salaire de 30 francs par mois, ce qui en faisait une domestique bon marché. De plus, elle a travaillé trois mois sans salaire « pour gagner les vêtements que je n'avais pas eus ». En fait, elle aurait voulu devenir cuisinière ou couturière. Mais personne ne l'a soutenue, et l'argent manquait pour faire un apprentissage. La formation reçue lors du stage ménager était minime. La patronne a attendu la veille de l'examen final pour lui montrer comment on repasse une chemise d'homme. Malgré cela, elle a obtenu la meilleure note en repassage et réussi l'examen.

Après cela, Marie Bachmann a passé un an en Suisse romande pour apprendre le français. De retour en Suisse alémanique, elle a travaillé à deux endroits comme bonne. « J'ai ensuite passé d'une place à l'autre, deux fois deux ans dans une boulangerie, deux fois deux ans dans une laiterie ». Dans ces emplois, elle est toujours restée l'imbécile de service. Les sentiments d'infériorité l'ont accompagnée toute sa vie : « On tombe naturellement dans un sentiment d'infériorité, on ne peut pas s'en empêcher. Il est là, c'est tout ».

Bientôt, Marie a pu réaliser un souhait longtemps caressé : elle s'est mariée et a eu des enfants. Son premier mariage n'a pas été très heureux. Mais elle a tenu bon jusqu'à ce que ses deux garçons aient fini l'école. Tous deux ont appris un métier. Son premier mari est mort alors qu'elle avait 41 ans. Elle est aujourd'hui remariée et vit dans l'Oberland bernois.

Liselotte Lüscher

Chapitre III

Évolution légale du placement d'enfants

Mirjam Häsler

Arrachés à leur famille, exploités comme main-d'œuvre, battus, affamés et surmenés – beaucoup de témoins placés dans leur enfance évoquent des expériences qui les ont encore longtemps obsédés à l'âge adulte : Alice Alder a été battue et maltraitée par ses parents nourriciers. Elle pense que les voisins connaissaient sa situation catastrophique, « mais personne n'osait rien dire ». Une paysanne du voisinage avait pitié d'elle et lui donnait régulièrement un morceau de gâteau qu'elle avalait prestement pour calmer sa faim.

La famille d'accueil de Katharina Klodel avait bonne réputation au village, tout semblait parfait depuis l'extérieur. Cette façade cachait pourtant une triste réalité : Katharina était battue et devait beaucoup travailler. Margaretha Hirzel était aussi battue et maltraitée par ses parents nourriciers, mais même sa propre mère, qui connaissait la détresse de sa fille, ne lui venait pas en aide. Doris Gasser a été séparée de ses frères et sœurs « parce que nous étions les enfants d'un homme non agréé par la famille ». Pendant des années, elle a entendu ses propres grands-parents la traiter de « bâtarde ». Ernst Fluri était censé fournir les mêmes prestations que le domestique adulte. Il subit aujourd'hui encore les conséquences de ce surmenage physique et psychique : une jambe tordue et des cauchemars qui l'ont hanté encore longtemps après son placement.

La plupart des enfants placés avaient plutôt le statut de domestiques que d'enfants dont on prend soin. Ils étaient nourris et logés, et devaient travailler en échange. Ce système de louage de services s'était développé dans la seconde moitié du XVIIIe siècle surtout dans les campagnes où, au contraire des villes, il n'y avait guère d'orphelinats. Les enfants sans parents ou abandonnés qui ne pouvaient pas être élevés par des proches devaient être soutenus par la commune. Bien des communes se déchargeaient financièrement en offrant ces enfants comme main-d'œuvre à des familles prêtes à les accueillir contre une indemnité. En général, l'enfant était confié à la famille dont l'offre était la plus avantageuse pour la commune. C'est pourquoi on parlait aussi d'enchères au rabais. Les enfants concernés faisaient donc l'objet de transactions, comme s'ils étaient des marchandises. Cette pratique a été critiquée dès le début du XIXe siècle, par exemple par le pasteur Albert Bitzius, plus connu sous son nom d'écrivain Jeremias Gotthelf.[1]

Comment se fait-il que ces êtres humains aient dû subir pareils destins ? N'y avait-il pas moyen de protéger les enfants ? La présente contribution tente de retracer l'évolution légale du placement d'enfants en Suisse. La simple existence de lois de protection des enfants placés hors de leur famille n'est cependant qu'une face de la médaille. Au revers de la médaille figure l'application pratique des textes de loi au quotidien. Hélas, cette face-là n'apparaît pas, aujourd'hui encore, sous son meilleur jour.

Le placement d'enfants – un vide juridique

Sur le plan national, le placement d'enfants n'est réglé que depuis 1978 par l'ordonnance fédérale y relative (OPEE)[2], et il existe encore de grandes lacunes tant au point de vue légal que dans l'application pratique des règles fixées. On ne sait pas combien d'enfants vivent actuellement en Suisse en placement extra-familial ; il n'y a pas de relevés statistiques. Sur la base du recensement de 1990, on estime qu'à cette date environ 15 000 enfants de moins de 15 ans ne vivaient pas avec leurs parents naturels. Près de la moitié d'entre eux étaient placés auprès de la parenté.[3]

Jusqu'à la promulgation de l'ordonnance fédérale OPEE, il incombait uniquement aux cantons de régler juridiquement le placement d'enfants et la protection des enfants placés. Ils l'ont fait de manière très diverse, certains pas du tout, laissant ainsi cette pratique dans un vide juridique. En outre, quelque 3000 institutions privées se vouaient aux enfants et aux jeunes vers 1900.4 Cet éparpillement quasi infini des forces empêchait une aide et une surveillance efficaces, si bien que beaucoup d'enfants tombaient à travers les mailles du filet de l'assistance, dont ils auraient eu le plus grand besoin. Jusqu'à l'entrée en vigueur du premier Code civil (CC) suisse en 1912, seuls les cantons de Zurich5, St-Gall6 et Bâle-Ville7 avaient des législations spécifiques sur le placement d'enfants, qui stipulaient une autorisation et/ou une surveillance des familles d'accueil.8

Timides tentatives de réglementation dans le CC de 1912

Dans le CC de 1912, le placement d'enfants n'a pas bénéficié de la moindre mention. Il contenait pourtant de nouvelles dispositions sur la protection des enfants. Elles prévoyaient le retrait de la garde, c'est-à-dire le pouvoir pour les autorités de retirer des enfants à leurs parents et de les placer dans d'autres familles. C'était le cas lorsque les parents ne remplissaient pas leurs devoirs et compromettaient ainsi le développement physique ou intellectuel de l'enfant, ou que celui-ci était moralement abandonné. Des motifs relevant du droit des pauvres pouvaient aussi entraîner le retrait d'enfants à des familles au bénéfice d'une aide financière, lorsque cette situation était jugée dangereuse pour le développement de leurs enfants9. Ces mesures ont entraîné une forte augmentation des placements extra-familiaux. Mais elles n'étaient pas conçues pour les enfants eux-mêmes, et le Code civil est resté muet sur leurs conditions de placement.

Les mesures de retrait de la garde ont très souvent été appliquées abusivement, les autorités jouant ainsi de leur pouvoir envers les familles. Le « bien de l'enfant » souvent invoqué est resté secondaire. L'œuvre d'entraide de Pro Juventute « Enfants de la Grand-Route » est devenue tristement célèbre pour avoir retiré de 1926 à 1972 environ 600 enfants à leurs familles yéniches. L'objectif était de mettre fin par des placements au soi-disant vagabondage, c'est-à-dire au nomadisme de familles et de tribus.10 Le père de Katharina Klodel était issu d'une famille yéniche, et après le divorce de ses parents, elle n'a pas pu retourner auprès de lui avec sa sœur. Par le biais d'une annonce dans un journal, on a cherché une place d'accueil pour la fillette, qui avait trois ans et demi à l'époque.

Ernst Fluri a vécu une situation similaire lorsque l'autorité tutélaire a insisté en 1957 pour qu'il soit placé chez un paysan. Les autorités trouvaient le logement de la famille trop petit. Elles n'ont pas donné suite à la demande de la mère, qui souhaitait obtenir un logement plus grand pour pouvoir garder les enfants. Les parents ont ainsi été forcés de payer non pour un meilleur logement, mais pour la nourriture et l'hébergement de leur fils dans la famille d'accueil. « J'ai dû apprendre toute ma vie à avoir le droit de vivre », affirme pour sa part Doris Gasser. Son enfance a été marquée par les abus de pouvoir de l'autorité tutélaire. Parce que sa mère a épousé un homme non agréé par les siens, la famille a été déchirée, et tant la mère que les enfants ont été mis sous tutelle. Les autorités ne se sont pas souciées de la qualité de leurs placements, mais ont strictement veillé à empêcher tout contact avec le père naturel. Quand Doris Gasser, après plusieurs tentatives, a enfin réussi en 1995 à consulter ses dossiers, elle a appris le mal que son père s'était donné pour elle pendant son enfance malheureuse. Mais les autorités lui avaient mis leur veto et refusé l'accès à ses enfants.

En dépit de tous ses défauts et lacunes en matière de placements d'enfants, le CC de 1912 peut être considéré comme le début de la prise en charge de l'aide sociale à l'enfance par les pouvoirs publics. Dans plusieurs cantons, le nouveau code civil a entraîné la création d'une tutelle officielle et de commissions de protection de la jeunesse. Sur le plan fédéral, les premières et modestes dispositions sur la surveillance des placements d'enfants datent de 1928. La loi fédérale sur les mesures contre la tuberculose[11] stipulait notamment que les enfants ne pouvaient être placés que dans des ménages sans danger de contamination. Ainsi, l'accueil d'enfants placés était pour la première fois soumis à autorisation. La surveillance s'est toutefois limitée à la situation sanitaire relative à la tuberculose. En outre, l'application de la loi et la procédure d'autorisation demeuraient l'affaire des cantons et des communes, et la situation légale restait disparate.[12]

Insuffisances dans le contrôle des placements

Bien que le CC de 1912 contienne les premières esquisses de réglementation légale de la protection des enfants placés, seuls six cantons avaient explicitement réglé la question dans la loi en 1915. Il s'agissait d'Appenzell Rhodes extérieures, Bâle-Ville, Berne, Fribourg, St-Gall et Zurich. Seize autres cantons n'avaient pas de prescriptions spécifiques et ne procédaient à des contrôles que pour les enfants placés dans des familles par les autorités chargées des orphelins et des pauvres.[13] Tous les autres enfants, par exemple placés hors de la famille par leurs parents ou des proches, échappaient aux contrôles.

Dans ces circonstances, sur les quelque 47 000 enfants placés et en service qui, selon les estimations, vivaient en Suisse à l'époque, seuls les deux tiers étaient contrôlés. Les conditions de placement du tiers restant – soit environ 15 000 enfants – n'étaient pas du tout contrôlées.[14] Mais même la surveillance existante était généralement insuffisante. À St-Gall, les enfants n'étaient soumis au contrôle que jusqu'à leur troisième année. Ailleurs, les prescriptions et règlements nécessaires manquaient, de même que les organes de surveillance appropriés, pour appliquer les lois en vigueur. Dans certains cantons, les autorités sanitaires surveillaient les foyers d'accueil des enfants. Toutefois, la santé et l'hygiène n'étaient pas seules en cause, mais également le bien-être psychique et moral des enfants. Ailleurs encore, l'assistance aux pauvres était chargée des contrôles.

Les lois et les pratiques différaient ainsi très fortement selon les cantons, et ne s'appliquaient souvent qu'à une petite partie des enfants placés. Rien ne garantissait que les contrôles prescrits avaient réellement lieu. Et si quelqu'un venait procéder à un examen dans une famille d'accueil, les faits étaient souvent déformés et les conditions du placement enjolivées. Même avec de la bonne volonté, les membres des autorités, le plus souvent employés bénévolement, n'avaient souvent pas le temps d'accomplir leur tâche efficacement.

Comme on peut le lire dans les biographies de ce livre, cette incurie a duré bien après le milieu du XXe siècle. L'autorité tutélaire compétente se contentait de demander par téléphone aux parents d'accueil comment se portait Ernst Fluri. Pas une seule fois, il n'a lui-même été interrogé sur ses propres sentiments. Et bien que sa mère soit allée plusieurs fois rapporter directement à l'autorité tutélaire de graves anomalies, celles-ci n'ont jamais été vérifiées. Au contraire : si Ernst Fluri ne voulait pas rester dans la famille d'accueil, il serait placé en institution, a-t-on notifié à sa mère. Ernst Fluri avait peur d'être interné, et a enduré jusqu'au bout ses années de placement.

Une ou deux fois, un inspecteur a rendu visite à la famille d'accueil d'Alice Alder. Dans la salle de séjour et en présence des parents d'accueil, elle a dû dire si elle s'y plaisait. « Comme cela je ne pouvais évidemment pas dire tout ce que j'ai dû subir ». Le tuteur de Katharina Klodel a aussi été trompé. Elle partageait sa chambre avec le fils de ses parents nourriciers et n'avait qu'une étroite couchette derrière une grande armoire. Pour la visite du tuteur, la chambre était nettoyée et bien arrangée pour donner l'impression que la fille y était seule.

Margaretha Hirzel ne peut pas se rappeler une seule visite de contrôle. Elle a été victime d'abus sexuels répétés de la part de son père d'accueil. Sa propre mère, qui vivait dans le même ménage et avait une liaison avec le paysan, le laissait faire sans intervenir. Ce n'est que grâce à l'engagement de son instituteur, d'un médecin et d'une tante que le patron de Margaretha Hirzel a été poursuivi et emprisonné pour sévices sexuels.

Harmonisation par l'Ordonnance de 1978 sur le placement d'enfants
L'introduction du nouveau droit de l'enfant dans le Code civil de 1976 a enfin donné une base à l'harmonisation nécessaire de la surveillance des placements d'enfants au niveau national. Le Conseil fédéral a édicté l'Ordonnance réglant le placement d'enfants à des fins d'entretien et en vue d'adoption (OPEE), qui est entrée en vigueur en même temps que le nouveau droit de l'enfant en 1978. Elle stipule que le placement « d'enfants hors du foyer familial » est soumis à autorisation et à surveillance. « Toute personne qui, pendant plus de trois mois ou pour une durée indéterminée, accueille chez elle un enfant qui est soumis à la scolarité obligatoire ou qui n'a pas quinze ans révolus, pour assurer son entretien et son éducation, que ce soit à titre onéreux ou gratuit, doit être titulaire d'une autorisation officielle. »[15]

Cet article ne doit toutefois pas dissimuler le fait qu'une définition uniforme de l'enfant placé fait encore défaut aujourd'hui. Il importerait d'établir les conditions dans lesquelles un enfant est considéré comme placé, d'autant plus qu'aujourd'hui ces enfants restent souvent au-delà de leur 15e année dans leur famille d'accueil. A cela s'ajoute le fait déjà mentionné que personne ne sait exactement combien d'enfants placés vivent actuellement en Suisse. Cette désinvolture des autorités montre que l'on n'a pas appris grand-chose des tristes destinées d'innombrables personnes placées dans leur enfance et que l'on n'accorde toujours pas l'importance requise aux placements d'enfants. En outre, l'application pratique de la réglementation en vigueur est déficiente : elle est du ressort des cantons, mais l'ordonnance, qui date déjà d'une trentaine d'années, n'a toujours pas été mise en œuvre partout. Certains cantons ne disposent même pas encore d'un service responsable des placements d'enfants.[16]

Mais pour améliorer durablement la qualité des placements extra-familiaux des enfants, il est impératif d'étudier à fond ce sombre chapitre de l'histoire suisse. Comme nous l'avons vu, la situation actuelle présente toujours des lacunes découlant de l'évolution historique ainsi que des imperfections des réglementations cantonales. Hélas, de l'avis du Conseil fédéral, une étude historique approfondie sur le thème du placement extra-familial d'enfants (orphelins) ne répondrait actuellement ni à un besoin ni à une nécessité immédiate.[17] Il s'est néanmoins déclaré prêt à continuer d'examiner le besoin d'une révision de l'ordonnance de 1978 sur le placement d'enfants, bien qu'il estime que « en matière de placement d'enfants, la solution fédéraliste a fait ses preuves. »[18]

La procédure de consultation a montré que la majorité des cantons jugent nécessaires des directives concrètes de la Confédération, une harmonisation de la pratique et une adaptation de l'ordonnance à l'évolution de la société. C'est pourquoi le Conseil fédéral a chargé en janvier 2008 le Département fédéral de justice et police d'examiner les questions soulevées par les cantons et au besoin de préparer une révision de l'ordonnance.[19] En juin 2009, le gouvernement a mis en consultation une nouvelle ordonnance sur la prise en charge extra-familiale d'enfants, qui doit remplacer l'ordonnance de 1978. Il est à espérer que le monde politique adoptera des solutions qui améliorent la situation et assumera enfin sa responsabilité envers les plus faibles de notre société, à savoir les enfants placés hors de leur famille.

Alice Alder-Walliser, 1913, Bâle-Ville, Bâle-Campagne, Zurich

« Tous disaient que je devrais en faire un livre, mais je n'en ai pas envie »

Jusqu'au jardin d'enfants, Alice Alder a vécu dans une famille du canton de Bâle-Ville. Elle y était bien, et y est retournée plus tard pour un certain temps. Mais un jour on est venu la chercher pour la placer dans une autre famille vivant au lieu d'origine de son père, dans le canton de Bâle-Campagne. « Je n'ai aucun souvenir de la manière dont j'y suis arrivée. Simplement, je me suis trouvée un jour ailleurs. Mais je n'y suis pas restée longtemps. Je crois que, pendant la troisième année scolaire, une femme m'a prise avec elle pour m'emmener à un autre endroit. Je me souviens seulement que j'ai pleuré tout le long du chemin. »

La mère d'accueil tissait à domicile, le père travaillait dans une fabrique, en outre ils entretenaient une petite ferme avec culture de légumes et petits animaux. Alice ne se plaisait pas dans ce nouvel endroit, elle n'a pas tardé à s'enfuir, mais elle a été ramenée à sa famille d'accueil. « Je devais toujours travailler. Je ne pouvais jamais faire mes devoirs scolaires. Il n'y avait pas moyen. D'abord je devais aller au lit quand tout le travail était fini, vers 9 heures du soir. Ensuite le père d'accueil venait et me battait avec la lanière. Au lit sur le derrière nu. Il me frappait avec une lanière de cuir. Je sais encore que c'étaient dix coups, et davantage si je pleurais. [...] Il était toujours furieux contre moi. Il disait que j'étais une fille de Rital. »

Elle ne trouvait pas le temps de jouer. « J'aurais tant aimé jouer à la balle, mais je n'en avais pas. Je n'avais pas de jouets, rien du tout, à part ceux que nous pouvions utiliser à l'école pendant les récréations. » À cause d'une chute, Alice Alder a depuis son enfance des difficultés à utiliser son bras gauche, handicap qu'elle s'efforce de compenser avec le bras droit.

Outre les coups du père nourricier, la faim était omniprésente pour Alice. « Ils enfermaient toujours le pain. [...] Ils avaient aussi des chèvres. Je devais leur apporter la pierre de sel et le fourrage. Je mangeais aussi de ce fourrage à l'étable. [...] Lorsque je rentrais de l'école, une paysanne du voisinage m'appelait auprès d'elle et me donnait un morceau de gâteau que je me dépêchais d'avaler. Les gens étaient au courant de ma situation, mais personne n'osait rien dire. [...]

J'ai aussi fait de mauvaises choses. Une fois je devais aller chercher de la viande à la boucherie. J'étais dans le magasin, et le boucher a dû aller chercher la viande derrière. À ce moment j'ai vu des saucisses suspendues. Je me suis précipitée pour prendre une saucisse. Mais les saucisses étaient attachées ensemble. J'ai pris tout le chapelet et l'ai caché dans ma culotte. C'était une culotte à ceinture avec un élastique aux jambes. (Le boucher) n'a rien remarqué. Sur le chemin du retour, je suis montée sur une petite colline et j'ai englouti les cinq saucisses. »

Une ou deux fois, un inspecteur a fait des visites de contrôle. Alice était alors appelée dans la salle de séjour et l'inspecteur lui demandait si elle se plaisait. Les parents d'accueil étaient présents. « Je ne pouvais évidemment pas dire tout ce que j'ai dû endurer ».

Alice aimait aller à l'école, notamment parce qu'elle chantait très bien. L'instituteur la soutenait et elle a même pu passer à l'école secondaire. Mais elle a dû la quitter rapidement parce qu'elle avait volé de l'argent à une camarade afin d'acheter de la laine pour faire un cadeau à sa mère d'accueil.

Un jour, Alice a appris que sa mère naturelle vivait encore, hospitalisée dans la région. À partir de là, elle est allée lui rendre visite de temps en temps à pied. « Je me souviens que quand j'arrivais, elle descendait l'escalier (courbée) comme cela. Je marche aussi comme cela maintenant. Et elle criait : 'Tu vas bien ? Tu vas bien ?' – 'Oui, oui.' Je n'aurais jamais rien dit. Comme un enfant peut être fort et ne pas se plaindre, juste parce que sa mère lui fait pitié. »

Ses parents s'étaient séparés à sa naissance, et sa mère avait été hospitalisée après une chute dans l'escalier, sans doute provoquée par le père, qui a déclenché l'accouchement. Elle a ensuite passé toute sa vie à l'hôpital et à l'asile. Lors d'une de ses visites, Alice a fait la connaissance de sa grand-mère, puis de son frère, qui a été élevé par ses grands-parents paternels.

Alors qu'Alice était une fois de plus enfermée par sa mère d'accueil et empêchée de suivre son instruction religieuse, elle s'est évadée et s'est rendue chez sa grand-mère dans le canton de Bâle-Campagne. Mais elle n'a pas pu y rester et on l'a placée chez un couple du même canton. Elle a passé là l'année de sa confirmation. Ses anciens parents d'accueil lui ont offert un livre de chants liturgiques en la priant de revenir chez eux. « Mais dans ma vie j'ai pu dire non quand c'était trop pour moi ».

La société d'éducation des pauvres de Bâle-Campagne a alors cherché pour Alice Alder un emploi dans un manoir. « J'y étais au fond heureuse ». Au bout d'un certain temps – elle avait 16 ans à l'époque – elle devait aller dans la maison voisine chez un vieux couple. Au lieu de cela, elle est retournée chez sa grand-mère, où elle n'a toutefois pu rester que peu de temps. Sa grand-mère l'a alors conduite dans un foyer pour enfants qui lui a fait l'effet d'une prison. Quelques heures déjà après son arrivée, elle s'est enfuie en escaladant le mur.

Elle voulait alors quitter la Suisse, mais changeant d'avis, elle s'est rendue auprès de la famille qui l'avait déjà hébergée toute petite. De là, elle voulait retrouver son père naturel, qui vivait dans le canton de Zurich. Elle est restée quelque temps chez lui, sa femme et leurs deux fils. Mais la belle-mère ne voulait pas la garder chez elle. L'office de la jeunesse de la ville a été informé, et Alice Alder placée dans un foyer. Pour la première fois, son coude déformé par un accident a été examiné à fond et opéré deux fois.

L'office de la jeunesse lui a ensuite procuré une place dans une famille avec enfants. Mais la maîtresse de maison ressemblait tellement à son ancienne mère d'accueil qu'Alice est immédiatement repartie pour retourner chez sa grand-mère. Là-dessus, l'office de la jeunesse lui a de nouveau trouvé une place dans le canton de Zurich, où elle est restée trois ans et a gagné son premier salaire. Par la suite, Alice Alder a travaillé comme femme de chambre dans une pension et s'est sentie pour la première fois vraiment libre.

À vingt ans, Alice Alder a finalement été libérée de sa tutelle. Elle se disait : « Maintenant je ne veux plus servir, j'ai assez servi. Je veux louer une chambre et me chercher un travail. » Elle a trouvé une place de couturière et habité dans une petite chambre mansardée, d'abord seule puis avec son mari. À cette époque elle a réalisé un vieux rêve en s'achetant un accordéon à crédit. La musique attirait irrésistiblement Alice Adler, et c'est grâce à elle qu'elle avait connu son mari.

Par la suite, la musique a pris la première place dans sa vie – avec son mari et ses trois fils. À 46 ans, elle s'est offert un cours de flûte à bec à l'École-Club Migros, et à 50 ans, elle a obtenu son diplôme au Conservatoire, ce qui lui a permis de donner des leçons de musique. À la même époque, elle a fait de la musique avec plusieurs joueurs connus de flûte à bec. « C'était la plus belle période de ma vie ». Chaque fois que l'occasion s'en présentait, elle racontait son passé aux autres. « Tous disaient alors que je devrais écrire un livre là-dessus. Mais je n'en ai pas envie, car rien ne vaut la musique pour moi. »

Alice Alder vit dans le canton de Zurich et joue de la flûte à bec tous les mercredis soirs au culte du quartier. Elle enregistre la deuxième voix sur un magnétophone.

Loretta Seglias

Doris Gasser, 1940, Schaffhouse, Thurgovie

« J'ai dû apprendre toute ma vie à avoir le droit de vivre »

La mère de Doris Gasser venait d'une bonne maison d'un village de Thurgovie. En secondes noces, elle a fait un mariage d'amour. Elle n'avait pas demandé l'accord de ses parents, car sa fille Doris était déjà en route. Un deuxième enfant est né en 1941. Mais le père des enfants ne convenait pas du tout à la famille de la mère. Pour comble de malheur, il était colérique. Lorsque les parents ont remarqué des tensions entre les jeunes mariés, ils sont intervenus : ils ont contraint la mère de Doris à divorcer et l'ont fait mettre sous tutelle. Ils ont eux-mêmes accueilli le fils aîné du premier mariage, tandis que deux autres enfants du même lit étaient internés dans un orphelinat du canton de Schaffhouse. Doris et sa petite sœur devaient être placées chez un paysan. En attendant, elles ont été hébergées dans un foyer pour petits enfants du canton de Schaffhouse.

Pourquoi la famille a-t-elle été déchirée ? « Parce que nous étions les enfants d'un homme non agréé par la famille, on nous a isolées. Par la suite aussi, nous avons régulièrement été traitées de 'bâtardes' ».

Doris Gasser a passé six mois au foyer. Elle montrait des signes d'hospitalisme, une anomalie physique et psychique causée par de longs séjours à l'hôpital ou dans un foyer. Elle balançait constamment la tête. Une surveillante de nuit l'a mordue au bras. Ses peurs primaires l'ont accompagnée toute sa vie.

En mars 1944, les deux sœurs sont arrivées dans une famille paysanne de Thurgovie. Doris y a été déclarée anormale, battue et victime de coups de pieds ; elle a été blessée à la tête, elle avait des bleus partout et mouillait son lit la nuit. La mère d'accueil lui mettait des pommes de terre bouillantes dans les mains. En 1945, une infirmière zurichoise a remarqué l'état inquiétant de l'enfant et signalé qu'elle était maltraitée. Son père a aussi attiré l'attention de l'autorité tutélaire de Schaffhouse sur le mauvais état de la fillette. Enfin, au bout de deux ans et demi, Doris et sa sœur ont été transférées dans une famille du canton de Schaffhouse ; le père de famille était ouvrier métallurgiste. La situation ne s'y est guère améliorée. Doris Gasser se souvient d'avoir été enfermée à la cave. Ce séjour a duré cinq mois.

Doris avait à peine six ans lors de son quatrième placement en 1946. Cette fois dans un pensionnat de jeunes filles du canton de Schaffhouse, où elle devait rester neuf ans. Il s'agissait d'un foyer privé à l'origine, dans lequel la ville s'impliquait de plus en plus. Il abritait 14 filles de 5 à 14 ans. Il y avait des enfants de familles pauvres, mais aussi des orphelines d'origine bourgeoise ou riche, venant de plusieurs cantons.

La patronne et sa sœur – que les enfants appelaient tante Marteli – étaient baptistes. Chaque jour, on lisait dans la Bible et on priait plusieurs fois. Doris Gasser parle de « lavage de cerveau » : les enfants étaient dressés par la religion. La patronne – que Doris Gasser appelle « le général » – était irritable et a vite perdu les nerfs quand tante Marteli a quitté l'établissement. Elle devait maintenant gérer le pensionnat avec une aide et rendre des comptes financiers à un comité privé. Elle répercutait cette pression sur les enfants. Ainsi, la patronne ne pouvait pas donner la chaleur requise à Doris, pas plus que les instituteurs ou le pasteur. L'inspection était une farce ; l'autorité tutélaire était chargée de la surveillance, mais ne faisait rien. La petite sœur de Doris ne pouvait pas l'aider non plus, car elle ne la percevait nullement comme sa sœur.

L'autorité tutélaire empêchait tout contact avec leur père, et les sœurs ne pouvaient pas non plus aller chez leur mère. Une fois par an, elles rendaient visite à leur grand-mère, mais celle-ci n'avait pas de cœur et les traitait comme des bâtardes. Doris Gasser raconte : « Toute ma vie j'ai dû apprendre à avoir le droit de vivre. Je n'osais pas exister, je n'avais personne à qui me confier. Je n'ai reçu d'amour de personne. » Elle a continué à mouiller son lit quelque temps et a eu de gros problèmes à l'école. Mais elle garde aussi de beaux souvenirs du pensionnat. La patronne savait rendre joyeuses de petites choses : par exemple le battage collectif du beurre le samedi, les tartines du dimanche matin, ou la préparation de la fête de Noël.

Au printemps 1955, Doris Gasser a commencé un stage ménager dans la famille d'un pasteur. Elle a dû travailler dur et a été exploitée. Elle n'avait plus de camarades. Ce ménage pastoral ne pratiquait guère la vérité, l'honnêteté ou la discrétion.

Avec un très bon diplôme, Doris est arrivée deux ans plus tard dans une famille de Thurgovie. Elle y a suivi un apprentissage de couturière pour dames tout en habitant avec la famille. Cela a été parfois difficile, il y avait des cris quand elle se trompait, mais pour la première fois de sa vie elle avait du temps libre, et elle allait relativement bien. Peu à peu, la jeune femme s'émancipait et allait même danser. Pour la première fois, elle est tombée amoureuse, mais quand elle a rendu visite au jeune homme à Bâle, elle ne l'intéressait plus, et la police l'a ramenée à son domicile. À 19 ans, Doris Gasser a terminé son apprentissage de deux ans et demi avec succès et distinction.

Sa tutelle a duré jusqu'à sa majorité en 1960. Cette dernière année, Doris Gasser l'a passée dans une pension tout en travaillant dans une maison de confection. L'autorité tutélaire lui a alors réclamé le remboursement des frais d'examen et d'une facture de dentiste. Pour pouvoir assumer cette charge financière, elle a travaillé en plus toutes les nuits pendant huit mois. Elle confectionnait des vêtements pour des clients privés à des prix dérisoires. Trop souvent, on lui avait dit. « Tu n'es rien et tu ne seras jamais rien. » Elle a perdu 14 kilos pendant cette période et a subi sa première crise peu avant son 20e anniversaire.

Au pensionnat, on l'avait appelée « Dorli ». À 20 ans, elle a pu récupérer son vrai prénom Doris et par là même une part de son identité. Elle a fait son chemin, aussi sur le plan professionnel. Doris Gasser s'est mariée et a eu deux enfants. Mais le poids de sa petite enfance a continué de la tourmenter tout au long de ces années. Les expériences passées ont ébranlé sa vie d'adulte par des crises et des dépressions. Elle a réagi « comme une petite fille », constate Doris Gasser aujourd'hui. Toutefois, elle a su trouver elle-même de l'aide – par un soutien psychologique extérieur.

En 1995, sous l'effet d'une grave crise due à la perte d'une bonne place de travail, Doris Gasser a entrepris de surmonter son passé. Elle a recherché les dossiers concernant son enfance. Il lui a fallu plusieurs tentatives. La façon dont l'autorité tutélaire a voulu s'en débarrasser en l'envoyant promener fut pénible et honteuse. Doris Gasser a appris qu'il ne suffit pas de lire ou de copier les documents, il lui fallait des copies des originaux. Seule l'aide d'un avocat lui a permis d'obtenir, après des années d'efforts, un accès illimité à ses dossiers. Alors seulement, elle a eu sous les yeux les preuves des muffleries et des injustices dont elle a été victime dans son enfance. Alors seulement, elle a appris que son père avait essayé de l'aider, et cela à la pire époque, lorsque les enfants se trouvaient dans la famille paysanne de Thurgovie. Mais il n'avait pas été autorisé à les voir. Ce fut une belle découverte pour Doris Gasser : son père, autrefois calomnié comme vaurien, était en quelque sorte réhabilité.

Doris Gasser a aussi acquis la certitude que la famille de sa mère était tout aussi coupable de ses malheurs que les autorités. Elle a compris après coup pourquoi elle et sa sœur n'avaient pas été mises à l'orphelinat, mais au pensionnat de jeunes filles : on voulait les tenir à l'écart des garçons et des hommes. Doris Gasser présume qu'elle a été abusée dans son jeune âge. Elle n'a pas de preuve formelle, mais une conviction qui s'en rapproche.

Doris Gasser va bien aujourd'hui. Elle vit dans le canton de Genève, ce qui lui a aussi permis de prendre de la distance par rapport à son enfance et à sa jeunesse. Elle s'y sent bien, entreprend beaucoup de choses et a développé ses talents créatifs. Pendant longtemps, elle a travaillé comme couturière pour dames. Cela lui a permis d'élever ses enfants seule. Aujourd'hui elle est retraitée et s'adonne au façonnage artistique de la stéatite. Elle donne des cours, a fait des expositions et même gagné un prix. Les pierres ont reconstruit sa confiance en elle. Doris Gasser a non seulement conquis de haute lutte sa place dans la vie et la société, elle a finalement pu s'accomplir elle-même.

Erwin Marti

Ernst Fluri, 1946, Berne

« Il m'a traité de feignant et planté la fourche à fumier dans les fesses »

Ernst Fluri est le huitième et avant-dernier enfant d'une famille nombreuse de Bâle-Ville. Sa mère était ménagère, son père travaillait comme peintre dans l'industrie et diverses entreprises spécialisées. Le week-end, il s'enivrait parfois et faisait du tapage. Une fois qu'il rentrait ivre à la maison, sa femme a refusé de lui ouvrir et il a tenté de pénétrer de force dans l'appartement. Les voisins se sont plaints et la police a eu vent de la situation. La famille a reçu son congé et a dû vivre dans une baraque de secours de quatre pièces. Quand la baraque provisoire a été démolie, la famille s'est retrouvée à la rue avant d'échouer dans un logement de deux pièces.

À cette époque, seuls Ernst et sa sœur cadette vivaient encore chez leurs parents. L'autorité tutélaire est alors intervenue à cause des problèmes d'alcool du père. Ernst Fluri se souvient : « Tout d'un coup ils étaient là ». Ils avaient probablement été alertés par la police. Les autorités ont jugé l'appartement de deux pièces trop petit pour une famille de quatre personnes.

Pour Ernst Fluri, cela n'aurait pourtant pas posé de problème. « Pour nous les enfants, il n'y aurait pas eu de problème de place ». Mais l'autorité tutélaire insistait pour qu'Ernst soit placé pour travailler. Deux frères plus âgés avaient déjà passé par là. La mère a demandé aux autorités de fournir un plus grand logement à la famille, mais sans succès. Elle n'a pas pu empêcher que son fils soit placé à son tour. « Elle n'avait pas d'autre possibilité que d'obéir à cette autorité tutélaire », raconte Ernst Fluri. Il se sentait bien à la maison, même si c'était désagréable quand le père était « bourré » le week-end. Pendant la semaine, son père ne buvait pas d'alcool, et il ne voyait pas de problème à partager sa chambre avec lui : « Je me couchais à 8 heures et lui peut-être à 9 heures. [...] Le seul problème c'était le week-end quand mon père avait ses crises, je devais dormir à la cuisine. Et à part cela... Non, j'étais bien à la maison. »

En 1957, Ernst a été placé à onze ans dans une famille paysanne strictement religieuse du canton de Berne, « simplement enlevé [...]. Je me suis défendu, mais pour rien. » Une employée de l'autorité tutélaire est venue le chercher un jour pour l'emmener d'abord dans un foyer d'accueil où il a été enfermé seul dans une chambre. Au bout de trois jours, il a été transféré en voiture à son lieu de destination. Quand Ernst a demandé la raison de son placement, on lui a dit qu'il n'avait pas de place chez ses parents. « Donc je devais partir. »

La famille d'accueil vivait dans une ferme avec deux enfants et les grands-parents. Elle avait déjà eu des enfants à son service. Elle a d'abord accueilli Ernst amicalement, mais soudain un « autre vent » s'est levé. La famille voulait qu'il travaille autant que l'ouvrier italien engagé comme domestique à la ferme.

Quand Ernst n'était pas à l'école, il travaillait à la ferme de quatre heures du matin à huit heures du soir. Le matin il aidait au fauchage et nettoyait l'étable avant d'aller à l'école. Il n'avait pas le temps de déjeuner avec la famille, mais devait manger seul et en vitesse. À midi il nettoyait les râteliers dans l'étable et, aussitôt après le repas, repartait pour l'école, à trois quarts d'heure de marche. Après l'école, il devait à nouveau faire l'étable et aider à d'autres travaux. Il n'avait de temps pour les devoirs scolaires qu'après huit heures du soir. Au début, c'était quand même un bon élève, car il avait fréquenté l'école générale auparavant. En changeant d'école, il a été déclassé. La famille nourricière voulait qu'il retourne en primaire, parce que l'école générale était plus loin : « Et alors la famille a dit que cela n'allait pas. [...] C'est trop loin. Tu aurais un trop long chemin pour rentrer. [...] Tu arriverais donc trop tard pour aider à l'étable, et ainsi de suite. Donc, c'est regrettable, mais tu dois maintenant aller à l'école primaire en bas au village. Pour Ernst Fluri, c'était un « pas en arrière ». Après la première année scolaire, où la matière n'était pas nouvelle pour lui, ses prestations ont baissé à cause de sa lourde charge de travail à la ferme.

À la ferme, Ernst était surmené physiquement et psychiquement. Il devait travailler autant que le domestique italien, alors qu'il était encore un enfant, moins fort et rapide que lui. Une fois qu'il avait pris du retard en retournant le foin, le grand-père lui a passé un savon en le traitant de fainéant, ajoutant qu'ils n'avaient pas besoin de paresseux. « Alors j'ai dit : 'Je n'en peux plus. Ça ne va plus.' Le grand-père a répondu : 'Je peux te mettre des gaz pour rattraper ton retard'. Et il m'a planté la fourche à fumier dans les fesses. » Le jeune paysan a dit après coup au grand-père qu'il n'aurait pas dû faire ça. Ernst saignait mais il a continué à travailler malgré les douleurs. Le soir, la paysanne a désinfecté la plaie. Le lendemain, il a de nouveau dû se lever à quatre heures et travailler, mais la blessure l'a longtemps obligé à dormir sur le ventre et empêché de s'asseoir.

Une autre fois, le grand-père a poussé Ernst de la meule parce que, selon lui, il n'avait pas enfourché le foin correctement. « 'Tu ne vaux rien' a-t-il dit. Et je suis tombé de la meule. » Il a eu de la chance de tomber sur une balle molle de foin. « Un peu plus à gauche, je serais peut-être estropié, parce que les râteliers étaient là. » Le grand-père appartenait à l'ancienne génération de parents nourriciers et avait lui-même eu des enfants à son service. Ernst Fluri pense que c'était encore pire à l'époque. Mais le jeune paysan n'était guère meilleur.

Ernst était exploité non seulement à la ferme, mais aussi pour le dur travail de bûcheron dans la forêt. Plusieurs épisodes montrent que sa santé était souvent mise en danger. Une fois, il a été astreint à l'abattage d'arbres alors qu'il avait la grippe et une pneumonie. Affaibli par la fièvre, il n'a pas pu réagir assez vite à l'annonce de la chute d'un tronc et a été accidenté. « J'ai été catapulté. [...] Une chance, parce qu'autrement tout aurait été fracassé.[...] Là-dessus j'ai encore pris des coups.[...] ' Tu dormais de nouveau ?', ont-ils demandé. »[...] L'accident lui a fissuré un os de la cuisse, qui n'a pas été soigné. La jambe s'est tordue dans sa croissance, ce qui a endommagé la hanche. Ernst Fluri a dû par la suite se faire poser une prothèse.

Une fois il s'est trouvé mal en nettoyant le poulailler : comme il ne pouvait pas ouvrir la porte toute grande, seule une petite fente laissait l'air frais entrer dans le poulailler. L'accumulation des gaz l'a presque fait perdre connaissance et il n'a pu sortir qu'au dernier moment. Le grand-père l'a grondé : « 'Tu te prélassais au lieu de travailler'. Mais il s'est ensuite aperçu que quelque chose ne jouait pas. Et il m'a donné quelques gifles. »

Une autre fois pendant les labours, un cheval lui a marché sur le pied droit et lui a écrasé les orteils, si bien qu'il a eu beaucoup de peine à ôter son soulier le soir. La chaussure était pleine de sang. « On a un peu bandé les orteils. Et aujourd'hui ils sont simplement un peu rabougris ». En dernier lieu, dans la canicule estivale, il a attrapé une insolation en ramassant des ergots de seigle dans un champ et s'est évanoui. On l'a étendu à l'ombre et lui a versé de l'eau fraîche sur sa tête. Ensuite il a dû reprendre le travail. « De telles histoires reviennent toujours à l'esprit. [...] Ce sont simplement des épisodes vécus. [...] Avec le temps, on devient comme insensible. Avec le temps, on ne réclame plus et on ne dit plus quand on a mal quelque part. »

Sur le plan psychique aussi, le travail exigé du garçon était écrasant. On attendait de lui les mêmes prestations que du domestique adulte : « 'Toi aussi tu es fort '. Et je répondais : 'Oui, mais je n'y arrive pas'. À la longue, c'est devenu un véritable stress. Je suis aussi tombé malade psychiquement, [...] Bon, j'emploie ce terme, mais ça n'existait pas pour ces fils de paysan. Ils disaient : « T'es un feignant. »

Plus tard lors d'un nouvel accès de faiblesse, on a dit à Ernst de se coucher. Le lendemain matin à quatre heures, après une courte nuit, il a dû à nouveau se lever et travailler : « Tu es sûrement rétabli maintenant ». Un matin, il s'est blotti épuisé à côté du lit et a dit : « Je n'en peux plus. Je suis crevé. [...] Cela ne va plus. Maintenant c'est fini. » Dans son désespoir, il a même parlé de suicide. Mais son père nourricier l'a arrosé d'eau froide : « Tu es sûrement réveillé maintenant ». Il lui a ordonné de se lever et de cesser de raconter des sottises. « Et la journée a continué comme ça ».

Ernst est resté quatre ans et demi dans cette famille strictement religieuse, qu'il classe parmi les piétistes. Ainsi étaient désignés les protestants qui se réunissaient aussi pendant la semaine pour étudier la Bible. Ils voulaient le convertir pour qu'il devienne un homme meilleur. Toutes les autres familles paysannes des environs étaient aussi membres de ce courant, à l'exception de deux femmes âgées. Un pasteur protestant a conseillé à Ernst d'aller aux prédications si la famille l'y forçait. Cela lui permettrait au moins de se reposer un peu du travail physique. Avec le temps, Ernst s'est rendu compte qu'il pouvait se faciliter la vie en simulant un intérêt. Quand il demandait après les sermons pourquoi il devait travailler autant, « on me disait que c'était la volonté de Dieu ».

La famille n'était pas pauvre, mais vivait frugalement en autarcie. Elle vendait souvent ses produits dans des coopératives où les échanges étaient conclus en topant, « vraiment à la Gotthelf ». Toutefois, Ernst n'a jamais participé à ces marchés.

Les repas comprenaient le plus souvent rösti, pain et café. Ernst a parfois vu de la confiture à la cuisine, mais il n'en recevait que le dimanche. Les pommes de terre, soit bouillies soit rôties dans la graisse de porc ou de rognons, étaient l'aliment de base. Le beurre coûtait trop cher. Il y avait beaucoup de salade, mais de la viande seulement le dimanche. Ernst n'a pas souffert de la faim, « rien ne m'a manqué au point de vue nourriture », mais l'alimentation était déséquilibrée. Quand il avait une sensation de faim, il volait parfois un œuf et le gobait.

La ferme vivait encore à l'ancienne. Elle n'avait pas l'eau chaude courante : Ernst se lavait à l'eau froide dans un bassin dans sa chambre ou à la fontaine. Il dormait dans une chambre non chauffée sous le toit de la maison, avec son propre accès. Elle était meublée à la spartiate, avec une armoire, une chaise et un vieux lit paysan. Quand l'édredon ne suffisait pas par nuit froide, Ernst allait chercher une couverture en laine à l'écurie.

Il n'y avait pas de machines à la ferme, tout se faisait à la main. Le paysan ne voulait pas de tracteur à cause du terrain en pente. « Et, selon lui, on n'en avait pas les moins, on n'avait pas d'argent. » La situation était rude dans cette ferme : « Je venais de la ville. [...] Dans cette région, c'était primitif. Nous [en ville] avions peut-être déjà la télévision. [...] Ou la radio. Et là rien. Pas d'infrastructure. Rien, il n'y avait que la ferme, les champs et les bêtes. »

La famille vivait isolée : Ernst n'a jamais rien su du monde ou de la politique, il ignorait ce qui se passait ailleurs. « Parce que pour eux, Dieu était le monde. On parlait aussi du Seigneur à l'apparition d'une belle pomme de terre. » Le monde entier tournait autour de l'agriculture, du bétail et de la foi.

Ernst n'était pas intégré à la famille, il se sentait rabaissé par ses parents d'accueil et traité comme un domestique. Ainsi, il n'osait pas aller à skis à l'école en hiver comme les enfants de la famille, mais devait marcher. Comme il partait en même temps que les autres enfants, il arrivait en retard. L'instituteur a demandé aux paysans de le laisser partir plus tôt. Mais à la maison cela n'a valu que des coups à Ernst. Alors qu'il devait rester à l'école à midi pour une manifestation sportive, les patrons lui ont ordonné de ne pas y aller et de travailler au champ à la place : « C'est ton sport. C'est un sport sain. » Jamais pendant les quatre ans qu'il a passés avec cette famille, il n'est allé faire du ski avec l'école ni n'a pris part aux joutes sportives en été.

À la ferme, Ernst était coupé du monde : « Je n'ai jamais pu parler de mes problèmes avec quelqu'un. [...] J'ai été seul pendant quatre ans. « Son seul ami à l'école était également un garçon placé, mais il a subitement disparu. Il s'était blessé lors d'une tentative de fuite, et était devenu paraplégique. Les voisins se détournaient quand il passait devant leur ferme en promenade. « Ils disaient que c'était un garçon de ferme, un méchant garçon. [...] Et encore, un enfant possédé par le diable. »

Pour Ernst, le temps libre se limitait au dimanche après-midi entre deux et cinq heures. Alors il s'asseyait dehors ou allait se promener en forêt. Il se sentait moins bien traité que le domestique italien. Celui-ci recevait 295 francs de salaire pour son travail, en plus de la nourriture et du logement. De surcroît, il était libre le samedi soir et le dimanche. Par contre, les parents d'Ernst payaient 400 francs de pension par mois parce qu'il était entretenu à la ferme. « Pourtant ce n'était pas de l'entretien. C'était en fait une place de travail. » Si Ernst avait pu rester chez ses parents, ils s'en seraient mieux tirés financièrement. Sa mère n'avait pas les moyens d'apporter quelque chose à son fils lors de ses rares visites : « Elle disait : 'Tu sais, je dois payer 400 francs par mois pour toi. Cela me coûterait moins cher si tu étais à la maison.' »

Les anniversaires n'étaient pas fêtés ; mais sa mère lui envoyait chaque fois une carte de félicitations. Une pièce d'argent l'accompagnait, mais elle était prise par la famille d'accueil. Sa mère lui rendait visite une fois par an et passait trois heures avec son fils, en présence des parents nourriciers. Elle devait s'annoncer à l'avance. Un bon repas était toujours préparé pour ces occasions.

Ernst se plaignait auprès de sa mère de devoir crever à la tâche. Quand elle s'est adressée à l'autorité tutélaire, on lui a dit que s'il ne voulait pas rester dans sa famille d'accueil, il devrait aller en institution. Mais Ernst ne le voulait pas. « J'avais peur du mot institution. […] Et j'ai finalement tenu jusqu'au bout. »

Aujourd'hui encore, Ernst Fluri ne peut pas comprendre l'attitude de l'autorité tutélaire. Elle a décidé du sort d'un enfant, mais sans faire le moindre contrôle. Pendant son séjour chez les paysans, personne n'a parlé une seule fois avec lui, ni vérifié les abus dénoncés de façon répétée par sa mère. Les autorités se sont bornées à téléphoner à la ferme pour demander des nouvelles d'Ernst. La patronne répondait : « Oui, il va bien. Il est au champ en ce moment. » Puis « oui, c'est bon » et « au revoir ». À lui, on n'a jamais demandé comment il allait.

Après avoir terminé sa scolarité à 16 ans, Ernst est retourné dans sa famille à Bâle-Ville et a fait un apprentissage d'électricien. Sa relation avec ses parents n'a pas été perturbée par les quatre ans et demi passés à la ferme. Sa mère a pu le convaincre qu'elle n'était pas responsable de cette épreuve : « Elle ne voulait pas que je parte, on le lui a imposé ».

Aujourd'hui, son passé d'enfant placé ne le poursuit plus, selon Ernst Fluri. « J'en ai tiré le meilleur. » Après son retour il a réussi à s'imposer, même si ses collègues l'ont parfois taquiné à cause de son dialecte bernois ou de sa démarche de montagnard. Son dur travail l'avait rendu fort et il n'a pas eu de problèmes, « sinon ils auraient reçu des coups », plaisante Ernst Fluri.

Mais les nuits ont été difficiles. Durant les années qui ont suivi son retour, les cauchemars l'ont hanté : il rêvait qu'il était de nouveau chez les paysans, et il était somnambule. Un psychiatre lui a conseillé de se confronter encore une fois avec l'agriculture. Il a travaillé de temps en temps dans une ferme du Seeland bernois et s'est rendu compte que tous les paysans ne sont pas méchants : « Une ferme, ce n'est pas forcément l'enfer ».

C'est ainsi qu'il a surmonté son passé. Mais il est toujours resté méfiant envers les autorités. Il espère que « ces temps ne reviendront jamais ». Pour lui, il est important que les gens entendent aujourd'hui ces histoires tristes, car beaucoup ignorent ce qui s'est passé autrefois.

Ernst Fluri a travaillé comme électricien dans plusieurs entreprises, à l'étranger aussi. Il est marié et a une fille adulte. Il est aujourd'hui rentier AI et vit avec sa femme, encore active professionnellement, dans le canton de Bâle-Ville et au bord du Lac de Bienne.

Sabine Bitter, Mirjam Häsler

Katharina Klodel*, 1944, Bâle-Campagne

« Au fond ils étaient tristes à pleurer »

Katharina Klodel est née à Bâle-Ville. Elle a passé ses premières années chez sa mère avec sa sœur aînée. Le père étant au service militaire, la mère a dû aller travailler, confiant les enfants aux voisins et à la société féminine locale. À deux ans, Katharina a été placée pour la première fois, avec sa sœur, dans un foyer catholique pour enfants en Argovie. Quand la tuberculose s'y est déclarée et que les filles l'ont attrapée, on les a envoyées se faire soigner dans une clinique du canton de Zoug.

Ensuite la mère a repris les enfants auprès d'elle. Elle avait mauvaise réputation, parce qu'elle avait divorcé du père et rencontrait d'autres hommes. Parfois elle laissait les enfants seuls la nuit dans l'appartement. Elle s'est remariée quand Katharina avait trois ans et demi. En même temps, elle s'est convertie au protestantisme avec ses filles pour pouvoir les mettre dans un foyer plus proche, à Bâle-Campagne. Les pensionnats protestants étaient moins chers que les catholiques.

Au bout de quelques semaines, la mère a repris Katharina à la maison où elle vivait avec son nouveau mari. Sa sœur a été placée chez des particuliers à Bâle-Campagne. Dans la nouvelle famille, les disputes étaient fréquentes entre la mère et sa belle-mère. Les points de litige étaient le caractère vif de la mère et surtout la prise en charge de Katharina, pour laquelle la nouvelle belle-mère ne se sentait pas compétente.

Un jour, on est venu chercher Katharina pour la ramener au foyer d'enfants. Elle se souvient du moment de tumulte où un homme l'a simplement enlevée. Tous ses cris et ses hurlements, ses efforts pour s'accrocher au tablier de sa mère, n'ont servi à rien. Elle a déchiré le tablier quand l'homme l'a arrachée à sa mère. Au foyer, elle a essayé plusieurs fois d'escalader la barrière et de retourner chez sa mère. On l'a punie en l'enfermant dans une pièce obscure. Elle ne pouvait pas non plus supporter les regards des passants, elle se sentait comme dans une cage à singes. Choquée par la séparation, elle refusait de manger. Au bout de quelques jours, elle s'est évanouie. Un médecin l'a examinée et l'a trouvée sous-alimentée. Il a été décidé de chercher aussi vite que possible une place pour Katharina chez des particuliers. Une annonce a été mise dans le journal. Aujourd'hui encore, cette pensée la rend folle. « Zut alors, il fallait me ramener à ma mère, elle était quand même en règle. » En plus, son père venait d'une « famille tzigane ». En fait, ses parents étaient des Yéniches qui avaient travaillé dans plusieurs villages pour gagner leur vie. Le père souffrait de son origine qui lui interdisait de prendre sa fille Katharina chez lui.

Katharina a été emmenée par une employée de l'autorité tutélaire dans sa nouvelle famille d'accueil, à Bâle-Campagne. Elle n'a jamais pu oublier cette journée : elles sont montées un escalier raide jusqu'à la porte de la pièce principale. Katharina devait saluer les membres de sa nouvelle famille, un gros homme, une petite femme, un garçon et un vieux couple. Elle avait peur, mais la femme de l'autorité tutélaire l'a poussée à l'intérieur avant de disparaître à jamais : Katharina s'est retrouvée seule chez ces inconnus. Le choc a été tel qu'elle n'a plus parlé et refusé de manger. Une nuit, elle a été tirée brutalement de son lit et rouée de coups par le père nourricier : elle avait pleuré toute la nuit.

Dans le voisinage, Katharina a rapidement passé pour dérangée parce qu'elle ne parlait pas. Le père nourricier était très colérique et passait ses humeurs sur l'enfant : « Quand il disjonctait, c'était pour de bon. Parfois je ne savais même pas pourquoi il frappait ». Avec la mère d'accueil et le fils, Katharina s'entendait bien, de même qu'avec les grands-parents qui vivaient dans le même ménage. La mère nourricière soulignait toujours que Katharina était comme sa propre fille. Elle recevait assez à manger et des vêtements convenables. Elle prenait ses repas avec la famille, dont les membres se disputaient régulièrement autour de la table. Les grands-parents géraient une petite exploitation agricole, tandis que le père travaillait ailleurs. Katharina devait beaucoup travailler, nettoyer, aider au ménage, balayer les sols et les escaliers ou préparer le repas, quand elle n'était pas occupée au champ.

Katharina avait un rapport particulier avec le grand-père, qu'elle aimait beaucoup et admirait. Ainsi, il jouait du violon pour elle et lui donnait des sucreries. Il lui racontait aussi comment la famille Klodel, celle de son père, lui avait appris à tresser des corbeilles, et quelle famille c'était. Elle n'osait rien dire des récits du grand-père à ses parents nourriciers, de peur de fâcher encore le père.

Jusque vers huit ans, Katharina a dormi dans la chambre des parents. Après elle a dormi derrière une grande armoire qui partageait en deux la chambre du fils. Elle avait si peu de place que les armoires lui font encore peur aujourd'hui. Elle redoutait que l'armoire lui tombe dessus pendant son sommeil. Pour les visites du tuteur, la chambre était arrangée de manière à faire croire que c'était la sienne et non celle du fils. Les photos étaient enlevées et tout était nettoyé à fond. La porte ouverte touchait juste l'armoire, ce qui empêchait de voir derrière. Avant la visite, Katharina était sommée de « la boucler ». Ainsi, l'autorité tutélaire était carrément trompée par les parents d'accueil.

Au village, la famille avait bonne réputation, car les revenus du père et de la ferme lui permettaient de se payer une voiture. Les enfants du village étaient jaloux, car Katharina participait aussi aux sorties du dimanche en auto. La famille paraissait « mieux que les autres » grâce à ce luxe, « mais en réalité ils étaient tristes à pleurer » De l'extérieur tout semblait toujours parfait, mais Katharina a été régulièrement rouée de coups jusque vers l'âge de dix ans. L'instituteur du village a surpris plusieurs fois le père nourricier en train de la battre. Il l'a menacé de le dénoncer en lui disant que Katharina serait retirée à la famille. Elle n'avait jamais été frappée par ses vrais parents.

Petite consolation, Katharina Klodel aimait bien le pasteur du village, qui est resté jusqu'à sa mort son pasteur favori. Déjà avant qu'elle aille à l'école, il la prenait à l'instruction religieuse, où elle pouvait aussi amener sa poupée. Après la leçon, il lui donnait toujours une barre en chocolat.

À l'école, Katharina était assise à côté d'une handicapée mentale, qui la dérangeait beaucoup en bavant ou en lui donnant des coups. Comme c'était la fille d'une parente de sa mère d'accueil, Katharina ne pouvait pas se plaindre. Les enfants la taquinaient pour cela, disant que les deux filles allaient bien ensemble. Katharina recevait de fréquentes visites de son père, accompagné de sa femme et de leur fils. Le plus souvent, la famille d'accueil s'efforçait d'abréger les visites autant que possible. Parfois on n'ouvrait pas la porte au père, et Katharina recevait l'ordre de se tenir tranquille, sous la menace de coups ou d'être enfermée à la cave dans le noir. À plusieurs reprises, son père a tenté de la prendre dans sa nouvelle famille, mais en vain. Quand il l'invitait chez lui en vacances, le père nourricier la menaçait de ne plus jamais pouvoir revenir ni revoir ses animaux. La ville où habitait son père biologique avec sa nouvelle famille lui était décrite comme un lieu malfamé où tout était sale et répugnant.

Privée de choix, Katharina a décidé de rester chez ses parents nourriciers. Elle avait moins de plaisir aux visites de sa mère. Elle avait honte parce sa mère était toujours vêtue avec élégance, ce qui provoquait les moqueries du père d'accueil. Toutefois, le pire était que sa mère ne l'ait pas gardée chez elle. Elle ne le lui pardonnait pas. Il lui était donc égal qu'elle ne vienne pas en visite.

« Quand elle venait en visite, j'étais toujours remontée. Bien que je me sois cramponnée à elle, ils m'avaient emportée, et j'en ai probablement toujours gardé le sentiment qu'elle ne me voulait pas. » Une fois par année, le père d'accueil la conduisait sur sa moto auprès de sa sœur, afin qu'elles puissent rester en contact. Autrement les parents nourriciers lui interdisaient tout contact avec les proches de ses parents biologiques.

À l'âge de 15 ans, Katharina Klodel a été contrainte à des relations sexuelles par le fils des parents d'accueil. Lors d'une conversation avec la grand-maman, qui voulait l'instruire sur les dangers liés aux hommes, elle lui a tout raconté. La mère nourricière a aussi été mise au courant. Elle a alors tout fait pour protéger son fils contre une dénonciation de sa victime : la réputation de la famille serait traînée dans la boue, et la relation entre Katharina et la famille d'accueil serait détruite. Elle a calmé Katharina en lui disant que cela était déjà arrivé à beaucoup de femmes, et lui a promis de lui donner un carnet d'épargne si elle se taisait.

Après la fin de l'école obligatoire, Katharina Klodel a accompli, contre la volonté de la famille, un stage ménager dans une boulangerie. Elle habitait dans la famille du boulanger et avait sa propre chambre, ce qui lui faisait le plus grand plaisir. Cette année a aussi été la plus belle parce qu'elle pouvait aider au magasin et servir les clients, ce dont elle était très fière. Les patrons étaient gentils et la chouchoutaient un peu. Katharina Klodel a gardé une relation étroite avec eux jusqu'à leur mort. Leur fille unique est aujourd'hui encore sa meilleure amie. À la fin du stage, Katharina Klodel a dû retourner auprès de la famille nourricière. Là rien n'avait changé, elle a dû à nouveau dormir derrière l'armoire. La mère d'accueil et la conseillère en orientation professionnelle l'ont poussée à faire un apprentissage de couturière. Elle a fini par céder à la pression de la mère, alors qu'elle aurait nettement préféré apprendre le métier de coiffeuse. Elle espérait pouvoir suivre, après l'apprentissage de couturière, une formation de deux ans pour devenir jardinière d'enfants, comme on le lui avait proposé à l'orientation professionnelle. Mais à la fin de l'apprentissage, personne n'était plus disposé à lui payer une formation supplémentaire. De son salaire d'apprentie, elle n'a même pas reçu l'argent de poche obligatoire : la famille nourricière a tout pris. En plus, la famille a reçu dix mille francs pour les deux ans et demi d'apprentissage.

Après cette formation, Katharina Klodel a pris un emploi de couturière. Contre sa volonté, elle a dû remettre son salaire à la maison. La mère d'accueil trouvait cela parfaitement normal, puisqu'elle la traitait comme sa propre fille. Les parents nourriciers lui ont promis qu'elle hériterait d'eux plus tard, qu'ils ne l'oublieraient certainement pas.

Katharina a trouvé ensuite un nouveau travail dans le canton de Soleure, où elle a déménagé. Les week-ends de congé, elle aimait malgré tout rentrer à la maison. Quand elle a eu 20 ans, le père d'accueil l'a convaincue de faire changer son nom pour prendre celui de la famille. Comme toujours, il l'a menacée de rompre les contacts. Katharina aurait préféré abandonner son nom de famille pour celui de Hodel, à la consonance similaire, que pour celui de la famille nourricière. Mais le tuteur s'est lui aussi laissé impressionner par le père d'accueil et a taxé sa proposition d'une bonne idée. Il n'a pas tenu compte de l'avis de Katharina Klodel, jugeant qu'elle devait être reconnaissante. Finalement elle a cédé et fait changer son nom aussi dans l'intérêt de ses futurs enfants, qui auraient pu souffrir de porter son nom précédent. Celui-ci était en effet souvent associé péjorativement avec « Tziganes ».

Katharina Klodel s'est mariée, et la jeune famille a vécu dans plusieurs cantons avant de s'établir à Bâle-Campagne. Elle s'est retrouvée non loin de l'endroit où elle avait grandi, alors qu'elle avait déclaré à son mari son désir de ne jamais revenir dans ce canton. C'est la mère nourricière qui s'est réjouie le plus de ce déménagement, car il lui permettait de faire faire ses vêtements gratuitement chez elle. Lorsque Katharina Klodel et son mari ont eu besoin d'un crédit pour faire construire leur maison, elle a demandé l'argent que la mère d'accueil lui avait promis. Elle a essuyé un refus : cet argent était destiné au fils, qui se mettait justement à son compte. Malgré cela, Katharina Klodel est restée fidèle à ses parents nourriciers jusqu'à leur mort et a évité, par égard pour eux, tout contact avec sa famille d'origine.

Avant de mourir, la mère d'accueil a rédigé un testament en faveur de Katharina Klodel et l'a placé dans le livret de famille. Malheureusement il n'était pas valable, car elle avait écrit « partage loyal avec Katharina ». Le tribunal a donné raison au fils, jugeant qu'on ne peut pas partager « loyalement ». Gagnant du procès, le fils a déclaré qu'il n'aurait de toute façon rien versé à « quelqu'un comme elle ». Il était définitivement le seul héritier. Pourtant, Katharina Klodel et le fils de la famille d'accueil s'entendaient bien avant ce litige.

À l'âge de 58 ans, Katharina Klodel a pu consulter ses dossiers. Elle s'est aperçue avec tristesse et colère qu'on lui avait menti et qu'on l'avait trompée. Par exemple son père lui avait dit qu'il devait payer pour elle, mais les parents nourriciers l'avaient nié. Une fois que Katharina avait besoin d'un manteau pour l'hiver, la mère d'accueil s'était mise en colère jusqu'à faire pleurer la fillette, qui ne voulait plus grandir pour ne plus rien leur coûter. Sa robe et ses chaussures de confirmation auraient coûté si cher à la famille qu'elle n'avait pu se payer qu'un simple repas à la maison pour la fête. Katharina Klodel a pourtant lu dans les dossiers que tout avait été payé, et bien plus encore. Elle a malgré tout pardonné à ses parents nourriciers, mais elle ne peut pas oublier.

Aujourd'hui, Katharina Klodel est heureuse avec son mari, leurs trois enfants adultes et leurs petits-enfants ; la vie de famille lui procure beaucoup d'animation et de joie. Cela lui laisse peu de temps pour réfléchir au passé.

Mirjam Schlaepfer

Margaretha Hirzel, 1940, Berne, Zurich

« Partir loin de la maison et
travailler là où il y a beaucoup de monde »

Margaretha Hirzel, fille d'un maréchal-ferrant et d'une employée de maison, est née en même temps que deux frères jumeaux. Leurs parents s'étaient mariés deux jours avant à l'hôpital. L'un des frères est mort-né, l'autre et Margaretha ont survécu. Après leur naissance, tous deux ont passé six ans dans un foyer pour enfants du canton de Berne, sans jamais recevoir une visite de leurs parents. Ces derniers se sont séparés durant cette période. Après ces six ans au foyer, Margaretha et son frère ont été transférés dans une ferme. Un mois plus tard, ils étaient séparés : le frère a été placé dans un hôtel de l'Oberland bernois, la fille est restée dans la famille paysanne.

À ce moment-là, la vie de Margaretha a brutalement basculé. À six ans déjà, elle a dû tenir le ménage : « Je devais […] faire la cuisine, laver, nettoyer avant même d'aller à l'école. Mais personne ne me disait ce que je devais faire ni comment. Il n'y avait que des coups ; quand je faisais quelque chose de faux, les beignes partaient. » En cas de maladresse, elle était battue à coups de courroie, de bois ou de tapette à tapis.

Margaretha n'a pas pu aller au jardin d'enfants. À huit ans, elle a été scolarisée dans le canton d'Argovie. Après l'école, elle rentrait immédiatement à la maison, où elle nettoyait, travaillait au jardin et cuisinait pour la famille. Quelques mois plus tard, sa mère biologique a soudain resurgi pour s'installer aussi à la ferme. Pour Margaretha, c'était une étrangère. Sa mère ne travaillait pas, mais lisait des romans ou des revues sur le canapé. Margaretha continuait à tenir le ménage sans aucune aide. Elle ne pouvait faire ses devoirs scolaires que tard le soir, et recevait des coups quand elle faisait une faute.

Le temps libre n'existait pas pour Margaretha. Elle n'osait pas jouer avec d'autres enfants, participer aux courses d'école, aller se baigner ou rester seule dans sa chambre pour se reposer. Elle devait nettoyer, laver, repasser, cuisiner et tricoter chaque jour 15 centimètres de pull-over ou de chaussettes.

La mère d'accueil avait des crises d'épilepsie et était handicapée mentale. Margaretha devait partager son lit avec elle. Quand le paysan n'était pas là, elle n'osait pas aller à l'école, mais devait rester à la ferme pour surveiller sa femme, qui passait une grande partie du temps assise à la fenêtre. Un jour, alors que Margaretha était en deuxième ou troisième classe, et seule à la maison, la femme du paysan a eu une crise. Elle s'est gravement blessée en cognant sa tête contre la vitre. Dans l'urgence, Margaretha a trempé une aiguille dans l'eau-de-vie et recousu la blessure. Plus tard, un médecin a examiné la blessure et s'est montré satisfait de l'opération, parce que l'aiguille avait été désinfectée dans l'alcool. Mais « le paysan a fait un tapage terrible. […] Et j'ai dû une fois de plus aller au lit sans souper. Je ne sais pas combien de fois j'ai été privée de souper. Quand je suis sortie de l'école, j'étais sous-alimentée. »

Alors que Margaretha n'avait pas encore dix ans, tout le village s'est rassemblé pour accueillir un couple de jeunes mariés. La fillette attendait aussi l'arrivée du couple sur le trottoir avec sa classe et l'instituteur, quand un motocycliste a traversé le carrefour à toute vitesse et foncé sur les écoliers. Margaretha a été gravement blessée à la tête. Elle était pleinement consciente, mais ne voyait plus rien, et elle a entendu sa mère dire : « 'Espérons qu'elle en crève !' C'était brutal. » À l'hôpital, sa tête a été recousue sans anesthésie. Le médecin a juste dit : « Tiens-toi tranquille, sinon tu devras rentrer à la maison avec la tête ouverte ! » Elle avait une double fracture de la mâchoire, une fracture du crâne, et il a fallu lui greffer de la peau sur le visage. Elle a passé neuf mois à l'hôpital sous la surveillance de nonnes. Des années durant, elle n'avait plus ni dents ni cheveux.

Deux ans après l'accident, la famille nourricière a déménagé dans le canton de Zurich avec la mère de Margaretha, qui y a épousé un alcoolique. Dans un accès de haine, l'homme a tiré sur l'adolescente pour « anéantir ce bâtard », la manquant de peu. À ce moment, elle était enfermée dans sa chambre et a secoué la porte jusqu'à ce qu'elle s'ouvre. Elle a ensuite fait tomber son beau-père dans l'escalier. Plus tard, sa mère lui a reproché d'être coupable de sa mort.

Margaretha a enfin eu sa propre chambre, ce qui lui a donné à la fois joie et douleur. Car, à onze ans, elle a été abusée sexuellement par le paysan une à deux fois par semaine. À côté, il avait une liaison avec sa mère. Celle-ci était au courant des malheurs de sa fille, mais n'a rien entrepris. À cause de ses douleurs dans la zone génitale, Margaretha ne pouvait plus rester assise à l'école. L'instituteur l'a emmenée chez un médecin, et tous deux sont intervenus en sa faveur. À treize ans, elle est allée habiter dans la maison voisine, chez sa tante, à qui elle a raconté ses souffrances. La tante a porté plainte contre le paysan, qui a écopé d'une peine de prison pour abus sexuels. Quand la policière responsable a demandé à Margaretha où elle aimerait travailler, elle a répondu : « Très loin de la maison, là où il y a beaucoup de monde et où je ne suis pas seule. Aujourd'hui encore, j'ai peur d'être seule. »

Margaretha Hirzel est partie seule pour le canton de Glaris où elle a travaillé dans un restaurant tenu par un couple sans enfants. Elle a fait un apprentissage de serveuse, obtenu la patente de restaurateur et rencontré son premier ami. Apprenant son existence, sa mère s'est arrangée pour faire échouer cette relation. Déçue, Margaretha Hirzel est retournée chez sa tante. En travaillant comme serveuse, elle a fait la connaissance de son premier mari. Elle l'a épousé par défi, parce que sa mère avait brisé sa liaison précédente. La veille du mariage, son futur mari a cambriolé une boulangerie et a été arrêté. « J'aurais pu annuler le mariage, mais j'ai pensé : 'Chacun peut se tromper une fois de chemin, il faut l'aider à en sortir'. J'ai agi par bonté [...]. Et ça m'a été fatal. »

En quatre ans, Margaretha Hirzel a donné naissance à deux enfants et subi six fausses couches. Avec l'aîné, le couple est allé s'installer chez les parents du mari dans le canton de St-Gall. Le mari a dilapidé toutes leurs économies dans les machines à sous. Après quatre ans de mariage, Margaretha Hirzel a retrouvé un ancien voisin du canton de Zurich dans le restaurant où elle travaillait. Sa femme souffrait d'une grave lésion cérébrale à la suite d'un accident. Elle était tributaire de soins et ne pouvait plus élever ses trois enfants. « Nous nous sommes dit : 'Il faut quelqu'un pour s'occuper des enfants. Les miens auraient besoin d'un toit'. » Margaretha Hirzel a demandé le divorce et pris en charge les enfants de son futur deuxième mari. Elle a aussi soigné pendant plus d'une année sa femme handicapée, jusqu'à ce que celle-ci parte chez sa mère en Carinthie.

Margaretha Hirzel a encore eu deux enfants, mais elle a attendu dix ans pour se remarier. Elle vit aujourd'hui avec son mari dans le canton de St-Gall.

Tanja Sackmann

Chapitre IV

Enlèvements d'enfants et placement extra-familial

Katharina Moser

Les motifs des enlèvements d'enfants
Pourquoi les enfants ont-ils été enlevés ou arrachés à leurs familles et placés chez des particuliers ? Les anciennes victimes que nous avons interrogées ont mentionné plusieurs motifs : pauvreté et divorce, mort ou alcoolisme des parents ou de l'un d'eux, naissance illégitime, agressions physiques et sexuelles.

Les enfants placés étaient souvent issus de familles nombreuses. Ainsi, quatre des cinq personnes dont les trajectoires sont résumées dans les pages suivantes avaient huit à douze frères et sœurs. Les parents dont les enfants étaient placés pour travailler appartenaient en général aux couches inférieures de la société, et leurs familles vivaient pour la plupart dans des conditions économiques difficiles.

Souvent, le revenu des maris et pères, même occupés à plein temps, ne suffisait pas pour nourrir leurs familles. L'idéal bourgeois du salaire masculin assurant la subsistance de la famille ne correspondait pas à la réalité dans ces milieux.

Quand l'un des parents tombait malade, était accidenté ou mourait, les familles se retrouvaient souvent, faute d'assurances et d'institutions sociales, aux limites de leur existence. À cela s'ajoutaient fréquemment des problèmes et des conflits au sein de la famille ; les parents n'arrivaient pas à assumer l'entretien et l'éducation de leurs enfants. Beaucoup des témoins interrogés ont souffert dans leur enfance de l'alcoolisme de leurs pères et mères. Les conditions de vie dans leurs familles d'origine étaient souvent difficiles.

Comme le dit Elisabeth Götz : « Nous aussi avons vécu de manière socialement indigne, à la marge inférieure. Et au fond il aurait été bien de trouver une bonne place. » Mais souvent les enfants placés tombaient « de Charybde en Scylla », comme Ruth Windler l'observe avec justesse. Au lieu de trouver un nouveau foyer et d'être acceptés dans les familles d'accueil, ils étaient confrontés au rejet, à la discrimination et à l'exploitation.

Les interventions tutélaires dans les familles étaient, depuis l'entrée en vigueur du Code civil de 1912, un nouvel instrument de la politique sociale en Suisse. Sous le nom de prescriptions sur la protection des enfants, elles étaient réglées aux articles 283 à 285 du CC. Sur cette base, l'autorité tutélaire pouvait, en cas d'« abandon moral » de l'enfant, ordonner le retrait de l'autorité parentale, enlever les enfants à leur famille et les placer ailleurs. Les articles 283, 284 et 285 étaient formulés de façon très ouverte. « Devoirs non remplis », « développement compromis » ou « abandon moral » étaient les conditions légales de l'enlèvement d'un enfant ou du retrait de l'autorité parentale. Par quels arguments l'autorité tutélaire a motivé le retrait et le placement des enfants dont les portraits suivent – dans la mesure où ces décisions ont été formalisées – et comment les parents concernés ont réagi, on ne le sait pas exactement dans la plupart des cas, faute d'accès aux dossiers, mais cela mériterait un examen.

Enfants illégitimes
L'histoire des enfants placés est pour une part celle des enfants illégitimes. Un coup d'œil sur le rapport administratif de la Direction de l'assistance sociale de la ville de Berne le montre. En 1934, les deux inspecteurs des pauvres avaient sous tutelle 947 enfants et adolescents, dont 46 orphelins (4,9 %), 318 nés hors mariage (33,6 %) et 583 enfants (61,1 %) dont les parents avaient été déchus de l'autorité parentale en raison de leur divorce ou en application de l'article 285 CC.[1]

Sur les 270 personnes interrogées au sujet de leur expérience d'enfants placés, un bon nombre sont aussi nés de relations illégitimes. Toutefois, des 40 femmes et hommes dont les destins sont esquissés dans ce livre, seuls Elsa Schweizer, Elfie Stiefmaier, Ruth Windler, Heidy Hartmann et Josef Anderhalden sont nés hors mariage.

En vertu de l'article 311 CC, les cantons avaient l'obligation d'attribuer à tout enfant illégitime un curateur, puis un tuteur, « à moins que l'autorité tutélaire ne juge utile de mettre l'enfant sous la puissance paternelle de la mère ou du père ». Les mères célibataires ne devaient donc pas être privées systématiquement de leur autorité parentale. En effet, il existait évidemment, comme l'écrivait un juriste dans un commentaire de l'article de loi, des mères célibataires suffisamment « capables et dignes » pour exercer la tutelle, voire la pleine autorité parentale sur leurs enfants ».[2] Un autre commentateur partageait cette appréciation, mais ajoutait : « La soumission à l'autorité parentale de la mère illégitime ne doit pas devenir une règle en raison du danger plus élevé auquel sont exposés les enfants illégitimes. »[3]

Les réserves des juristes devaient pourtant être infondées – au moins en ce qui concerne le droit des mères célibataires de condition modeste. En ville de Berne, la curatelle était en effet immédiatement transformée en tutelle pour les enfants illégitimes des couches inférieures, au cas où leur mère dépendait de l'assistance.[4] Ce n'étaient pas seulement les difficultés économiques des mères célibataires, sans cesse soulignées par les autorités, qui entraînaient le retrait de l'enfant – au reste les services d'assistance auraient aussi pu aider les enfants illégitimes dans le ménage de leurs mères –, mais la menace portée à l'idéal bourgeois de la famille jouait aussi un rôle. Les mères seules et leurs enfants illégitimes ne correspondaient pas à cet idéal, comme on peut le lire dans un travail de 1949 sur les « Enfants illégitimes et de parents divorcés dans des familles d'accueil » : « Les enfants illégitimes naissent dans une famille incomplète, c'est pourquoi il est très important qu'ils grandissent dans un entourage favorable, si possible dans une communauté familiale complète et saine [...]. »[5]

Les enfants illégitimes étaient en général placés dans des familles, les aspects financiers l'emportant encore une fois sur les intérêts de l'enfant. Pour les autorités, il était plus avantageux de placer un enfant dans une famille de la campagne que d'aider sa mère célibataire. Mais ces enfants n'étaient souvent pas intégrés à leurs familles d'accueil, et ils restaient marqués par la tare d'être nés hors mariage. Ainsi Elsa Schweizer, dont la mère célibataire de 19 ans avait été déclarée incapable de l'élever par les autorités, était traitée d'« enfant du péché » par sa mère nourricière.

La mère de Ruth Windler a donné naissance à son deuxième enfant illégitime à 20 ans. Alors que son frère, de deux ans plus âgé, a pu être élevé par sa grand-mère – « il a eu plus de chance », juge Ruth Windler rétrospectivement –, elle a été placée après sa naissance dans un foyer pour enfants puis dans plusieurs familles nourricières. Elle n'avait aucun contact avec sa mère. Elle était déjà en neuvième année scolaire quand elle l'a rencontrée pour la première fois par hasard. Sa mère lui a acheté sa robe de confirmation, mais pour Ruth Windler elle est restée une étrangère avec qui elle n'avait pas de relation affective et qui est morte tôt. Une fois adulte, Ruth Windler a mieux su les difficultés vécues par sa mère et peut aujourd'hui comprendre son comportement jusqu'à un certain point.

Le placement dans des familles nourricières

Il ressort des témoignages des personnes concernées que les placements prévus hors de leur famille ne faisaient généralement pas l'objet d'entretiens avec les enfants. Souvent ceux-ci étaient traumatisés par ces placements abrupts. Elisabeth Götz avait huit ans quand elle a été placée hors de sa famille, comme certains de ses douze frères et sœurs, après le divorce de leurs parents. La fillette a été emmenée sans explications par sa mère à la famille nourricière. Elle se souvient : « Pour moi, la première rupture a eu lieu quand ma mère nous a simplement abandonnés. C'était terrible d'être déposé comme cela. Sans informations, sans rien, tu te retrouvais tout à coup chez des inconnus. »

Nelly Haueter raconte qu'elle et son frère cadet ont été enlevés en catimini : elle à l'école et son frère au jardin d'enfants. Ils ont été placés dans différentes familles nourricières et on les a laissés croire qu'ils pourraient bientôt retourner auprès de leurs parents.

Il en est allé autrement pour Martha Mosimann : à 12 ans, elle a elle-même pris l'initiative d'un placement extra-familial. Dixième de onze enfants vivant pauvrement dans le canton de Lucerne, elle se sentait négligée par ses parents et marginalisée dans la famille. La jeune fille a demandé par lettre au curé de l'aider à chercher une place appropriée, ce que le prêtre a fait. Et comme la mère n'a rien eu à objecter, qu'elle était même contente « d'avoir une bouche de moins à nourrir », Martha a été rapidement placée dans une famille nourricière du canton de Berne. Il lui a toutefois été plus difficile que prévu de quitter sa famille. Dès ce moment-là, elle s'est retrouvée livrée à elle-même. Une masse de travail l'attendait à sa nouvelle place. Celle-ci n'était pas contrôlée par les autorités.

Les autorités communales et les organes tutélaires n'étaient souvent pas au clair sur leurs obligations en matière de placement d'enfants. Il n'était pas rare que des enfants placés chez des tiers par leurs parents, l'assistance publique ou les autorités tutélaires soient abandonnés à leur sort. Ceux qui plaçaient ces enfants ne se souciaient pas suffisamment d'eux ou comptaient sur les autorités du lieu de placement ou les organes de surveillance publics pour contrôler les conditions de placement et intervenir si nécessaire.

Le contrôle déficient, voire inexistant des placements a été critiqué à plusieurs reprises par des membres des autorités. Le chef de l'office de la jeunesse de la ville de Berne écrivait au milieu des années 1920 que beaucoup de placements d'enfants n'étaient pas contrôlés dans le canton et qu'il serait très souhaitable que la surveillance s'exerce dans toutes les communes et pas seulement dans quelques-unes.[6] Il s'est engagé pour une professionnalisation accrue du travail social en réclamant l'embauche d'une assistante qualifiée supplémentaire. L'inspection d'enfants menacés est trop importante pour être exercée de manière dilettante, critiquait le fonctionnaire municipal.[7]

Dans le canton de Berne, le contrôle des placements d'enfants a été réglé par une ordonnance ad hoc en 1944. Même si, selon cette ordonnance, les placements devaient être aussi stables que possible, il arrivait régulièrement que les enfants soient déplacés. Beaucoup des femmes et hommes interrogés ont changé de familles nourricières ou ont été temporairement placés en maisons d'éducation durant leur enfance ou leur jeunesse. Les transferts décidés par les autorités ou même la fuite d'enfants victimes de conditions de vie ignobles se produisaient souvent après un bref séjour, ce qui allongeait la liste des placements successifs.

Toutefois, les raisons qui incitaient les tuteurs à ces changements étaient souvent cachées à leurs pupilles. Ainsi, Christian Röthlisberger est arrivé à dix ans à un nouveau lieu de placement sans en avoir été informé auparavant. En revanche, le tuteur de Ruth Windler a motivé son replacement au moment de sa scolarisation en déclarant que le chemin de l'école aurait été trop long. Mais Ruth Windler doute aujourd'hui de cet argument, car les filles de la mère nourricière, une veuve chez qui Ruth se trouvait bien, fréquentaient la même école. Heureusement, la fillette a aussi eu de la chance avec sa deuxième famille d'accueil ; elle a même été choyée et ses nouveaux parents nourriciers sont devenus « maman » et « papa ». Pourtant, ce bonheur devait être de courte durée. Au bout de deux ans, Ruth Windler a été à nouveau replacée ; cette fois sans avoir été prévenue et dans une famille qui ne se souciait pas de son bien-être.

Dans les rapports de la Direction de l'assistance sociale de la ville de Berne, il était régulièrement indiqué que l'inspectorat des pauvres disposait en général d'un nombre suffisant de places, « dont une grande partie nous [l'inspectorat, K.M.] sont connues comme bonnes de par des placements antérieurs ».[8] Le placement, dans la mesure où il s'agissait « d'enfants normalement doués », ne présentait pas de difficultés particulières d'après les indications officielles : « Lors de nos tournées d'inspection, nous pouvons régulièrement constater avec satisfaction que l'on trouve par bonheur dans le canton de Berne beaucoup de parents d'accueil désintéressés qui remplacent avec affection la maison familiale pour nos pupilles », souligne-t-on dans le rapport de 1928. Plus loin, on peut lire qu'il n'est dès lors pas étonnant que de plus en plus d'enfants d'autres cantons soient placés dans « certaines régions de notre canton ».[9] Le fait que les enfants placés justement dans ces régions agricoles du canton de Berne – comme l'Emmental, la Haute-Argovie et l'Oberland – constituaient une main-d'œuvre bienvenue pour les paysans, n'était pas mentionné dans les rapports des autorités.

La tutelle

Christian Röthlisberger s'est efforcé de se libérer de son tuteur aussi vite que possible après son apprentissage. Ruth Windler s'est mariée à 18 ans pour échapper à la tutelle. Nelly Haueter se souvient que son tuteur se montrait une fois par année dans la famille nourricière, sans parler une seule fois avec elle. Elisabeth Götz n'a rien de glorieux non plus à raconter sur les autorités d'assistance et de tutelle : à ses yeux, elles ont fait fiasco, n'assumant ni leurs tâches ni leurs obligations. Les tuteurs et curateurs – c'était presque exclusivement des hommes, au moins dans le canton de Berne – apparaissent sous un mauvais jour dans les déclarations des personnes placées dans leur enfance. Lors des inspections sur place, ils se laissaient souvent berner par les parents d'accueil, se contentaient de leurs renseignements et se faisaient régaler au salon au lieu de parler avec leurs pupilles et d'écouter leurs opinions et préoccupations. Il saute aussi aux yeux que les autorités jugeaient beaucoup moins sévèrement les lieux de placement que les conditions de vie dans les familles d'origine des enfants.

Née hors mariage, Ruth Windler a été rapidement pourvue d'un tuteur officiel. Ses souvenirs de ce représentant des autorités sont négatifs. Il rendait visite à sa pupille tous les deux ans environ. La visite était toujours annoncée à l'avance, et la mère nourricière habillait la fille de vêtements et chaussures convenables, dont elle était privée en temps normal. Ruth n'osait pourtant pas se plaindre auprès du tuteur. Elle n'a pas eu son mot à dire non plus sur les replacements successifs ordonnés par le tuteur.

Après son séjour en Suisse romande, Ruth Windler aurait aimé faire un apprentissage de coiffeuse, mais le tuteur n'a pas approuvé ce désir professionnel. Il ne lui a pas permis non plus de devenir cuisinière. Le tuteur avait prévu pour elle un apprentissage de couturière. Et là, Ruth Windler s'est rebellée pour la première fois : « C'est hors de question. Je n'apprendrai pas ce métier. » Pour finir, Ruth Windler a été placée comme bonne chez des parents du tuteur. Elle y a fait la connaissance de son premier mari. « Me marier à 18 ans, je ne le referais plus. [...] J'ai pensé que je serais enfin chez moi quelque part. »

Des témoignages de personnes placées dans leur enfance, il ressort que les tuteurs et curateurs n'ont guère ou mal assumé leurs obligations de contrôle. L'absence de professionnalisme est l'une des raisons des abus dans le placement d'enfants. Dans les campagnes surtout, le contrôle des lieux de placement était fortement limité par les relations et contacts personnels. Il apparaît que les fonctionnaires et conseillers communaux n'intervenaient souvent que dans les cas les plus graves, car ils redoutaient l'hostilité de personnes influentes dans le village. Les enfants placés étaient le maillon le plus faible de la société, leurs préoccupations et besoins n'étaient pas entendus.

Christian Röthlisberger, 1936, Berne

« Cela rabaisse de sentir que les autres se moquent toujours de toi »

Christian Röthlisberger a grandi dans le canton de Berne, dans une famille de neuf enfants. Son père travaillait comme manœuvre et avait de la peine à subvenir aux besoins de la famille. Après son suicide en 1941, la charge des enfants est devenue trop lourde pour leur mère. Christian et les autres enfants qui vivaient encore à la maison ont été placés à différents endroits. Christian, qui avait cinq ans, est allé chez une tante de son père, dans l'Emmental.

La famille d'accueil était composée de la grand-tante et du grand-oncle, d'une fille de l'âge de Christian ainsi que d'un frère du grand-oncle. Une sœur de Christian s'y trouvait déjà quand il est arrivé. C'étaient des paysans pauvres qui exploitaient une petite ferme avec du bétail. Christian n'a pas dû y travailler très durement – il aidait surtout à la cuisine –, mais on ne lui donnait pas assez à manger.

Les quatre ans qu'il a passés là ont été marqués par la peur constante de ses parents nourriciers, qui avaient déjà dépassé la cinquantaine et que le travail avait beaucoup vieillis. Les adultes se disputaient souvent, et leur langage se limitait généralement à des bruits plutôt qu'à des paroles. Pendant cette période, Christian a absorbé quantité d'impressions qu'il ne pouvait guère digérer, car il n'avait personne à qui se confier. Il se souvient par exemple d'un jour où sa grand-tante, à la suite d'une violente altercation avec son mari, a dit après le repas de midi qu'elle allait se pendre. Il l'a effectivement vue prendre une corde et descendre la colline en direction de la forêt. Elle n'est rentrée que vers le soir, sans proférer un mot sur l'incident.

Une autre fois Christian, qui assistait à la bouchoyade à la ferme, s'est momentanément trop approché du boucher. Celui-ci l'a rudement remis en place, le menaçant avec un humour grossier d'être le suivant à y passer. Christian, prenant la menace au sérieux, s'est enfui terrifié dans la ferme et s'est caché dans la chambre à coucher des parents. Il n'a pas osé en sortir avant le soir. Là encore, personne n'a reparlé de cet épisode.

Ce genre d'incidents renforçait les peurs de Christian, qui était déjà d'un naturel plutôt timide et craintif. « On n'avait pas de point de comparaison. On croyait ce que les gens disaient. Je le sais aussi par d'autres enfants placés. [...] On se faisait tout le temps chercher des crosses, comme on dit, et cela faisait rire les autres. Cela rabaisse de sentir que les autres se moquent toujours de toi. »

Sa sœur aînée, dont il peut à peine se remémorer la présence, n'était pas un soutien pour lui – au contraire : il devait partager son lit avec elle, et elle abusait de lui. Il n'avait pas non plus de relation étroite avec la fille des parents nourriciers, qui la gâtaient. Ainsi Christian a été livré à lui-même dès son enfance.

À son entrée à l'école, il était quasi incapable de parler à cause du manque de communication à la ferme. À ses yeux, l'école n'avait aucun sens. Ses camarades le tenaient pour « mentalement sous-alimenté », mais ils ne l'ont jamais importuné.

Vers 1945, Christian a été déplacé, sans avertissement préalable, dans un autre village de l'Emmental. Ses nouveaux parents nourriciers, également paysans, étaient un peu plus à l'aise, mais les choses ne se sont guère améliorées pour Christian. Le travail n'était pas non plus excessivement dur, mais il ne mangeait pas à sa faim. La paysanne surveillait avec méfiance la portion qu'il prenait dans son assiette. Le père nourricier jouissait par ses différentes fonctions d'une certaine réputation dans le village, mais il était chicanier. Christian l'évitait autant que possible. À son nouveau domicile aussi, il a été victime d'abus sexuels, cette fois commis par le domestique. Seul le fils du paysan, qui ne se conformait pas vraiment à la volonté de son père, inspirait quelque confiance à Christian. Mais là encore, il ne pouvait réellement communiquer avec personne.

Christian a réussi à terminer plus ou moins bien son parcours dans sa nouvelle école. Il ne voyait toujours pas à quoi elle pouvait bien servir. À cette époque, il ne ressentait pas la soif d'apprendre qu'il a découverte plus tard dans les récits de nombreux autres enfants placés.

Il a eu la chance de pouvoir faire un apprentissage dans le canton de Berne. Son père d'accueil a souscrit à ses aspirations professionnelles et lui a procuré une place d'apprentissage chez un boulanger-pâtissier renommé. Pour la première fois, Christian Röthlisberger a pris conscience de son ignorance et tenté d'y remédier en s'achetant des livres. Désormais, il avait aussi assez à manger. En outre, les deux apprentis participaient de manière naturelle aux conversations familiales à l'heure des repas.

Christian Röthlisberger aurait ardemment souhaité être adopté par son patron ; mais cela n'a jamais été envisagé. À cette période justement, une adoption aurait été importante pour lui : dans sa naïveté, il a cru son beau-frère, qui habitait le même village que sa sœur et disait du mal de son père d'accueil. Il a rompu avec ses parents nourriciers. Mais comme il ne pouvait pas passer tous les week-ends chez sa sœur et ne logeait que la semaine chez son patron, il se retrouvait abandonné à lui-même le reste du temps. En rompant avec ses parents d'accueil, il s'est privé de son seul foyer.

Après son apprentissage, Christian Röthlisberger s'est efforcé de se libérer au plus vite de sa tutelle. Il a ensuite occupé plusieurs places de boulanger-pâtissier en Suisse romande, dans les Grisons et à Zurich. Il a aussi travaillé un certain temps en Finlande.

Après son mariage en 1964, Christian Röthlisberger s'est fait recycler comme contrôleur, et a travaillé pendant cinq ans pour la compagnie BLS, dans le canton de Berne. Il a ensuite tenté de s'installer à son compte comme boulanger-pâtissier dans le canton de Zurich, mais son projet a échoué au bout de trois ans. L'une des raisons en était le manque de soutien de sa femme. Après plusieurs emplois comme magasinier dans le canton de Zurich, il s'est à nouveau fait engager comme contrôleur par la compagnie BOB. À ce moment, son mariage était déjà brisé. Le divorce a traîné pendant quatre ans.

Finalement, Christian Röthlisberger a trouvé un accord avec sa femme en écartant les avocats. Il a obtenu la garde de leurs deux filles, qui vivaient déjà chez lui pendant la procédure de divorce. Mais une fois majeures, elles se sont détournées de lui, ont adhéré à une secte et ont fini par rompre tout contact avec leur père. Christian Röthlisberger est convaincu que l'avocat du divorce a joué un rôle dans cette brouille. Ne pouvant pas admettre sa défaite lors du divorce, il aurait voulu lui enlever ses filles avec l'aide de son ex-femme et de la secte.

Le deuxième mariage de Christian Röthlisberger n'a pas été plus heureux : il a abouti à un divorce après quelques années. Aujourd'hui, il vit dans un bloc locatif sur le Plateau bernois. Il souffre de la rupture avec ses filles, et il est globalement déçu de la société, qui ne l'a jamais soutenu. Il est aussi irrité de ne pouvoir transmettre à personne le savoir qu'il a acquis en autodidacte et qu'il démontre par une collection impressionnante de vidéocassettes sur l'histoire, la religion et d'autres thèmes.

Edwin Pfaffen

Elisabeth Götz, 1949, Thurgovie

« L'horreur, c'était d'être abandonnée comme ça »

Septième d'une famille de treize enfants, Elisabeth Götz a grandi dans le canton des Grisons. Sa famille vivait dans une grande misère. Le père était alcoolique. « Nous aussi avions une vie socialement indigne, tout en bas de la société », se souvient Elisabeth Götz. « En fait il aurait été bien de trouver une bonne place. » Elle avait huit ans quand ses parents ont divorcé et qu'elle a été placée pour travailler, tout comme plusieurs de ses frères et sœurs. Sans explications, Elisabeth a été conduite par sa mère à la famille d'accueil, dans le canton de Thurgovie. « L'horreur, c'était [...] d'être abandonnée comme ça. Sans informations, sans rien, tu te retrouvais tout à coup chez des inconnus. »

Elisabeth Götz garde un mauvais souvenir de son arrivée chez ces paysans : ses parents n'avaient pas l'eau chaude et encore moins de salle de bain. Quand la paysanne l'a déshabillée et amenée dans la salle de bain au carrelage blanc, elle a été saisie d'une peur panique. Elle se rappelait que son frère aîné l'avait emmenée une fois au chef-lieu du canton et lui avait montré les abattoirs en chemin. Il l'avait soulevée pour qu'elle puisse voir par la fenêtre. Juste à ce moment, un taureau s'était fait tirer une pointe dans le crâne et elle avait vu l'animal tressaillir et s'effondrer. « Pour moi c'était l'horreur. Je vois cette image encore aujourd'hui ». Son frère lui avait expliqué que la bête venait d'être abattue. La salle de bain de la ferme était revêtue du même carrelage blanc que ces abattoirs. Saisie par la peur de mourir, Elisabeth s'est défendue de toutes ses forces. La mère nourricière, qui ne pouvait pas comprendre sa réaction, a empoigné la fillette rageusement et l'a plongée dans la baignoire. Dans sa colère, elle l'a maintenue sous l'eau jusqu'à ce que quelqu'un apparaisse à la porte de la salle de bain. Elisabeth Götz a oublié qui c'était.

Les mauvais traitements ont continué. Elisabeth était régulièrement rouée de coups, brimée et chicanée. On se moquait de cette fille de huit ans quand elle s'escrimait à tirer le grand râteau dans les champs et qu'elle pleurait parce qu'il lui heurtait sans cesse le talon.

Une fois, le paysan l'a placée intentionnellement sous le tuyau à purin : elle devait contrôler que le purin coule bien dans le tonneau qui se trouvait dessous. Dès qu'elle a été sous le tuyau, il a actionné la pompe, et Elisabeth a été entièrement aspergée de purin. Il a fallu jeter ses habits souillés, car il était impossible d'éliminer leur puanteur. Cela a fâché la paysanne, si bien que la fille a encore reçu une raclée supplémentaire. De manière générale, Elisabeth était régulièrement battue par sa mère d'accueil. « Avec le temps, j'ai commencé à me dire : 'Maintenant je ne leur montre pas que j'ai envie de pleurer.' Et quand elle m'avait rouée de coups, j'allais m'enfermer aux WC pour pleurer. »

Pour Elisabeth Götz, c'est principalement à cause de ces brimades et humiliations subies dans l'enfance qu'elle n'a pas pu faire confiance aux adultes plus tard.

Les parents nourriciers faisaient constamment sentir à Elisabeth le fardeau qu'elle représentait pour eux. Aujourd'hui, elle montre une certaine compréhension pour l'attitude de la paysanne, du fait qu'on lui avait promis sa sœur qui avait trois ans de plus. « Ils voulaient quelqu'un qui puisse travailler ». La paysanne devait déjà s'occuper de ses trois propres enfants en bas âge, et une grand-mère souvent alitée – qu'Elisabeth aimait beaucoup – vivait aussi à la ferme. Rétrospectivement, elle explique : « C'était une femme très aigrie. [...] Et je suis encore arrivée par-dessus, ce qui l'a rendue furieuse, c'est pourquoi je lui servais de paratonnerre. »

Elisabeth ne se sentait bien qu'en compagnie d'autres enfants. Elle a trouvé du réconfort auprès du garçon des voisins, qui est rapidement devenu un bon ami pour elle. Peu après son arrivée à la ferme, il lui a apporté des vêtements de sa sœur aînée, car Elisabeth n'en avait pas à elle. À l'école, elle s'est liée d'amitié avec des camarades plus âgées. Il était très important pour elle que ces grandes filles jouent de temps en temps avec elle ou la prennent dans leurs bras. Ce sont aussi ces camarades d'école qui ont fait en sorte qu'Elisabeth puisse quitter sa première famille nourricière : elles ont informé leurs parents des abus qu'elle subissait et les ont poussés à intervenir pour qu'elle soit placée ailleurs.

Elisabeth est ainsi arrivée à dix ans dans une autre famille. Ce déplacement a eu lieu sans contrôle de l'autorité tutélaire. Elisabeth Götz se souvient : « Un jour le fils de la première famille, qui avait cinq ans, est arrivé à l'école en disant que je devais rentrer à la maison, où ma nouvelle mère m'attendait ». Cette dernière était venue évaluer l'enfant qui devait être placé chez elle.

Dans cette deuxième famille d'accueil, Elisabeth n'a pas non plus trouvé de foyer. La patronne était certes « au fond bienveillante » et le père d'accueil était « au fond assez gentil », comme Elisabeth Götz le dit aujourd'hui, mais les relations familiales étaient « très mauvaises ». Les parents se disputaient continuellement, et cela allait souvent jusqu'à la violence physique. Elisabeth a été plusieurs fois victime du harcèlement sexuel du paysan. Comme la mère s'absentait toujours plus souvent, Elisabeth et le fils de la famille devaient s'employer à fond dans le travail agricole. Mais les efforts physiques fatigants ne lui ont jamais posé de gros problèmes. « J'aimais travailler dehors. Je dois le dire, j'aimais travailler dans la nature. »

Comme beaucoup d'autres enfants placés, Elisabeth Götz ne souffrait pas par-dessus tout du gros travail physique, mais du manque d'affection et de protection. Les problèmes conjugaux des patrons n'ont cessé de s'aggraver et ont finalement abouti au divorce. La mère est partie vivre avec un autre homme et avait d'abord l'intention de prendre Elisabeth avec elle. Mais cela ne s'est pas fait. « Dieu merci », pense Elisabeth Götz avec le recul, « car cet homme était de nouveau un alcoolique. » Au lieu de cela, Elisabeth, qui avait douze ans, a été placée chez les voisins.

Ses troisièmes parents d'accueil exploitaient aussi une ferme et avaient quatre enfants. Elisabeth apportait donc là aussi une force de travail bienvenue. Quelque temps après, sa sœur la plus âgée s'est mariée, et le mari est intervenu en faveur d'Elisabeth. Il s'est plaint auprès de l'autorité tutélaire compétente des abus dans les familles nourricières ainsi que du manque de contrôles. Suite à cela, Elisabeth est retournée chez sa mère dans les Grisons. Elle avait longtemps désiré ce retour, mais elle a été déçue de constater : « Ce n'est plus du tout la même chose. Les frères et sœurs ne sont plus là. Ce n'est plus comme avant. » Elle n'est donc restée chez sa mère qu'une année environ, avant d'être accueillie par sa sœur aînée et son beau-frère.

Elisabeth était une bonne élève. Mais eu lieu de l'encourager, certains instituteurs l'ont brimée. Elle se souvient d'un maître qui discriminait spécialement les enfants sans soutien parental et leur infligeait souvent des punitions corporelles. Mais Elisabeth n'encaissait pas tout et se défendait : « Je lançais des boules de neige à la tête du maître. » Son frère aîné l'a annoncée pour l'examen d'admission à l'école secondaire. Elle a réussi l'examen avec brio et a pu passer en secondaire. Elle aurait aimé devenir plus tard jardinière d'enfants. Mais l'autorité tutélaire ne l'y a pas autorisée ; ses sœurs n'ont pas pu non plus apprendre un métier. Après l'école obligatoire, Elisabeth Götz a quitté sa sœur pour travailler dans un hôpital. Elle a ensuite fait un apprentissage d'infirmière.

Elisabeth Götz a pris conscience plus tard que, si elle a pu supporter son enfance difficile, c'est grâce à ses fréquentes évasions dans son monde imaginaire et ses pensées. Elle se transportait dans un monde féerique et s'abandonnait à ses rêveries. Elle s'imaginait par exemple « [qu'elle avait]des patins à roulettes et [qu'elle pouvait] rouler sur une immense route goudronnée pour rentrer à la maison ».

Aujourd'hui Elisabeth Götz estime avoir surmonté son enfance et sa jeunesse. Dans plusieurs textes, elle s'est exprimée sur les traumatismes subis et les a aussi traités sur le plan thérapeutique. Sa foi lui a permis de dépasser sa colère contre ses parents naturels et nourriciers ainsi que son amertume. Elle a pu leur pardonner et montre même aujourd'hui une certaine compréhension pour leur situation. Pour Elisabeth Götz, il est important de mettre en évidence comment dans le passé « les autorités ont carrément échoué ; elles n'ont pas assumé les tâches pour lesquelles elles avaient été mises en place. »

Elisabeth Götz vit aujourd'hui dans le canton d'Argovie. Elle est fière de sa fille adulte, qu'elle a élevée seule. Elle a pu lui donner les moins d'acquérir une formation d'enseignante, ce qui lui avait été refusé dans sa jeunesse.

Mirjam Brunner, Katharina Moser

Martha Mosimann, 1930, Berne

« J'étais là juste pour travailler »

Martha Mosimann est née en 1930 dans le canton de Lucerne, dixième de onze frères et sœurs. Elle a grandi dans des conditions misérables. Dans la famille, Martha se sentait marginalisée. Sa petite sœur la « martyrisait jusqu'au sang », et elle se sentait négligée par ses parents. À l'âge de 12 ans, elle a écrit au curé pour lui demander « s'il avait une petite place pour moi ». Comme sa mère était aussi « bien contente d'avoir une bouche de moins à nourrir », Martha a été placée peu après dans une famille paysanne du canton de Berne. Mais les adieux à sa famille, à la gare, ont été plus difficiles que prévu. « Un frère est venu à la gare et m'a dit : 'Tu verras, dans huit jours tu seras de retour, ils ne pourront pas t'employer.' Je me suis gravé cette phrase dans la mémoire. Je ne lui aurais jamais fait le plaisir de retourner à la maison. Jamais ! »

Martha Mosimann se souvient encore bien de ses premières heures à son nouveau domicile : « Nous sommes arrivés le dimanche soir, j'ai encore pu manger quelque chose avant d'aller au lit. Je n'ai pratiquement pas dormi de la nuit, je pleurais dans l'oreiller. Le matin à sept heures j'ai entendu l'ordre : 'Debout !' Jusqu'à ce que je comprenne où j'étais. Après je ne voulais pas me nourrir comme il faut, parce que je ne savais pas si j'osais manger assez. Je n'y avais pas été habituée à la maison. Et on m'a dit : 'Allez mange ! Après tu dois aller au champ !' Évidemment, je m'y suis un peu mal prise. Alors le paysan a dit : 'Tu vas encore apprendre cela, toi ! Je vais t'apprendre à travailler !' Et je l'ai vraiment appris ! »

Le paysan était rarement à la ferme pendant les premières années, car c'était la guerre et il faisait du service actif. En conséquence, la paysanne et Martha devaient accomplir tout le pénible travail masculin, car les enfants de la famille étaient encore petits et il n'y avait pas de domestiques. « J'étais servante, valet, cuisinière, tout à la fois. » La jeune fille devait se lever à cinq heures du matin, faucher l'herbe et faire d'autres travaux, de sorte qu'elle arrivait presque tous les jours en retard à l'école. À midi elle préparait le repas, faisait la vaisselle et retournait à l'école. Le reste du temps, elle travaillait en général au champ jusqu'à la nuit ou en hiver au bûcheronnage dans la forêt. Ensuite elle faisait ses devoirs scolaires.

Comment Martha Mosimann a-t-elle tenu le coup, comment a-t-elle résisté ? « Il y avait aussi de bons moments », se souvient-elle. La paysanne était plutôt bienveillante. » Le dimanche ou lors des chants en chœur, il y avait aussi de belles heures. Pour Martha, l'école était très importante. Elle avait un instituteur compréhensif et était une bonne élève. « J'ai pleuré comme un enfant quand j'ai quitté l'école. Oh comme j'ai chialé ! »

Elle a aussi trouvé un solide appui auprès de son futur mari. C'était également un enfant placé qui vivait dans une commune voisine. Tous deux ont fait connaissance et sont tombés amoureux à l'école. Mais cette relation a entraîné de sérieux problèmes avec les parents nourriciers de Martha. Ils y étaient strictement opposés et ont interdit à Martha de fréquenter son ami. Le père disait toujours : 'Tu verras, ce sera un poivrot, il est toujours au bistrot'. Il a vraiment dit tout le mal possible de lui. Et pourtant G. [son mari] était le plus gentil et le meilleur des hommes. »

Après sa scolarité, Martha Mosimann aurait voulu faire un apprentissage de couturière, jardinière d'enfants ou architecte d'intérieur. Mais personne ne lui a demandé quel métier elle souhaitait exercer. « J'étais là juste pour travailler. » Ainsi elle est restée à la ferme pour un stage ménager d'un an. « Et là on a fait un contrat prévoyant un salaire de 25 francs par mois, avec une augmentation d'un franc chaque mois. Mais je n'ai jamais vu l'argent. On me disait seulement : 'Si tu as besoin de quelque chose, tu peux le dire '. Mais je devais toujours présenter des comptes et rendre l'argent. Je n'aurais jamais pu acheter une tablette de chocolat ou quelque chose pour moi, ce n'était pas permis. Et quand je suis partie à 20 ans, ils ont dit qu'ils voulaient maintenant régler les comptes avec moi. Cela a juste donné une pièce de cent sous.» Après avoir reçu un vélo comme «cadeau» de Noël, Martha Mosimann a dû travailler gratuitement pendant le mois suivant.

Tout a explosé à cause de la relation entre Martha et son ami, à laquelle les parents d'accueil étaient toujours hostiles. Elle se souvient : « C'était un dimanche et je me promenais avec les enfants. J'ai passé là où habitait mon ami. Et puis je l'ai rencontré dans la rue et nous avons un peu parlé. Puis je suis rentrée à la maison et la mère est venue vers moi sur son vélo. Elle m'a dit : 'Écoute, je suis sûre que tu étais dans la chambre chez G.!' J'ai répondu : 'Non, je n'étais pas dans la chambre, je suis restée dans la rue pour parler.' Et les enfants ont aussi dit : 'Ce n'est pas vrai, Martha n'était pas dans la chambre, on a seulement parlé.' Ensuite la mère est allée chez mon ami pour questionner ses parents. Ils n'étaient pas là. Alors elle est rentrée en disant : 'Ils n'étaient pas chez eux et cela prouve bien que tu étais dans la chambre'. Là je lui ai dit que c'était triste de ne pas croire ses propres enfants. J'avais déjà préparé le repas du soir, mais elle m'a arraché la râpe à rösti des mains et m'a tapée sur la tête. »

Martha Mosimann s'est enfuie de la ferme pour rentrer chez ses parents. Elle n'est revenue brièvement chez les paysans que lorsque l'instituteur lui a écrit qu'elle devait encore y travailler un mois. Ensuite elle a cherché un emploi dans le village où habitait son ami et a quitté la famille dans laquelle elle avait passé sa jeunesse. Plus tard, elle a épousé son bien-aimé et s'est réconciliée avec son ancienne famille d'accueil.

Aujourd'hui Martha Mosimann vit dans le canton de Bâle-Campagne, a deux filles et trois petits-enfants. Son mari est mort il y a dix ans. Rétrospectivement, Martha Mosimann voit aussi de bons côtés dans son passé d'enfant placé : « Je suis indépendante, j'ai les pieds sur terre et j'ai appris à travailler. »

Benjamin Shuler

Nelly Haueter, 1925, Berne

« Tu ne sais rien faire, tu n'es rien, tu ne seras jamais rien »

Nelly Haueter a toujours travaillé comme manœuvre. Toute sa vie, elle en a souffert et en a eu honte. Comme fille de gens pauvres et enfant placé, elle n'a pas fréquenté l'école secondaire ni fait d'apprentissage. Cela n'était possible que pour les enfants de « paysans et gens mieux lotis ».

« J'ai toujours été la gourde », dit cette femme aujourd'hui octogénaire. On lui a toujours dit : « Tu ne sais rien faire, tu n'es rien, tu ne seras jamais rien. »

Comme enfant placé, elle n'a jamais osé se défendre sous peine de recevoir des coups. Elle s'est d'autant mieux défendue plus tard, et elle a toujours su remonter la pente. D'une part elle se disait : « Tu dois leur montrer que tu ne te laisses pas abattre ! ». D'autre part les rigueurs subies durant son placement l'ont aidée. « C'est un miracle que je ne me sois pas endurcie », pense Nelly Haueter aujourd'hui.

Nelly Haueter est née en 1925 dans un hôpital du canton de Bâle, comme avant-dernier enfant. Les quatre enfants issus du premier mariage de son père ont été élevés par leur mère, mais les dix nés du second mariage ont été placés hors de la famille. Tant qu'elle a vécu chez ses parents avec son frère, d'un an plus jeune, Nelly ne connaissait pas ses huit grands frères et sœurs. Ils avaient tous déjà été placés. Les parents étaient alcooliques. Nelly Haueter garde un bon souvenir de son père, qui était couvreur de métier, mais sa mère est restée pour elle « étrangère » et « méchante ».

Les deux enfants ont été pris en catimini au début de 1932, Nelly à l'école et son frère au jardin d'enfants. Ils ont été placés séparément et on leur a fait croire qu'ils pourraient bientôt rentrer à la maison.

Nelly s'est retrouvée dans une ferme du Seeland bernois, où elle est restée jusqu'à la fin de sa scolarité. Une fois que son père était venu la voir sur son vélo, le paysan l'a chassé en disant : « Les forçats n'ont rien à faire ici ». Nelly n'a plus revu son père de toute son enfance. Le même accueil a été réservé à l'un de ses grands frères quand il a voulu lui rendre visite. Une tante lui envoyait chaque année un paquet de petits gâteaux. Une grande sœur vivait à proximité dans la ferme de la mère de son patron, où elle se trouvait bien. Cette sœur lui rendait parfois visite.

Le père nourricier était le plus riche paysan loin à la ronde. Il était membre de la commission scolaire, tout comme sa femme, président de la commune, boucher itinérant, chasseur et président de la société de chasse. « Il faisait tout ce que Dieu a interdit ». Il ne participait guère aux travaux de la ferme. C'était « un vrai tyran et esclavagiste ». Il faisait souffrir tout le monde à la ferme, y compris sa femme, son fils et les domestiques. Sa fille avait déjà quitté la maison. La mère nourricière était sévère mais correcte envers Nelly et le garçon placé, plus âgé. Elle mettait parfois les enfants en garde contre la violence de son mari quand il rentrait ivre de ses séances, et levait l'alerte quand il ronflait endormi sur le banc du poêle.

Le fils « foncièrement honnête » du paysan, qui avait six ans de plus que Nelly, lui donnait réconfort et appui. Il la soutenait, se plaçait devant elle et prenait même les coups à sa place. Il s'est suicidé à 22 ans. Nelly Haueter a appris cette triste nouvelle au début de son année en Suisse romande. Une voisine se montrait aussi compréhensive à son égard.

Sa petite chambre se trouvait dans la partie du bâtiment où dormaient les domestiques. Il n'y avait là ni lumière ni chauffage. Du premier au dernier jour, Nelly y a mouillé son lit chaque nuit. Chaque matin, elle était punie, parfois attachée au banc, par des coups sur son derrière nu au moyen d'une férule, d'une courroie de cuir ou d'une quadruple corde. Les draps trempés étaient étendus à la vue de tous, si bien que les enfants du voisinage la traitaient de bébé mouilleur. En hiver, les draps restaient mouillés.

À l'école primaire, Nelly avait une institutrice partiale, qui traitait les enfants pauvres et placés plus mal et plus injustement que les enfants de paysans. Mais dès la cinquième année, son maître a découvert que c'était une bonne élève. À partir de là elle n'a reçu que de bonnes ou très bonnes notes, alors qu'elle n'avait jamais le temps de faire ses devoirs à domicile. Elle faisait le dimanche les punitions imposées pour ses arrivées tardives. Comme elle apprenait facilement par cœur, le chemin du retour lui suffisait. « Le temps passé à l'école avec ce maître a été au moins une embellie pour moi », juge Nelly Haueter aujourd'hui. L'instituteur était certainement au courant de sa situation. Mais si lui ou le pasteur avait dit quelque chose, ils auraient perdu leur place. Le tuteur venait une fois par an, mais n'a jamais parlé avec Nelly.

Nelly était à l'ouvrage dès l'aurore jusque tard le soir, dehors et à l'intérieur. Elle devait se lever à quatre heures. Avant le déjeuner, c'était le fauchage. Quand elle rentrait, il ne restait généralement plus de rösti, mais un morceau de pain et un café devaient suffire pour un enfant placé. Nelly aidait à la porcherie, dans-les champs, au jardin, dans la cour, au ménage et à la cuisine. Quand elle rentrait trop tard de la fromagerie, elle était punie. Pour tout et pour rien, elle était punie. Elle avait rarement le temps de jouer avec les filles du voisinage. Elle n'a jamais revu sa poupée en costume traditionnel, que la patronne lui avait prise le premier soir.

Nelly Haueter ne s'est jamais plainte du volume de travail. Au contraire, cette expérience lui a profité plus tard dans la vie, estime-t-elle aujourd'hui.

Chose étrange, elle a déjà ressenti comme enfant à l'école du dimanche un bon lien avec Dieu, ce qui lui a donné espoir et soutien. Cette « foi non dévote » l'accompagne encore aujourd'hui. Elle l'a aussi aidée il y a quelques années lorsqu'elle est tombée en dépression après la mort de son second mari. Que peu après son chien meure à son tour et qu'on résilie son bail, c'en était trop pour elle. Le médecin lui a expliqué que toutes les difficultés qu'elle avait vécues l'avaient maintenant rattrapée. Depuis peu, Nelly Haueter va mieux et réduit progressivement ses médicaments psychotropes.

Diana Bach

Ruth Windler, 1926, Fribourg, Berne

« Je suis tombée de mal en pire »

Née hors mariage, Ruth Windler a fait un bref séjour dans un foyer pour enfants avant d'être recueillie par une veuve dans le canton de Fribourg. Longtemps, elle n'a pas su que ce n'était pas sa vraie mère. Ruth Windler n'a appris que des années plus tard maints éléments de sa petite enfance, par exemple qu'elle avait un grand frère. Elle a rencontré sa mère pour la première fois par hasard, alors qu'elle était en neuvième année scolaire. À ses yeux, c'était une étrangère, qui est décédée tôt, sans que Ruth Windler ait eu de relation affective avec elle. Elle n'a jamais voulu connaître son père.

Ruth Windler garde de bons souvenirs des années qu'elle a passées avec deux enfants du même âge dans une pauvre maisonnette bâtie sur une clairière. La vie y était très simple. « On était très pauvres, mais on se sentait bien. » Ruth Windler se souvient de lampes à pétrole, des récoltes de bois et de l'eau recueillie à une source dans la forêt quand le puits ne fonctionnait pas. Au moment où Ruth allait entrer à l'école, elle a été placée ailleurs. Son tuteur a motivé cette décision par le fait qu'elle aurait eu un trop long chemin jusqu'à l'école. Ruth Windler doute aujourd'hui de cet argument : « Le chemin était tout aussi long pour les filles de la veuve ».

En 1932, Ruth a été placée dans une famille du canton de Berne qui avait trois enfants adultes. Là aussi, elle a eu de la chance, et a même été un peu gâtée. Aujourd'hui encore, elle appelle ses parents d'accueil « papa » et « maman ». Le frère du père nourricier vivait dans la même maison. À cause de fréquentes disputes avec sa fille du même âge, Ruth a dû partir au bout de deux ans.

Dès ce jour, la chance n'a plus été de son côté. Ruth a été placée dans une autre famille du même canton. Elle n'a jamais dormi dans la chambre qu'on lui avait présentée comme la sienne, mais sur un matelas posé sur le sol d'un grenier à blé. « J'ai grandi avec les rats et les souris, ils ne me feront plus jamais peur », rigole Ruth Windler en tentant de tirer un aspect positif de cette expérience. Elle suppose que quelqu'un a réclamé parce que la place n'était pas optimale pour d'autres raisons encore. Toujours est-il qu'elle a encore été déplacée après une année.

« Et là je peux dire que je suis tombée de mal en pire. » Ruth Windler a été placée dans une ferme où A., qui avait deux ans de moins, est plus tard devenu à son tour garçon de ferme. Tous deux étaient battus chaque jour. Ils devaient faucher l'herbe ou aider à l'étable avant d'aller à l'école, et n'avaient pas de temps libre. Le dimanche aussi, il y avait toujours l'un ou l'autre travail à faire. Au champ, tout se faisait à la main. « Le pire, c'est qu'on n'osait pas se mettre à genoux, on devait toujours se baisser. C'était extrêmement pénible. On n'osait pas s'agenouiller parce que… je ne sais pas pourquoi. Cela aurait été facile, non ? Et éclaircir les betteraves et tout cela, ça nous occupait pendant des jours. » La nourriture n'était pas bonne non plus. Ruth et A. recevaient généralement ce que les patrons ne voulaient pas manger, et c'était souvent de la viande ou des légumes avariés. Les deux enfants volaient de temps en temps une saucisse fumée pour avoir quelque chose de bon à manger.

Le samedi et certains autres jours, Ruth faisait le nettoyage pour une famille de la bourgade ainsi que des achats. Elle devait remettre son salaire à la maison. Une sœur de la patronne, qui travaillait comme domestique à la ferme et partageait sa chambre avec Ruth, n'était guère mieux lotie que les enfants. Le dimanche ou quand il y avait de la visite, tous trois devaient manger à la cuisine, pendant que la famille prenait ses aises dans la salle à manger.

Une fois par année, Ruth rendait visite à la famille qui l'avait accueillie au début de sa scolarité. Elle était chaque fois habillée de neuf, mais ne revoyait jamais ces vêtements après son retour. Elle suppose qu'ils allaient à la fille des paysans. Comme Ruth ramenait souvent des cadeaux, on a fini par lui interdire les visites à son ancienne famille d'accueil. Elle a appris plus tard que cette famille avait essayé plusieurs fois de la reprendre, mais que le tuteur s'y était opposé.

À l'école aussi, la situation était difficile pour Ruth. Quand elle arrivait en retard — et cela arrivait parfois parce que le travail à la ferme avait la priorité —, elle était punie par l'instituteur. À cause de ses cheveux roux, elle était souvent taquinée par ses camarades. « Partout et en tous lieux, on te chicanait. S'il arrivait quelque chose, c'était toujours toi la coupable. Pourquoi ? On pouvait rejeter la faute sur 'eux'. Personne ne s'est jamais défendu. » Ruth n'avait pas de copains ou copines d'école, car elle n'avait jamais de temps libre et devait toujours se dépêcher de rentrer après l'école. Malgré tous les désagréments, c'est à l'école que Ruth se sentait le mieux. Les instituteurs l'ont recommandée pour l'école secondaire. « Là ils m'ont dit qu'ils ne m'avaient pas prise pour que j'aille à l'école. C'était hors de question. »

Ruth avait un tuteur qui faisait régulièrement des visites. Mais ces visites étaient toujours annoncées à l'avance. Chaque fois, la jeune fille était vêtue d'habits et souliers neufs qu'elle ne voyait jamais en temps normal, mais la peur l'empêchait de s'en plaindre.

Ruth Windler a passé sept ans à cet endroit où elle n'est revenue plus tard qu'à contrecœur. « J'ai fui B. [cette bourgade] comme le diable l'eau bénite. » Elle a ensuite passé une année en Suisse romande et aurait voulu devenir coiffeuse, mais cela ne convenait pas au tuteur, qui voulait en faire une couturière. Il a aussi refusé une année supplémentaire en Suisse romande, menaçant Ruth de l'interner. Finalement, Ruth Windler s'est retrouvée comme bonne chez des parents du tuteur.

Elle s'est mariée à 18 ans, échappant ainsi à la tutelle. « Pourquoi ? Parce que j'ai pensé que je serais enfin chez moi quelque part. » Mais la poisse lui a encore collé à la peau pendant des années. Elle a perdu son mari à 21 ans, s'est remariée à 25 ans et s'est encore retrouvée veuve à 28 ans. À ce moment-là, elle avait trois enfants sur les bras. Neuf ans plus tard, le bonheur est revenu. Elle s'est mariée une troisième fois, a donné naissance à quatre nouveaux enfants et vit aujourd'hui heureuse avec son mari dans une maison individuelle du canton de Soleure. Ruth Windler pense rétrospectivement : « Partout et en tous lieux, j'ai toujours dû me défendre. Dans la commune et partout j'ai dû me défendre. Et cela vous reste. »

Marco Leuenberger

ChapitreV

Déracinement, isolement et silence

Loretta Seglias

Indépendamment de leur situation familiale antérieure, les enfants placés perdaient leur environnement habituel. Il en résultait un profond déracinement. Les enfants étaient conduits à des endroits inconnus et, désormais, vivaient jusqu'à leur majorité dans des familles nourricières ou des institutions, souvent avec des changements successifs de lieux d'habitation et de travail.

Toutes les personnes placées dans leur enfance qui s'expriment dans ce livre ont éprouvé le déracinement, l'isolement et le silence.[1] Ils ne décrivent pas seulement des expériences négatives, mais aussi des cas d'accueil affectueux dans une famille. Marianne Lauser se souvient d'une famille qui l'a accueillie comme son propre enfant. La fille de cette famille, de neuf ans son aînée, reste aujourd'hui une grande sœur pour elle. « Oui, et j'y étais si heureuse. »

À l'âge de dix ans, elle a été replacée, notamment parce que les autorités estimaient qu'elle devait apprendre à travailler. Rosmarie Schmid a même été déplacée parce que son père nourricier la traitait bien. Hedwig Wittwer a tout de suite été intégrée à sa famille d'accueil, et se sentait bien à l'école aussi. C'était une bonne élève qui suivait les leçons avec plaisir. Elle se remémore volontiers sa jeunesse, car elle se sentait « bien protégée. Il ne m'est rien arrivé. » Elle a passé toute son enfance dans la même famille. Mais elle aussi a d'abord vécu un déracinement : elle n'a pas dit un mot pendant plusieurs jours lors de son arrivée à l'âge de six ans.

Beaucoup d'enfants n'ont pas trouvé l'affection souhaitée dans leurs familles d'accueil. De ce fait, les places où ils étaient tout de suite intégrés à la famille sont particulièrement mises en évidence.

Famille manquante

Dans bien des cas, les enfants étaient pris pour des raisons économiques. Grâce aux pensions versées et à la main-d'œuvre gratuite qu'ils fournissaient, les enfants placés étaient des domestiques plus rentables que des valets ou servantes adultes. Assimilés aux domestiques, les enfants placés se retrouvaient au plus bas de l'échelle sociale. Cette position permettait rarement un véritable rattachement à la famille. Dans bien des situations, les enfants éprouvaient un sentiment d'exclusion. Beaucoup racontent qu'ils n'étaient pas admis à la table familiale pour les repas. Alfred Ryter devait toujours manger seul. Johann Rindisbacher ne mangeait pas non plus avec sa famille nourricière, mais recevait son repas dans sa piaule, qui se trouvait dans l'étable. Pour Herbert Rauch, l'exclusion de la famille d'accueil s'est produite subitement : quand il a eu l'âge d'aller à l'école et que les parents nourriciers ont eu leurs propres enfants, ils l'ont tout à coup traité tout autrement. Pour Marianne Lauser, l'accès aux locaux privés était interdit, et elle devait vouvoyer ses parents d'accueil, ce qui aggravait encore son isolement. Werner Binggeli dit même : « L'étable était ma chambre ». Alfred Ryter était jeté le soir dans une soupente sans lumière ni toilette. Pour dormir, il avait un vieux canapé, des sacs et de vieilles couvertures. Il avait terriblement l'ennui de la maison.

Tous n'étaient pas exclus aussi strictement de la famille. Ferdinand Tauscher pouvait manger à la table familiale, et il recevait aussi une récompense, une glace par exemple, lorsqu'il avait spécialement bien travaillé. Pourtant : « Ils m'ont bien fait sentir que je n'étais pas des leurs. »

L'exclusion de la famille nourricière se manifestait par la séparation des locaux, mais aussi par les privilèges réservés aux membres de la famille et dont étaient privés les enfants placés. Alfred Ryter décrit une fête de Pâques à laquelle il espérait un nid du lapin de Pâques : « Jusqu'à midi je n'avais pas abandonné l'espoir que le lapin de Pâques ait aussi pensé à moi. Mais il m'avait oublié ! »

La plupart des enfants placés n'étaient pas seulement confrontés à l'isolement et au manque d'amour dans leur famille d'accueil, mais aussi à une mise à l'écart volontaire du monde extérieur. Il n'était pas rare qu'on leur interdise les contacts avec leurs parents naturels, leurs frères et sœurs et les gens du village. Les parents nourriciers s'efforçaient d'empêcher que leurs mauvais traitements, parfois graves, la violence, les soins insuffisants, le travail trop dur ou la faim des enfants soient connus à l'extérieur.

Alfred Ryter évitait l'isolement en rencontrant ses frères sur le chemin de l'école. Souvent ils renonçaient alors à aller à l'école pour savourer les heures passées ensemble. Tous les enfants concernés n'avaient pas la possibilité de rester en contact avec leur famille naturelle et leurs frères et sœurs. Marianne Lauser n'a plus vu ses frères et sœurs pendant des années, et Heidy Hartmann n'a fait la connaissance de sa mère naturelle qu'à l'âge de vingt ans. Herbert Rauch lui aussi n'a appris que des années plus tard qu'il avait des frères et sœurs. Ensuite il ne les a rencontrés qu'une fois et n'a jamais pu nouer une relation avec eux.

Les amitiés avec des enfants du même âge et des camarades d'écoles étaient rendues difficiles par la rareté ou l'absence de temps libre. Même le dimanche après-midi, beaucoup d'enfants placés ne pouvaient pas être seuls ou jouer, mais devaient travailler ou, comme Marianne Lauser, rester au lit en punition. Lors de contacts inévitables, par exemple quand ils allaient à l'école ou travailler au village, les enfants étaient tenus de rentrer immédiatement. On leur imposait d'ordinaire la loi du silence. Cela signifiait que les enfants n'avaient le droit de parler avec personne pendant ce temps-là.

Heidy Hartmann était aussi marginalisée à l'école et avait peur de ses camarades. C'était la même chose pour Herbert Rauch. En revanche, Ferdinand Tauscher a trouvé quelques contacts au village quand il est devenu l'ami du fils d'un gros paysan. Certains enfants placés avaient donc la possibilité de nouer des contacts sociaux hors de la famille et d'échapper ainsi au moins en partie à l'isolement.

Mutisme

Comme moins de pouvoir et de maintien de relations sociales, la parole est essentielle dans tous les domaines de la vie. Cela est particulièrement vrai pour les enfants placés. Souvent on ne parlait aux enfants que pour leur donner des ordres ou pour les rabaisser verbalement. Le silence est aussi une forme de cet exercice du pouvoir par la parole, à savoir la privation intentionnelle de celle-ci. Le silence était un moyen efficace de renforcer l'isolement et le déracinement des enfants. Ainsi des enfants placés ont été interdits de parole. Ils n'osaient parler avec personne, même pas avec les employés. Heidy Hartmann, qui a été élevée par un couple de pasteurs, mangeait avec eux à table, mais sans avoir le droit de parler. Par contre on parlait d'elle. Et Marianne Lauser n'osait même pas parler avec l'autre enfant placé qui vivait à la ferme.

Il est frappant de constater que beaucoup de personnes interrogées mentionnent fréquemment l'absence de parole, un mutisme général. Le manque de contact avec d'autres enfants et adultes restreignait excessivement les échanges verbaux. Mais l'usage limité de la parole était certainement aussi un phénomène lié à l'époque où les enfants placés ont grandi. Les sentiments positifs n'étaient pas évoqués ou montrés autant qu'aujourd'hui, et cela pas seulement envers les enfants placés. Dans la misère économique, les besoins corporels étaient importants ; les exigences affectives passaient au second plan.

Les enfants étaient aussi contraints de taire le mal qui leur était fait. Pour s'assurer le respect de cet interdit, les coupables menaçaient les enfants de graves punitions. Rosmarie Schmid a été menacée par le fils des parents nourriciers : si elle dénonçait ses agressions sexuelles, il lui ferait subir pire encore. Certains enfants placés étaient enfermés quand des visiteurs venaient à la ferme, ou on leur ordonnait de faire contre mauvaise fortune bon cœur. Lors des visites de contrôle du tuteur, ils devaient bien s'habiller et parfois aussi montrer une autre chambre que la leur. Pour être sûrs du silence des enfants, les parents d'accueil étaient présents lors des visites. Alice Alder : « Dans ces conditions je ne pouvais évidemment pas dire tout ce que je devais subir. »

Les enfants et leurs parents nourriciers n'étaient pas les seuls à se taire. Régulièrement, les enfants placés ont appris des années plus tard que les habitants du village s'étaient aussi tus. Si les parents d'ac-

cueil avaient bonne réputation au village, leur position sociale étouf-
fait les critiques éventuelles. Ainsi Heidy Hartmann, qui était placée
chez un pasteur, n'a reçu pour cette raison aucun soutien dans le village. Alfred Ryter se demande aujourd'hui : « Pourquoi personne ne
s'est-il soucié de nous ? L'instituteur ou les voisins auraient pourtant
dû entendre ou voir que nous souffrions gravement et étions abandonnés. » Pourtant la population du village ne détournait pas toujours les yeux. Parfois des instituteurs, voisins ou parrains ont aussi
obtenu que des enfants soient placés ailleurs. (Cf. chapitre VIII
« Résistance, fuite et moments de bonheur », p. 221.)

Suites

Le silence a souvent accompagné les enfants dans leur vie d'adultes.[2]
Le fait de taire les injustices vécues a souvent rendu inexprimables les
événements subis eux-mêmes. Bien des personnes concernées n'ont
trouvé que beaucoup plus tard les moyens de sortir de ce silence.

De nombreux enfants placés souffraient et souffrent encore d'un
manque de confiance en eux, doivent affronter des sentiments d'infériorité et la honte des souffrances subies. De ce fait, ceux qui ont
caché leur enfance même aux membres de leur famille les plus
proches ne sont pas rares. Alfred Ryter n'a raconté à sa femme ses
expériences d'enfant placé que lorsqu'il a été rattrapé par ce passé et
les suicides de ses deux frères. Il ne pouvait plus continuer à vivre
selon les habitudes prises. Beaucoup se sentaient seuls avec leur
destin. Preuve en est la déclaration suivante, faite lors de la première
rencontre d'anciens enfants placés le 28 novembre 2004 à
Glattbrugg : « Je pensais que j'avais été le seul ».

Par le déracinement, l'isolement, le manque de personnes de
confiance, les enfants ont été laissés seuls avec leurs problèmes.
Surtout, ils n'ont souvent pas connu de vie familiale. Beaucoup,
même devenus adultes, n'ont pas pu construire de relations profondes avec leurs parents naturels, leurs frères et sœurs et d'autres
personnes.

Retrouver des membres de la famille n'était souvent pas facile, ou
le fruit du hasard comme pour Heidy Hartmann. À sa majorité, on lui

a envoyé par erreur l'adresse de sa mère naturelle. La plupart des enfants désiraient retrouver leur vraie famille. Cela ne signifie pas que les rapports y étaient toujours faciles. Après son placement chez un paysan, Werner Binggeli est retourné chez son père et sa belle-mère. Le père était alcoolique et la situation dans la nouvelle famille n'était pas simple pour le garçon. Les villageois l'ont soutenu en lui procurant du travail dans différentes fermes et l'ont aidé plus tard lorsqu'il a quitté la maison.

D'autres personnes placées dans leur enfance ont aussi raconté que c'était encore pire à la maison. Mais le fait que, dans la grande majorité des cas, les placements étaient décidés de l'extérieur, ne permettait pas aux enfants d'avoir les rapports qu'ils voulaient avec leur famille naturelle. Ils revenaient régulièrement sur le lieu de leur placement, en visite ou parfois pour soutenir leurs parents nourriciers. Certains y restaient à leur majorité, même si leur exploitation se poursuivait souvent. Dans bien des cas, ils ne connaissaient pas d'autre famille. Cela vaut particulièrement pour ceux qui avaient été séparés de leurs parents dès leurs premiers jours.

Le manque d'amour dans l'enfance a eu des conséquences pour le reste de la vie, relèvent beaucoup de personnes autrefois placées. Elles disent avoir pu vivre avec le travail harassant, avec la nourriture mauvaise ou insuffisante, même avec les coups, mais pas sans amour. Le sentiment d'exclusion et le manque d'échanges avec le monde environnant ont entravé la suite de leur vie. L'isolement et la solitude les ont souvent accompagnées toute leur vie. Transmettre amour et protection était et reste une grande préoccupation dans l'éducation de leurs propres enfants.

Pour beaucoup d'enfants placés, il a été difficile de rompre le silence, de trouver un chemin pour sortir de l'isolement et de s'installer de nouveau quelque part. Beaucoup sont restés déracinés et ont cherché toute leur vie des moyens de refouler, d'oublier ou de surmonter leur passé. Quelques-uns d'entre eux ont trouvé – le plus souvent en travaillant durement – une forme de dépassement des expériences de leur enfance.

Heidy Hartmann, 1938, Thurgovie, Nidwald, Zurich

« Cette mise à l'écart,
sans autre contact physique que les coups »

Immédiatement après sa naissance, Heidy Hartmann a été prise à sa mère par les autorités de la commune, qui ont aussi choisi son prénom, et placée dans un foyer pour enfants en Thurgovie. Sa mère était veuve et avait déjà huit enfants. Elle était atteinte de tuberculose ouverte et avait contaminé les enfants : cinq d'entre eux en sont morts.

À l'âge de 16 mois, Heidy a été prise en charge par un couple de pasteurs. Elle a ainsi d'abord vécu à Nidwald, avant de déménager à Zurich avec le couple. L'accord passé entre la commune et les parents nourriciers prévoyait que l'enfant travaille pour son entretien dès l'âge de neuf ans.

La mère d'accueil a vite réalisé qu'elle ne pouvait pas faire grand-chose de la petite fille, et a voulu la rendre. Mais son beau-père, lui aussi pasteur, lui a fait la morale et elle a gardé l'enfant. « Et je crois que mes malheurs ont commencé là. À mon avis, on devrait pouvoir rendre [l'enfant] au moment où on s'aperçoit qu'on ne s'entend pas avec lui. »

Déjà petite, Heidy n'était pas acceptée comme l'égale des autres membres de la famille. Elle était emmenée deux fois par an aux fêtes de famille, mais sitôt le repas terminé, elle devait aller faire la vaisselle à la cuisine avec les employés. À la maison, elle mangeait à la table de ses parents d'accueil, mais n'avait pas droit à la parole. Le couple parlait de la fillette, mais pas avec elle.

Les punitions pour manquements aux règles différaient selon les cas. Par exemple, Heidy a été privée de baignade pendant toute une saison parce qu'elle avait oublié de faire sécher son maillot de bain. Pour les coups, elle devait chaque fois se déshabiller et se mettre à genoux. Les séquelles des coups donnés avec une règle en laiton sont encore visibles aujourd'hui sur des radiographies. Une fois les parents d'accueil ont soupçonné à tort Heidy d'avoir pris une boîte d'ananas. Ils l'ont alors enfermée pendant une semaine au pain et à l'eau dans la salle de bain, ne la laissant sortir que pour aller à l'école. Lorsque les parents ont constaté leur erreur, ils lui ont donné un plat de bouillie d'avoine et un verre de lait et l'ont envoyée dormir dans sa chambre. Heidy n'a jamais reçu d'excuses. Les punitions étaient fréquemment justifiées par des citations de la Bible et des références à la volonté de Dieu : « 'Dieu le veut', 'Qui aime son fils le bat.' […] Ce qui se passe sous le masque de la dévotion, c'est une catastrophe ! »

Dès le déménagement dans le canton de Zurich, les pasteurs n'ont plus engagé de personnel, et Heidy a dû tenir seule tout le ménage. « C'est là que mon calvaire a vraiment commencé. » La jeune fille travaillait toute la journée. Elle ne pouvait interrompre le travail que pour aller à l'école. Elle n'avait guère de contacts avec d'autres enfants. Quand un enfant venait à la porte de la maison pour demander si elle venait jouer, la mère répondait : « 'Non, Heidy doit travailler maintenant. Mais puisque tu es là, tu pourrais m'aider.' Évidemment ils ne revenaient jamais. »

Heidy n'avait pas de chambre d'enfant. On lui a donné un réduit dans les combles. Monter là-haut était chaque fois un supplice pour la jeune fille, qui avait affreusement peur. Cette peur a sans doute aussi déclenché une fièvre nerveuse lorsqu'elle a été enfermée et oubliée dans la cave.

À l'école, cela n'allait pas bien non plus pour Heidy. Une fois la classe terminée, elle se hâtait toujours de rentrer à la maison pour ne pas être tabassée par les autres élèves, ou bien elle attendait que tous soient partis. Mais dans ce cas, elle recevait des coups à la maison à cause de son retard. Ce n'étaient toutefois pas les coups qui faisaient le plus souffrir la fillette, mais bien les tourments mentaux. « Cette mise à l'écart, sans autre contact physique que les coups ! » Heidy Hartmann en bave encore aujourd'hui. Enfant, elle pensait toujours que personne à la commune ne savait rien de son martyre. C'est seulement quand elle est retournée adulte dans cette commune qu'une ancienne employée du service des tutelles lui a avoué que tout le monde savait, mais que personne n'avait rien osé entreprendre contre le pasteur.

Après la sixième année, Hedy a suivi l'école secondaire. Elle voulait devenir puéricultrice. Mais à sa confirmation, son père nourricier a déclaré que ce n'était pas pour elle. « On ne peut pas utiliser pour cela des filles comme toi. Tu es issue d'un milieu familial désordonné et à l'hérédité chargée. » Autre argument, la naissance illégitime de Heidy. « Même à mon mariage, il y avait encore l'inscription 'de naissance illégitime'. »C'est ainsi que Heidy Hartmann a fait un apprentissage de jardinière. La moitié des frais de formation a été prise en charge par la société féminine à laquelle appartenait l'école. Plus tard, alors qu'elle élevait déjà ses deux enfants seule, elle a suivi une deuxième formation comme dessinatrice en bâtiment.

Les parents nourriciers attribuaient beaucoup d'importance à l'impression qu'ils donnaient à l'extérieur. Bien qu'ils n'aient pas donné d'amour à leur pupille, ils tenaient à ce qu'elle porte leur nom. Ils n'ont pourtant pas adopté Heidy Hartmann. C'est pourquoi elle dit aujourd'hui : « Mon nom de famille n'a guère d'importance pour moi, j'en ai si souvent changé. »

Quand sa femme est décédée, le pasteur a promis la maison en héritage à qui prendrait soin de lui. Sur l'insistance de son mari d'alors, Heidy Hartmann s'y est engagée. Mais ce retour à Zurich ne lui a pas fait de bien. Son mariage s'est brisé et elle est tombée gravement malade, jusqu'à ce qu'elle finisse par s'en aller.

Heidy Hartmann a deux enfants de son premier mariage et deux autres de son second mari. Elle n'a découvert les sentiments d'appartenance, d'amour et de proximité physique qu'avec sa propre famille. Enfant, elle avait pour cela un chien imaginaire et des rêves éveillés dans lesquels elle se dégageait de son corps, et où elle procurait régulièrement de petits plaisirs à une femme qu'elle connaissait vaguement.

Dans les heures difficiles, Heidy Hartmann aurait toujours souhaité pouvoir aller chez son parrain. Elle y a passé une fois ses vacances et a été accueillie très chaleureusement dans la famille. Lors d'une fugue, elle a traversé toute la Suisse orientale à vélo pour rejoindre cette famille. Elle a appris plus tard que son parrain et sa femme avaient voulu la prendre chez eux, mais que quelqu'un les avait devancés. Elle n'a passé qu'une fois ses vacances chez eux. Par la suite elle a été placée dans divers foyers pour enfants lorsque ses parents nourriciers partaient en vacances.

Enfin, cela l'aidait de penser à sa vraie mère, qu'elle vénérait mais ne connaissait pas personnellement. Ses attentes ont toutefois été brusquement anéanties quand, à sa majorité, elle a reçu par erreur l'adresse de sa mère. Elle s'est aussitôt rendue chez elle à vélo pour faire sa connaissance. Mais Heidy Hartmann n'a plus pu nouer de relation étroite avec elle et ses demi-frères et sœurs.

Lorsque Heidy Hartmann a pris part en novembre 2004 à la première rencontre d'anciens enfants placés à Glattbrugg, elle a cessé de se sentir seule avec son destin. Mais elle a aussi remarqué que tous n'avaient pas eu la possibilité de surmonter leur passé à l'aide de thérapies. Aujourd'hui, Heidy Hartmann rencontre régulièrement d'autres personnes placées dans leur enfance. Elle est maintenant à la retraite, fait des voyages, prend du plaisir avec ses enfants et petits-enfants, ses amis, ses voisins et son chien. Elle dit : « Aujourd'hui je suis contente de ma vie. J'ai regardé tout ce qui traîne dans le réduit, mais je n'ai pas pu l'évacuer. [...] Les souvenirs restent. On peut faire le ménage, on peut en parler, mais ils restent. »

Loretta Seglias

Marianne Lauser*, 1934, Berne

« J'ai souvent réfléchi à comment je pourrais me supprimer »

Le père de Marianne Lauser avait 57 ans et vivait avec sa troisième épouse quand, aînée de cinq enfants, elle a vu le jour dans le canton de Berne en 1934. Sa mère avait alors 36 ans. Son père extrayait été comme hiver du gravier de l'Emme à la main, avec pelle et brouette. C'était un travail extrêmement dur qui rapportait peu. La mère travaillait de temps en temps dans une fabrique de broderie. En 1939, elle a failli être scalpée dans un grave accident de travail. « Après cela elle n'avait plus toute sa tête. Elle ne nous surveillait guère. Et d'autres gens s'en sont aperçus. »

Par la suite, les enfants ont été placés dans différentes familles et ne se sont plus vus pendant des années. Marianne a d'abord été mise dans une crèche, dont elle garde encore l'odeur dans le nez. Ensuite elle a vécu brièvement chez une veuve qui tenait un magasin d'alimentation. Mais celle-ci avait rarement le temps de s'occuper d'elle. C'est pourquoi elle a été placée dans une famille. De cette période, elle dit aujourd'hui : « C'était l'alpha et l'oméga de ma vie. Les cinq ans les plus heureux de toute ma vie. » La fillette a été traitée comme un enfant de la famille. Une fille de neuf ans plus âgée joue encore aujourd'hui pour elle le rôle de grande sœur.

Le père nourricier l'emmenait souvent à travers champs et forêts, où ils récoltaient des baies et des champignons. Il lui a appris à connaître les plantes et les animaux, ce qui lui a donné une relation intime avec la nature, toujours présente aujourd'hui. « Il m'a emmenée dans les montagnes et m'a dit : 'Cela t'appartient. Tout cela t'appartient. C'est ta patrie.' Et je pensais : 'Tout cela est à moi. Tout cela est à moi. La montagne est à moi et les rhododendrons sont à moi.' C'était vraiment prodigieux. Oui, et j'y étais si heureuse. »

Pour des raisons familiales et parce que les autorités estimaient que « la fille devait encore un peu apprendre à travailler », Marianne a été placée le 4 août 1944 chez un gros paysan de l'Emmental. À dix ans, le contraste a été terrible pour elle. Elle avait quitté un havre de bien-être pour un lieu où elle était sans cesse sous pression et menacée de punition pour la moindre bagatelle. Elle devait vouvoyer tout le monde, n'était pas admise dans les locaux privés, avait une chambre non chauffée où le soleil n'entrait pas et, comme les autres employés, elle n'était rien qu'une force de travail. La journée commençait à cinq heures du matin avec le fauchage de l'herbe. Plus tard, un garçon plus jeune de Bâle a aussi été placé à la ferme, mais il n'a de loin pas été exploité autant qu'elle. Marianne Lauser suppose que Bâle avait payé davantage pour lui. Mais à l'époque, elle n'aurait jamais osé demander une explication.

Marianne devait avoir apporté le lait à la fromagerie, déjeuné et fait la vaisselle avant d'aller à l'école, où elle n'arrivait généralement à l'heure qu'au pas de course. Quand elle était en retard, elle devait rester debout devant la porte pendant dix minutes, puis faire dix minutes de retenue à midi. De ce fait, elle rentrait aussi avec dix minutes de retard à la maison et devait, comme punition, passer le dimanche après-midi au lit. De manière générale, Marianne, punie pour n'importe quoi, passait très souvent le dimanche après-midi au lit. Comme elle devait se lever tôt la semaine, elle pouvait au moins rattraper ainsi un peu de sommeil.

Marianne n'avait pas de livres et rien qui l'aurait stimulée intellectuellement. Malgré tout, c'était une bonne élève. L'institutrice voulait la faire passer sans examen en secondaire. Mais la paysanne a déclaré à la maîtresse que c'était hors de question, car Marianne était chez eux pour travailler et non pour faire ses devoirs.

Il était strictement interdit à la jeune fille de parler avec qui que ce soit, même avec les employés ou le garçon placé. Les animaux, en particulier le chien et les chats, étaient son seul plaisir. Elle se repliait sur elle-même et était marginalisée à l'école, où elle s'endormait souvent de fatigue. Un instituteur lui a aussi fait sentir qu'elle n'était pas comme les autres. Il chargeait uniquement les enfants placés de monter le bois pour l'hiver dans les combles, au motif qu'ils étaient habitués au travail. Marianne ne pouvait pas participer aux courses d'école ou aux sorties à l'établissement de bains, parce que les paysans ne l'avaient pas recueillie « pour aller se laver le derrière ». Quand elle en avait l'occasion, la grand-mère la battait : « Je devais alors baisser mes culottes, décrocher le tape-tapis, et elle me fouettait dans une petite chambre sombre où il n'y avait que de la paille, à côté de l'écurie. »

Marianne était souvent désespérée, ne voyait pas d'issue à sa situation et pensait à la mort. Cinq années durant, elle a attendu avec impatience le moment où elle quitterait l'école. « À la Saint-Sylvestre, je ressortais tout doucement de mon lit et j'allais dehors sur la pointe des pieds pour écouter les cloches sonner. Alors je pensais qu'il ne me restait plus qu'à entendre trois fois les cloches sonner, après je ne devrais plus être ici. »

En 1947, Marianne a rendu une fois visite à ses parents. Ses frères et sœurs étaient aussi là, mais elle ne les a pas reconnus, et les liens familiaux manquaient. Des contacts réguliers ne se sont rétablis que lorsque Marianne Lauser a été adulte.

Après la fin de l'école, Marianne Lauser a dû, sur ordre du tuteur, qu'elle avait rarement vu et qui ne l'avait jamais soutenue, accomplir un stage agricole d'un an. Elle aurait souhaité devenir infirmière ou fleuriste. Mais le tuteur lui a dit : « Tu es une femme. De toute façon elles se marient et ont des enfants. Elles n'ont pas besoin de faire un apprentissage. » Pourtant c'était une mauvaise place où la jeune femme n'apprenait rien et n'était que servante. Au bout de six mois, le tuteur s'est ravisé et l'a placée comme bonne dans la famille d'un entrepreneur. Là, elle a retrouvé les bons côtés de la vie, car elle était traitée comme un membre de la famille. « J'ai tant apprécié d'être à nouveau intégrée, d'avoir une famille. Et cela m'a fait du bien. »

Marianne Lauser a fait la connaissance à 17 ans de son mari actuel, de deux ans plus âgé. Le tuteur était opposé à cette relation, et, deux ans plus tard, quand elle s'est fiancée et a été enceinte, le tuteur l'a punie en la plaçant dans un institut de désintoxication pour drogués en Thurgovie. Marianne Lauser aurait dû y rester deux ans et donner son enfant à adopter. Désespérée, elle a dû rester là sept mois, jusqu'à ce qu'une employée finisse par remarquer qu'il y avait quelque chose d'anormal, et informer la direction. En l'espace de quinze jours, Marianne Lauser a été de retour chez elle. Elle s'est mariée et le tuteur s'est vu retirer son mandat.

Le jour de son dixième anniversaire de mariage, Marianne Lauser a donné naissance à son onzième enfant. Sa grande famille la comblait de bonheur. Elle avait toujours rêvé d'une famille, d'un foyer, et maintenant elle l'avait. Après la mort accidentelle tragique de l'un de ses enfants, une curatelle a été mise en place, ce qui revenait à une punition pour elle. Elle vivait dans la peur constante qu'on lui retire ses enfants.

Elle travaillait souvent au ménage ou tricotait pour les enfants jusqu'à trois heures du matin. Il y avait peu d'argent disponible ; il fallait le répartir soigneusement, mais Marianne Lauser y est parvenue avec le soutien de son mari et des enfants.

Depuis les expériences faites dans l'Emmental, où elle devait toujours tout tenir propre sans perdre une minute, elle souffre d'une manie du nettoyage dont elle n'a jamais pu se débarrasser.

Marianne Lauser vit aujourd'hui dans le canton d'Argovie et considère les cinq difficiles années passées chez le gros paysan comme une « école de vie » où elle a appris à renoncer et a été préparée à sa vie pleine de privations : « Je crois que c'est bien comme cela. C'est bien et c'est passé. Mais cela reste, comment dire ? Pas encore complètement surmonté. »

Marco Leuenberger

Werner Binggeli, 1932, Berne, Zurich

« L'étable à vaches était ma chambre de séjour »

Werner Binggeli avait cinq ans et demi quand sa mère est morte et son père a abandonné la famille. La vie antérieure ne lui est guère restée en mémoire, à part l'alcoolisme de son père, car son frère et lui devaient souvent le ramener à la maison. C'est aussi arrivé quand sa mère a été conduite à l'hôpital où elle devait décéder par la suite. Le garçon et sa sœur ont vécu temporairement chez le parrain de Werner, dont la femme était la marraine de sa sœur. Son frère aîné a aussi été recueilli par son parrain.

Le couple n'a toutefois pas gardé les deux enfants, et c'est ainsi que Werner a été placé chez un paysan par la commune, qui voulait limiter les frais au maximum.

Il a dès lors vécu dans une ferme du canton de Berne. De l'aube jusqu'à la nuit, il travaillait très durement. Il n'était pas autorisé à faire ses devoirs scolaires dans la maison, mais seulement dans l'étable. « L'étable à vaches était ma chambre de séjour », dit aujourd'hui Werner Binggeli, car il n'avait pas accès au salon de la famille, avec laquelle il ne mangeait pas non plus. Comme repas, il recevait un peu de lait maigre et de pain ou une soupe sur une petite table au bout du couloir.

Pour calmer sa faim, Werner escaladait sa fenêtre de nuit, quand tout était silencieux, se glissait dans l'étable et trayait une vache. Il utilisait pour cela un verre qu'il cachait à l'étable. Quand le paysan s'est aperçu de ces expéditions nocturnes, il a placé des ruches devant sa fenêtre, de sorte que les abeilles entraient dans la chambre du garçon, et l'ont piqué plusieurs fois dans son lit.

Le fils de la famille menait la vie encore plus dure à Werner. « Il m'a battu avec la corde en disant que je ne valais rien. » Pour lui montrer comment se servir correctement d'une hache, il a empoigné l'outil, a frappé et s'est presque coupé le pouce. « Je me suis dit : 'voilà sa punition'.» À partir de là, Werner a dû subir encore plus de mauvais coups de la part du fils.

Le garçon devait constamment abattre un énorme travail et ne recevait rien à manger avant d'avoir fini. « Ils ont eu un mariage et j'ai été toute la journée seul [à la ferme]. Ils m'ont posé des corbeilles dans un champ de blé. Je devais arracher la mauvaise herbe. 'Quand tu auras rempli les corbeilles, tu recevras à souper, sinon rien !' »

Quand la peur le faisait mouiller son lit la nuit, il était soulevé par les jambes le matin suivant et plongé tête la première dans la fontaine devant la maison. Toujours avec la phrase : « Quand tu ne mouilleras plus ton lit, nous arrêterons. »

Comme punition, Werner était souvent enfermé à la cave pendant de longues heures. Cela s'est même produit une fois que son institutrice, en hiver, lui avait fait manger une soupe chaude à midi à l'école et qu'il n'était rentré à la maison que l'après-midi. Il l'a raconté le lendemain à sa maîtresse, qui a alors demandé des explications au paysan, mais sans succès.

Chaque fois que quelqu'un venait à la ferme, Werner était enfermé à la cave, de sorte qu'il ne pouvait expliquer sa situation à personne. Son parrain a aussi essayé plusieurs fois de lui rendre visite. On lui disait toujours que le garçon était en train de jouer avec les enfants des voisins.

Une fois que Werner s'était caché pour échapper aux méchancetés du fils, il est resté assis toute une nuit et un jour dans un tonneau à purin avant de s'enfuir la nuit suivante chez son parrain. Celui-ci – d'entente avec l'institutrice – est alors intervenu pour que le garçon ne doive plus retourner chez le paysan.

Il a été conduit chez son père qui avait abandonné la famille après la mort précoce de la mère et habitait aussi dans le canton de Berne. Sa belle-mère lui a fait comprendre qu'il n'était pas le bienvenu.

Werner Binggeli a gagné de l'argent pour son père grâce à divers travaux. Il a distribué le pain et les journaux, gardé les chèvres du village. Pendant l'été, il montait travailler à l'alpage. Tous les garçons qui y travaillaient quittaient l'école avant la fin du semestre d'hiver et y retournaient seulement quand la nouvelle année scolaire avait déjà commencé.

Les villageois étaient au courant de l'alcoolisme de son père et des conditions dans lesquelles il vivait. On le soutenait en lui fournissant des emplois dans différentes fermes. Il y a toujours trouvé un accueil familial.

Un jour il a fait la connaissance d'un marchand de bétail qui lui a proposé du travail dans sa ferme du Säuliamt, dans le canton de Zurich. Le président de sa commune de domicile a alors tout organisé, et Werner Binggeli a quitté son père à 17 ans, muni seulement d'une petite valise. À son arrivée, il a été invité pour la première fois de sa vie à l'auberge. Quand son nouveau patron a appris qu'il ne possédait rien d'autre que la petite valise, il lui a acheté de nouveaux habits dès le lendemain.

Par la suite, Werner Binggeli a travaillé dans plusieurs fermes de la région, jusqu'à ce qu'on lui propose une place de man œuvre dans une entreprise de plâtrerie en ville. Mais ce travail ne lui a pas plu. Quand il a voulu résilier son contrat, son patron lui a proposé un apprentissage écourté. Werner Binggeli a accepté et a été formé dans les années suivantes comme plâtrier, puis maître-plâtrier, car il devait reprendre l'entreprise de son patron. Mais il ne voulait pas s'installer en ville. Son employeur lui a conseillé de s'établir à son compte. Werner Binggeli a suivi ce conseil, et son entreprise a rapidement connu le succès.

Sa femme étant prématurément morte d'un cancer, Werner Binggeli s'est retrouvé seul avec la charge de quatre enfants. Trois suivaient déjà un apprentissage. Un fils a été élevé par son beau-père. La deuxième épouse de Werner Binggeli, qui aurait dû le soutenir, l'a plus tard dépossédé de sa maison. Aujourd'hui il a de nouveau une amie et vit dans le canton de Zurich.

Déjà petit, Werner Binggeli trouvait consolation, force, assurance et confiance dans sa foi, qui l'accompagne aujourd'hui encore dans sa vie toujours active.

Loretta Seglias

Alfred Ryter, 1940, Berne

« Cet ennui de la maison – personne ne nous entendait, personne ne prenait garde à nous »

Alfred Ryter a grandi avec cinq frères et sœurs dans le canton de Berne. En 1948, sa mère est tombée gravement malade, puis a subi des opérations et fait de longs séjours de cure. Par nécessité financière, Alfred, qui n'avait pas encore huit ans, et deux de ses frères ont été placés. Son père l'a conduit en compagnie de deux inconnus chez un couple de paysans sans enfants.

Le soir, Alfred était jeté dans la soupente de l'étable, sans lumière ni toilette. Comme lit, il avait un vieux canapé, des sacs et de vieilles couvertures de laine. Il souffrait terriblement d'être séparé de ses parents et de ses frères et sœurs. Alfred se défendait en vain quand on le jetait là-dedans. « J'ai résisté, j'ai hurlé, mais je n'avais aucune chance contre eux. » Il suppliait, pleurait et donnait des coups de pied contre la porte fermée de la soupente. Il n'était pas rare qu'il s'éveille le matin agenouillé ou étendu derrière la porte.

La faim est devenue une compagne permanente pour Alfred. Pour calmer sa faim, il mangeait de la nourriture destinée à la volaille et du son entreposé dans le réduit. Alfred Ryter se demande aujourd'hui : « Pourquoi personne ne s'est-il soucié de nous ? L'instituteur et les voisins auraient dû entendre ou voir que nous souffrions gravement et que nous étions abandonnés. Personne ne faisait attention à nous. Pourquoi fait-on quelque chose comme cela avec un enfant ? Pourquoi nous a-t-on fait cela ? »

Le matin Alfred était réveillé par le paysan, et quand il revenait du travail à l'étable, la paysanne lui donnait un morceau de pain et une tasse de lait dilué. Elle lui disait toujours : « Je dois refroidir le lait pour que tu arrives à l'heure à l'école. » Ce déjeuner devait suffire jusqu'au repas du soir. Durant près de deux ans qu'il a passés dans cette ferme, il n'a pas reçu une seule fois de la viande et rarement des légumes. Il devait toujours manger seul. On ne l'appelait pas pour le repas de midi. Au début, les paysans avaient encore des excuses – il dormait et ils n'avaient pas voulu le réveiller – mais cela a bientôt cessé.

Comme punition, le garçon recevait non seulement des coups, mais sa ration de nourriture était encore réduite. Il a beaucoup maigri. « Je n'étais plus qu'un gringalet. » Au bout d'un certain temps, il a cessé de résister. Il s'est résigné à tout supporter. Il dit aujourd'hui : « C'est bizarre, quand je pense comme j'ai supplié, pleuré et hurlé au début, et tout d'un coup c'était fini. Je ne l'aurais pas supporté autrement. Au fond, c'était une grâce. »

Les deux frères d'Alfred ont été placés dans une ferme voisine, où ils n'étaient pas bien non plus. Tous trois fréquentaient la même école. Ils se rencontraient régulièrement sur le chemin de l'école et renonçaient souvent à y aller pour passer du temps ensemble. Pour calmer leur faim, l'aîné Hans était le plus actif à voler de la nourriture. Il apportait souvent un Ovosport, du pain ou d'autres victuailles dans la vieille grange où ils se cachaient. Plus tard, Hans a été arrêté pour un vol et placé en institution. Il ne pouvait plus rentrer à la maison qu'à Noël. Il a fini par mettre fin à ses jours. « Cet ennui de la maison, personne ne nous entendait, personne ne prenait garde à nous, c'était terrible. »

Pendant les vacances, une famille de Bâle séjournait régulièrement à la ferme avec ses deux enfants. Alfred les voyait s'amuser avec leurs jouets. Il n'en avait pas lui-même. Il n'avait même pas le temps de jouer. Il n'avait congé que le dimanche après-midi. Il était alors enfermé dans le réduit, d'où on le renvoyait au travail le soir. À Pâques, les enfants de la famille en vacances cherchaient joyeusement leurs nids. Alfred en espérait aussi un : « Jusqu'à midi, j'avais gardé l'espoir que le lapin de Pâques ne m'ait pas oublié. Mais il m'avait oublié ! »

Au lieu de cela, le garçon était enfermé entre les travaux du matin et ceux du soir à l'étable. Il en allait de même à Noël. Aujourd'hui encore, les mauvais souvenirs de son enfance lui reviennent surtout lors de ces deux jours de fête.

Au bout de deux ans, Alfred est retourné à la maison. Bien qu'accueilli avec affection, il ne ressentait plus le même attachement à ses parents. Sa mère malade ayant dû repartir six mois plus tard, le garçon a de nouveau été placé dans une ferme du même canton. Il y a été battu régulièrement et parfois violemment par le paysan et son fils. La paysanne ne le battait pas, mais ne le défendait pas non plus. Là aussi, Alfred n'était pas aimé. Mais il était bien et suffisamment nourri. Il raconte : « Pour moi ça allait. Je pouvais dormir dans la même chambre que le fils du paysan et manger à leur table. » Il n'allait qu'irrégulièrement à l'école. Il montait à l'alpage avec les paysans et devait travailler durement.

Quand sa mère est rentrée à la maison, Alfred a aussi regagné le domicile familial. Pour la première fois, il est allé régulièrement à l'école. Il n'a jamais été un bon élève. À sa sortie de l'école, il ne savait pas vraiment lire et écrire. « Je ne savais même pas écrire correctement mon nom. » Les instituteurs le punissaient souvent pour cela. Il a rarement pris part aux excursions et aux leçons de gymnastique. Dans un autre village où il est allé quelque temps à l'école, le maître et les autres élèves l'appelaient uniquement « garçon placé », et il a fini par être chassé de l'école. Les instituteurs ne montraient aucun intérêt à le soutenir ou à le stimuler sur le plan scolaire. Certains le punissaient pour n'avoir pas fait ses devoirs ou l'enfermaient pendant les récréations. En septième année, l'instituteur ne lui donnait pas la leçon de français parce qu'à son avis Alfred n'apprendrait de toute façon rien. Un autre maître le libérait plus tôt de l'école au printemps et en automne pour qu'il mène paître les vaches. Une fois seulement, un paysan a dû payer une amende parce qu'il n'avait pas envoyé Alfred à l'école.

Un jour, Alfred a uriné dans la bouteille de vin cachée par un instituteur qui l'avait une fois de plus enfermé en classe pendant la récréation. « Juste un peu, il l'a probablement à peine remarqué. » Le garçon ne savait pas se défendre autrement.

En ce temps-là, il avait de nouveau été déplacé. À cet endroit, il arrivait même que la mère d'accueil le prenne dans ses bras. Après la fin de sa scolarité, Alfred Ryter est allé en Suisse romande. Il n'y a pas vraiment été intégré à la famille, mais faisait partie du personnel.

Il n'a même pas appris le français, car presque tout son entourage parlait suisse-allemand.

Une période de difficultés et de rébellion a suivi. Alfred Ryter continuait à mouiller son lit et a perdu son premier emploi pour cette raison. Il a ensuite vécu dans le canton de Vaud. Le suicide de son frère aîné Hans l'a complètement déstabilisé. Il se révoltait, se montrait colérique, récalcitrant et insolent. « J'étais agité, je ne pouvais rien supporter. Je choquais tout le monde. » Par la suite, Alfred Ryter a passé d'un emploi à l'autre. Parfois il était déjà chassé après trois jours. Pour finir, il est entré à l'école de recrues. Là aussi il s'est révolté. Pourtant il s'est trouvé un supérieur pour le prendre en main et le soutenir. « Je me suis rendu compte pour la première fois qu'il y avait des gens qui m'aidaient. »

Ensuite son père lui a trouvé un emploi dans les chemins de fer. Là aussi il a eu de bons chefs et a progressivement repris pied. Mais son deuxième frère Ruedi, à qui il était très étroitement lié, s'est donné la mort à son tour. Alfred Ryter est retombé au fond d'un trou. Il n'allait plus travailler et volait des voitures, même sans permis de conduire. Ses employeurs ne l'ont pourtant pas laissé tomber, et il a gardé sa place. Alfred Ryter était même emmené par son patron à des excursions en famille. C'est comme cela qu'il a fait la connaissance de sa femme. Grâce à la confiance placée en lui, il a repris sa vie en main. Avec beaucoup d'application et de volonté d'apprendre, il est devenu employé de gare. « Et alors j'ai appris, appris, appris. » Sa femme le soutenait, et ils ont beaucoup appris ensemble. Il a réussi le troisième meilleur examen, malgré sa mauvaise instruction scolaire. « Pour la première fois j'étais vraiment fier. Tu peux quelque chose, tu n'es pas rien du tout. » Plus tard, il a été chef de gare pour la compagnie BLS.

Quand son fils a eu l'âge d'aller au jardin d'enfants, celui-ci aurait été distant de plus d'une heure. Alfred Ryter a alors demandé à être déplacé, mais sans succès. En conséquence, il a changé de métier en 1973 et trouvé une place de spécialiste en expédition sur une place d'armes du canton de Berne. En 1976, il a bâti avec sa femme une belle maison familiale. Sa famille a été rapidement intégrée à sa nouvelle commune. Alfred Ryter était actif dans plusieurs sociétés et sur le plan sportif.

Pourtant à sa nouvelle place de travail, certains collaborateurs l'évitaient. Son manque de confiance en lui et le sentiment de ne pas savoir se défendre en ont fait une victime facile pour les accusations et les intrigues. Alfred Ryter en est tombé sérieusement malade. Il a souffert d'ulcères d'estomac, de maladies de l'œsophage et du diaphragme. Ces troubles organiques étaient accompagnés de dépressions. Sa femme et ses enfants en souffraient aussi. Pourtant il a toujours essayé de travailler. En fin de compte, il a tout de même perdu son poste de chef et n'a plus eu de fonction dans l'entreprise. Finalement, Alfred Ryter a dû cesser complètement de travailler à 58 ans. Aujourd'hui, il évoque avec peine et rancœur les dernières années de sa vie professionnelle.

Depuis sa cinquantième année, les angoisses et les dépressions, dont il avait déjà souffert auparavant avec sa famille, se sont multipliés chez Alfred Ryter. Il a été rattrapé par les épreuves vécues à la ferme et le suicide de ses frères. Alors seulement, il a raconté à sa femme son passé d'enfant placé. Alors seulement, elle a pu comprendre et se représenter bien des choses.

Ensemble ils ont visité la première ferme où il avait été placé. Tout à coup, son enfance volée et les terribles nuits dans la soupente sont redevenues omniprésentes. Il est tombé en grave dépression et a dû être admis dans une clinique psychiatrique. Mais au lieu de recevoir de l'aide, il s'y est retrouvé derrière des portes verrouillées. C'était la même situation sans issue qu'autrefois comme enfant dans la soupente. Grâce à un jeune médecin et à sa femme, il a pu quitter la clinique au bout de quelques jours. La visite à la ferme et les intrigues au travail avaient exigé leur tribut.

Aujourd'hui retraité, Alfred Ryter espère pouvoir surmonter son passé et guérir de ses dépressions. Son enfance placée a conditionné toute sa vie. En promenades avec ses petits-enfants, avec le soutien de sa femme et de ses amis, et avec l'aide de son médecin, il espère trouver un chemin pour sortir de la dépression. Alfred Ryter dit aujourd'hui : « Nous avions de bons parents, mais ils n'avaient pas d'argent. J'espère seulement que ma mère ne savait pas ce qui nous est arrivé. Et qu'elle n'a jamais dû l'apprendre. »

Trudi Schmied, Loretta Seglias

Hedwig Wittwer-Bühler, 1920, Berne

« J'ai eu une magnifique jeunesse »

Hedwig Wittwer ignore tout de sa petite enfance. En 1926, à l'âge de 6 ans, elle a été prise en charge par une famille d'accueil du canton de Berne. Sous le choc, elle n'a pas parlé pendant les premiers jours. Elle ne se souvient pas de sa propre famille. « Les parents d'accueil connaissaient la situation, mais ils ne m'ont pas raconté grand-chose ». Elle sait seulement qu'elle avait sept frères et sœurs. Quatre d'entre eux ont aussi été placés, les autres ont pu rester à la maison.

Hedwig se sentait bien dans sa nouvelle maison. Elle vivait chez un homme âgé, le « grand-père », et sa fille, la « tante ». La tante était malade et avait besoin d'aide au travail, tout comme son père. Ils vivaient en autarcie, si bien que Hedwig, à côté de l'école, aidait dans le ménage, au jardin et pour le bétail. Elle n'a pas ressenti ce travail comme un mal. « J'ai appris à travailler, c'est important. On en a besoin dans la vie ». C'était un enfant « commissionnaire » : elle faisait les commissions pour les gens du village ou aidait au jardin.

Hedwig a toujours aimé l'école. L'instituteur était important pour elle. Quand quelque chose lui pesait – « j'étais souvent triste » – elle restait auprès de lui après l'école et il la consolait. Les leçons l'intéressaient et ses prestations scolaires étaient bonnes. Toutefois, elle n'a pas pu faire un apprentissage après l'école. L'argent nécessaire faisait défaut.

Les parents d'accueil ont bien traité Hedwig. Elle n'a jamais reçu de coups ; elle se sentait « bien protégée. Il ne m'arrivait rien ». Aujourd'hui, Hedwig Wittwer ne se souvient que de rares épisodes où elle a été injustement traitée par d'autres personnes. Un jour, le facteur a refusé de lui prendre une lettre parce que le timbre était taché d'encre. Il prétendait que c'était un vieux timbre. Hedwig Wittwer ignore toutefois si le facteur traitait d'autres enfants de la même manière. De temps en temps, elle sentait que les gens avaient des préjugés envers elle : « Quand il arrivait quelque chose, ils disaient toujours : 'Oui, c'est de nouveau à cause d'elle' ».

Hedwig Wittwer aime à se souvenir de ses visites à sa marraine pendant les vacances. Elle habitait dans une ville et les visites avaient quelque chose de spécial : « Elle [...] travaillait dans une fabrique. Elle était mariée, mais n'avait pas d'enfant, et c'était toujours une fête. Rendez-vous compte, une enfant de la campagne en ville ! Et puis on allait au tea-room. Oui, c'était vraiment une fête. » Autrement Hedwig restait toujours au village, sauf à la saison des foins. Le grand-père avait de la parenté dans les montagnes. Dès qu'il n'y avait plus rien à faire à la ferme, ils montaient chez ces proches pour les aider à faire les foins.

Hedwig Wittwer a souvent vu son tuteur. Il lui rendait visite et elle devait parfois lui montrer ses habits et ses souliers. Chaque fois, il lui donnait un franc. Plus tard, alors qu'elle ne vivait plus avec sa famille d'accueil, on lui a communiqué un jour par téléphone que sa tutelle avait été levée.

Quand Hedwig a terminé son école, la « tante » a été placée dans un home. Le « grand-père » était déjà mort avant. Hedwig Wittwer a dû partir et elle a passé un an en Suisse romande. Puis elle est revenue au village pour travailler deux ans dans la famille du pasteur. Celle-ci lui a ensuite trouvé une place de femme de chambre dans un hôtel. Elle y a fait la connaissance d'un couple qui l'a emmenée dans le sud de l'Angleterre pour travailler dans son restaurant. Comme elle aimait beaucoup travailler avec des enfants, elle l'a encore fait pendant deux ans dans une autre famille anglaise. Mais elle a fini par souffrir du mal du pays et elle est rentrée en Suisse.

Plus tard elle s'est mariée et a dirigé une imprimerie avec son mari. Mais celui-ci est mort au bout de quatre ans déjà, et elle s'est remariée. Avec son second mari, elle a vécu trente ans, jusqu'à sa mort.

Aujourd'hui, Hedwig Wittwer vit seule dans un appartement dans le canton de Berne. Rétrospectivement, elle dit : « Au fond j'ai eu une belle vie ». Seuls les ennuis de santé lui donnent aujourd'hui du tracas.

Pour Hedwig Wittwer, il est important de souligner qu'il y a aussi eu des enfants placés qui se trouvaient bien dans leur famille d'accueil. Elle a de bons souvenirs de sa jeunesse.

Mirjam Brunner

Paul Senn et la problématique des enfants placés

Paul Senn naît en 1901 à Rothrist, en Argovie, et grandit à Berne. Après son apprentissage de graphiste il devient reporter-photographe. Très tôt, il s'engage pour la cause des plus faibles et des marginaux. C'est ainsi qu'il est publié surtout par des journaux de gauche, socialement engagés et critiques comme *Aufstieg*, le journal *Die Zeit*, ou encore par la *Nation* quand Peter Surava (1912-1995) y était rédacteur.

En 1940, Paul Senn s'intéresse pour la première fois à la question des enfants placés. Dans l'*Aufstieg* des 8 et 15 mars paraît un article de plusieurs pages intitulé « Le monde des enfants placés ». Sans distinguer entre différents types de placements, ses images montrent des jeunes filles et des jeunes garçons placés soit dans des familles d'accueil soit dans des institutions. Paul Senn a photographié une partie des garçons lors d'une visite à la maison d'éducation pour garçons d'Oberbipp ; les jeunes filles ainsi que d'autres garçons ont été photographiés dans leurs familles d'accueil. Aussi choquantes que soient ses images, les commentaires du journaliste d'alors n'abordent en aucune façon la situation précaire des enfants, mais présentent, comme il était d'usage à l'époque, le placement comme une manière de résoudre le problème. En particulier, le travail dans les champs passait pour un moyen éprouvé d'éducation des enfants, perçus comme une main-d'œuvre appropriée.

De toute manière, le degré de critique émis par les reportages de Paul Senn dépend des rédactions respectives. En 1944, il publie dans la *Nation* avec Peter Surava des articles troublants sur Chrigel, un garçon placé victime d'abus sexuels, ou sur le Centre Sonnenberg à Kriens – articles exigeant très clairement une amélioration de la situation et des démarches juridiques. En revanche, en 1946, la *Schweizer Illustrierte* dit à nouveau que le placement d'enfants est un problème épineux, mais un mal nécessaire. Les différentes attitudes des rédactions n'enlèvent rien au témoignage implacable des images de Paul Senn. Ce sont des documents uniques d'un chapitre sombre de l'histoire suisse – ils illustrent un passé certes révolu, mais pas encore surmonté.

Markus Schürpf
Directeur des Archives-Paul Senn au musée des Beaux-Arts de Berne.

Légendes originales des photographies une par une, cf. p. 271 et suivantes.
Crédit photographique : Fondation bernoise pour la photographie, le film et la vidéo, Musée des Beaux-Arts, Berne. Dépôt de la fondation Gottfried Keller.
© Fondation Gottfried Keller, Winterthur.

Les garçons devant le directeur, maison d'éducation de garçons d'Oberbipp, canton de Berne, 1940.

Garçon placé pendant la visite de l'inspecteur des pauvres, canton de Berne, 1940.

Garçons au travail dans l'établissement d'éducation Sonnenberg, Kriens, 1944.

Fillette placée pendant la visite de l'inspecteur des pauvres, canton de Berne, 1940.

Garçons gardant les cochons, maison d'éducation de garçons d'Oberbipp, canton de Berne, 1940.

Contrôle des souliers chez une fillette placée, par l'inspecteur des pauvres, canton de Berne, 1940.

Garçons au travail dans les champs, maison d'éducation de garçons d'Oberbipp, canton de Berne, 1940.

Tuteur officiel en visite chez une famille nourricière, canton de Berne, 1940.

Mère, également mère nourricière, avec deux enfants, canton de Berne, 1946.

Garçon en train de couper du bois, maison d'éducation de garçons d'Oberbipp, canton de Berne, 1940.

Garçon de la maison d'éducation de garçons d'Oberbipp, canton de Berne, 1940.

Contrôle des dents chez une fillette placée, par l'inspecteur des pauvres, canton de Berne, 1940.

Enfant placé allant nourrir les lapins, canton de Berne, 1940.

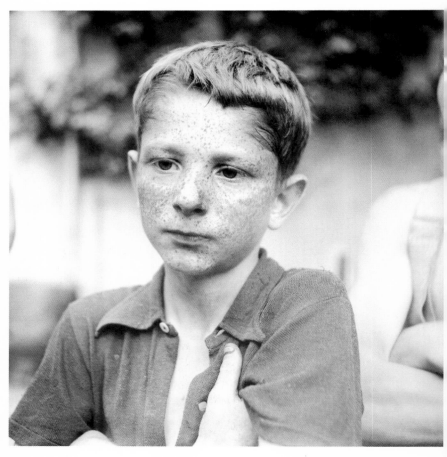

Garçon à la maison d'éducation Sonnenberg, Kriens, 1944.

Garçons au travail à la maison d'éducation Sonnenberg, Kriens, 1944.

Homme avec un garçon, probablement père nourricier avec enfant placé, canton de Berne, 1946.

Fillette placée en train de tricoter, canton de Berne, 1946.

La famille du garçon placé « Chrigel », Seeberg, canton de Berne, 1944

Famille du canton de Berne, dont les trois aînés ont déjà été placés, canton de Berne, 1946 (l'un d'entre eux est la fillette qui tricote, planche XVII).

Garçons au travail des champs, maison d'éducation de garçons d'Oberbipp, canton de Berne, 1940.

Chapitre VI

Placés et humiliés – Les formes de la discrimination

Sabine Bitter

Beaucoup de personnes placées dans leur enfance font état d'un manque de reconnaissance qui, souvent déjà dans leur propre famille, faisait partie intégrante de leurs conditions de vie précaires. Par exemple, Roger Hostettler sentait que sa mère ne voulait pas de lui. Adulte, il a lu dans les dossiers de l'autorité tutélaire de Bâle que sa mère avait déclaré qu'elle ne s'en sortait pas avec lui. Il ne sait pas clairement pourquoi elle n'était pas en mesure de garder chez elle son fils et ses deux autres enfants. La situation financière de ce ménage ouvrier était sans doute tendue. En outre le père de Roger avait des accès de violence quand il était ivre. Il a une fois projeté un animal domestique contre la paroi. La situation à la maison devait aussi être très difficile pour la mère. Ses relations avec son fils restent plombées aujourd'hui. Elle ne veut toujours rien savoir d'un entretien sur sa situation d'alors.

Ne pas être désiré, éviter autant que possible d'être un poids, et ne pas déranger, Roger avait intériorisé cela dans son enfance. Quand il était en visite chez sa mère, il demandait à manger des raviolis en boîte : ainsi elle n'avait pas trop à cuisiner, et il répondait à son attente en étant un enfant « simple » et « bon marché ».

À la fin des années 1930, Elmar Burri a dû quitter encore petit le domicile familial : son père l'a placé quand il s'est remarié. Sa nouvelle femme ne voulait accueillir que trois des quatre enfants de son mari. Selon elle, Elmar ressemblait trop à sa mère naturelle. Peut-être redoutait-elle que le garçon lui rappelle trop l'ex-femme de son mari. Suite à ce refus, Elmar a été placé dans la parenté.

Travail subalterne

Le travail des enfants dans la maison et la ferme était très répandu en Suisse au XXe siècle. En particulier pendant les deux guerres mondiales, quand beaucoup d'hommes étaient au service militaire, les enfants ont dû participer aux travaux. Mais si l'on examine plus attentivement les conditions de travail des enfants dans l'économie agricole et domestique, il apparaît que leur fardeau prenait des formes inacceptables : Roger Hostettler devait nettoyer l'étable même quand il était malade, et Elfie Stiefmaier a même dû le faire le jour de sa confirmation.

Il ressort des récits que les parents nourriciers utilisaient souvent non seulement la quantité, mais aussi la qualité du travail pour rabaisser les enfants placés chez eux. Roger Hostettler raconte que le paysan chez qui il travaillait faisait une différence même pour l'épandage du purin dans les champs. Il faisait en sorte que le garçon placé se salisse le plus les mains : « C'était toujours mon job de tirer et de raccorder les tuyaux pleins de purin. Le paysan était aux commandes et faisait gicler le purin. »

La plupart des enfants placés ne recevaient rien de leurs familles d'accueil et ne pouvaient pas s'y développer. L'historien français Philippe Ariès attribue ces lacunes qualitatives à la famille de l'âge préindustriel. À l'époque moderne en revanche, l'enfance est comprise comme une phase spécifique de la vie et l'enfant comme un être aux besoins particuliers, comme l'affection et une éducation attentive.[1] On peut en tirer la conclusion que des milliers d'enfants placés ont encore vécu en Suisse au XXe siècle dans des conditions indignes d'une modernité éclairée.

Vie familiale de deuxième classe

La plupart des parents nourriciers traitaient les enfants placés plus mal que leurs propres enfants. Même dans les petites choses, il pouvait y avoir de grandes différences : Roger Hostettler devait se laver à l'eau froide dehors à la fontaine, alors que la famille d'accueil disposait à la cuisine d'eau chauffée sur le fourneau. Dans cette ferme, l'eau chaude ne coulait pas encore du robinet dans les années 1960 ;

il fallait la préparer, mais on ne faisait pas cet effort pour un enfant placé.

Les repas étaient aussi marqués par des discriminations. Même pour l'huile de foie de morue, que les enfants recevaient comme complément alimentaire, on faisait une différence, comme le raconte Roger Hostettler : « Je recevais de l'huile de foie de morue ordinaire, et leurs propres enfants celle qui avait un goût d'orange. » Ainsi l'huile de foie de morue laissait l'après-midi encore un mauvais arrière-goût. Resi Eggenberger se souvient de n'avoir mangé que des pommes de terre et des légumes, alors qu'il y avait aussi de la viande pour la famille d'accueil.

En outre, les enfants placés étaient souvent réputés de mauvaise naissance, dépravés, menteurs et voleurs. Christine Hauser, après avoir acheté aux frais de sa mère nourricière et mangé un sachet de sucre vanillé, a été traitée de « criminelle » qui ne « valait rien », comme sa famille d'origine. Elfie Stiefmaier a été invectivée comme « illégitime » et tenue pour une « menteuse » : quand elle a laissé tomber un petit enfant, sa mère d'accueil l'a accusée de l'avoir fait exprès.

Quand les enfants placés n'avaient pas le comportement attendu, personne ne tenait compte de la situation difficile dont ils étaient issus. Il ressort au contraire de leurs souvenirs qu'on leur imputait des défauts moraux de base : Un enfant placé était considéré comme spécialement destiné à être corrigé.[2] Ainsi, Roger Hostettler subissait de temps en temps des tests de caractère : ses parents d'accueil le soumettaient à la tentation en laissant traîner de l'argent. Quand le garçon profitait de l'occasion, les parents démasquaient le « voleur » et le punissaient.

Les enfants placés ne pouvaient rien se permettre et on ne leur faisait pas de cadeaux : quand Resi Eggenberger recevait quelques petites saucisses de sa mère naturelle, elle était rouée de coups par sa patronne, au motif qu'elle avait désobéi à l'ordre de ne rien accepter de personne. La plaque de chocolat qu'Elfie Stiefmaier a reçue d'une tante a été confisquée par les parents d'accueil. Quand Roger Hostettler recevait de l'argent de son père, les parents nourriciers ont demandé au curateur de stopper ces cadeaux paternels. Cette interdiction des cadeaux, cette privation de joies élémentaires font partie de la logique de l'oppression, comme Arno Plack l'écrit dans son analyse du mal.3

Ces discriminations montrent que l'échelle de l'humiliation et de la maltraitance est ouverte vers le bas. Une fois qu'Elfie Stiefmaier avait oublié de vider un pot de chambre, sa mère d'accueil l'a punie en lui versant l'urine sur la tête. Elle a dû aller à l'école souillée et malodorante et n'a pas osé entrer dans la classe. La femme de l'instituteur l'a prise dans son appartement pour lui laver les cheveux. Lorsque Elfie Stiefmaier est rentrée à la maison heureuse de sentir bon, elle a été rouée de coups au point d'en garder des blessures ouvertes qui ont suppuré plus tard. Elle s'en est trouvée si mal qu'elle a perdu connaissance en classe. L'instituteur et sa femme l'ont conduite chez le médecin et se sont adressés au pasteur, qui a trouvé une autre place pour Elfie.

Mauvaise école

La plupart des femmes et des hommes qui ont relaté leurs expériences pour ce livre n'ont pas eu la chance de recevoir une bonne instruction scolaire. Encore dans les années 1960, alors que, dans bien des pays, les étudiants défilaient dans les rues pour réclamer la formation pour tous, les enfants placés en Suisse devaient s'estimer heureux quand ils pouvaient aller régulièrement à l'école et avaient le temps de faire leurs devoirs à domicile. Il n'est donc pas étonnant que beaucoup d'entre eux aient eu de la peine à suivre. Elmar Burri raconte que son maître comprenait sa situation, mais n'a rien fait pour qu'il arrive à apprendre. Ses prestations scolaires étaient médiocres, et il a dû redoubler une fois.

Souvent ces enfants étaient de surcroît discriminés en classe. Parce que ses parents d'accueil n'achetaient pas de tissu pour elle, Elfie Stiefmaier devait raccommoder de vieux cols de chemises pendant que les autres filles confectionnaient de nouveaux tabliers avec de belles bordures : « Ils n'auraient jamais acheté une étoffe pour moi. Je devais toujours raccommoder. »

L'avenir des enfants placés était tracé d'avance. Les parents nourriciers ont toujours répété à Elmar Burri qu'il ne serait que domestique. Quand Elfie Steifmaier a vécu brièvement dans une famille où elle n'était pas exploitée comme main-d'œuvre bon marché, mais n'était chargée que de travaux ménagers faciles, le tuteur est intervenu : « Cela ne peut pas aller, tu vas moisir si tu n'as rien de plus à faire. Comme ça, tu ne seras jamais une bonne travailleuse. Nous avons besoin de jeunes filles qui puissent travailler, les valets sont au service militaire. »

Christine Hauser se souvient aussi des instructions des messieurs de l'assistance publique. Ils affirmaient qu'elle n'avait pas besoin d'apprendre un métier, car elle allait de toute façon se marier. Sa mère d'accueil présumait qu'elle aurait bientôt un enfant illégitime. Même Roger Hostettler, qui était un très bon élève, s'est vu refuser l'accès à une école supérieure et à l'apprentissage de son choix – il voulait devenir graphiste. Il a été interné par sa mère et son curateur dans un établissement pour jeunes criminels sans rien avoir à se reprocher. La décision judiciaire requise pour un tel internement faisait défaut.

« J'étais dans le tiroir du fond »

Des souvenirs des personnes placées dans leur enfance, il ressort que le bien des enfants n'était guère évoqué dans les familles d'accueil, à l'école et par les autorités d'assistance et de tutelle. Ainsi, Christine Hauser a dû constater que les inspecteurs qui, d'office, contrôlaient de temps à autre son lieu de placement, ne se sont jamais souciés d'elle. Ils n'ont pas remarqué qu'avant leur visite, elle devait transférer ses affaires d'une petite chambre obscure dans une pièce confortable afin que les parents d'accueil apparaissent sous un meilleur jour. Les visiteurs se faisaient offrir un bon repas et exhortaient Christine à être reconnaissante d'être « aussi bien tombée ». Ils ne se donnaient même pas la peine de parler avec elle et ne lui ont jamais demandé comment elle allait : « Cela ne les intéressait pas, j'étais dans le tiroir du fond. »

Pour Roger Hostettler aussi, ces visites de contrôle étaient une plaisanterie. Quand le curateur passait, la famille d'accueil faisait en sorte qu'il ne voie pas le garçon en prétendant par exemple qu'il était justement en course d'école.

Les relations entre parents d'accueil et enfants placés sont décrites dans de nombreux cas comme dépourvues de confiance, de fiabilité et de constance. Pas trace de sérénité, et les besoins matériels de base n'étaient souvent même pas satisfaits. Des conditions essentielles manquaient donc pour le développement normal d'un enfant.4

Beaucoup de personnes placées dans leur enfance souffrent aujourd'hui encore de l'exclusion familiale, de la discrimination cachée ou ouverte et de l'ignorance des autorités. À l'âge adulte, Roger Hostettler était obnubilé par l'idée que ses camarades d'équitation puissent dire en cachette du mal de lui et de son passé. Ce sentiment de stigmatisation l'a aussi envahi quand, dans les années 1980, il a été éconduit par l'autorité tutélaire de Bâle alors qu'il voulait consulter son dossier. Il n'a été autorisé à le faire que lorsqu'il s'est présenté avec un avocat. Mais même alors, les autorités l'ont traité avec méfiance. Un fonctionnaire le surveillait pendant qu'il étudiait ses dossiers. Roger Hostettler constate que ses expériences d'enfant placé ont influé sur ses relations ultérieures. Quand il était blessé par quelqu'un, il était toujours « follement déçu ».

Christine Hauser s'est longtemps considérée elle-même comme ignorante et incapable. Elle n'osait pas aider ses propres enfants pour les devoirs à domicile. De plus elle évitait la compagnie de personnes extérieures à sa famille parce qu'elle craignait qu'elles puissent s'enquérir de son passé. À 40 ans, la charge psychique est devenue si lourde qu'elle a eu besoin d'aide. Christine Hauser sait aujourd'hui qu'elle a eu comme enfant déjà de graves dépressions, à l'époque où elle ne voyait plus qu'un mur noir devant elle.

Outre ces blessures, des blancs apparaissent régulièrement dans la biographie de nombreuses personnes placées dans leur enfance. Ainsi Roger Hostettler, qui n'a pas pu avoir d'enfants, ignore s'il a été stérilisé à son insu lors d'une opération des testicules subie à l'hôpital pour enfants de Bâle. Une question obsédante qu'il n'a pas osé éclaircir à ce jour : « Si c'est vraiment le cas, comment dois-je réagir ? Je serais encore plus fâché. Il vaut peut-être mieux que je ne sache rien. »

Les discriminations et mauvais traitements dont se souviennent les personnes placées dans leur enfance semblent difficilement imaginables. Il est probable que beaucoup de parents nourriciers étaient surchargés, insatisfaits, dépassés et incapables de ce fait de s'occuper de manière adéquate d'un enfant étranger. La recherche historique ne s'est guère penchée jusqu'ici sur les personnes concernées, et encore moins sur les auteurs des placements. Dans ce domaine, de nombreuses lacunes subsistent donc.

Dans les souvenirs de personnes placées dans leur enfance apparaissent beaucoup de tuteurs et curateurs qui ont abusé de leur pouvoir et aggravé les discriminations existantes. Des instituteurs et des prêtres ont aussi fermé les yeux ou n'ont pas entrepris grand-chose pour mettre fin aux abus. Ces personnes d'autorité, plus instruites que la plupart des parents d'accueil du monde paysan, savaient ce dont les enfants ont besoin pour pouvoir devenir des personnalités responsables et sociables. Ces connaissances étaient disponibles depuis longtemps.[5] Et justement dans la communauté villageoise, volontiers décrite comme solidaire, l'empathie envers les plus faibles a laissé à désirer.

De plus, l'histoire des enfants placés montre que les postulats rationalistes de l'époque moderne, comme le bien des enfants et l'égalité des chances, ne valaient pas pour tous les enfants jusque dans la seconde partie du xxe siècle. Les enfants de familles pauvres faisaient exception. Dans ce contexte, la pauvreté est comprise non seulement comme détresse matérielle, mais comme forme extrême d'inégalité et de ségrégation sociale et comme forte limitation des possibilités de développement et de formation.[6] Même en Suisse, État social moderne, ces enfants n'ont guère trouvé de soutien et n'ont pas eu de lobby. L'histoire des enfants placés apparaît ainsi comme un cauchemar dont nous venons de sortir.[7]

Christine Hauser-Meier*, 1938, Berne

« J'étais considérée comme paresseuse et bonne à rien. Quand on entend toujours ça, on finit par le croire »

À l'âge de trois ans, Christine Hauser a été emmenée de la maison par une assistante sociale qui l'a conduite chez un couple de paysans du canton de Berne. On lui a dit d'appeler ces gens « maman » et « papa ». Elle passait d'abord pour la jolie et mignonne petite fille blonde. Mais on lui a bientôt mis un petit râteau de bois dans les mains, et dès ce moment on a exigé d'elle beaucoup de travail. Elle avait toujours plus de tâches à remplir.

Avant d'aller à l'école, Christine donnait à manger aux poules et préparait les légumes pour le repas de midi. Puis elle courait à l'école pour ne pas arriver en retard. Par chance, les élèves recevaient du lait et du pain à la récréation. Ce lait l'a aidée à survivre, car la nourriture était très mauvaise à la ferme. La paysanne n'arrivait pas à mettre des repas convenables sur la table. Le dimanche, Christine n'avait souvent rien du tout à manger et devait rester dans une petite chambre obscure. Elle entendait alors le paysan dire à sa femme : « Fais-la donc venir à table ! » La mère nourricière répondait : « Non, elle n'aura rien aujourd'hui. Elle a été méchante et a cassé une tasse. » Mais ce n'était pas vrai. La paysanne ne voulait simplement pas avoir l'enfant à table. En fait, la fillette était contente du travail et des « dimanches morts ». Ainsi elle ne devait voir personne, car elle avait terriblement honte.

Christine était presque toujours en chemin, seule avec le paysan. Elle l'aidait à rentrer le foin et le regain au champ et sur les alpages. Elle s'étonne encore aujourd'hui de ne jamais être tombée sur ce terrain dangereux. Ils allaient faucher l'herbe sauvage sur des pentes parfois très raides, et les chemins menant aux alpages étaient aussi difficiles. Le paysan pressait souvent Christine de veiller à ne jamais avoir de foin sec sous les sabots, sous peine de dévaler la pente. Christine dormait sur une paillasse dans une petite chambre sombre. Elle n'avait qu'une lanterne qui, plus tard, lui a donné assez de lumière pour lire les livres qu'elle empruntait à la bibliothèque.

Une fois par année, les représentants de l'assistance publique venaient à la ferme pour inspecter le lieu de placement. Comme ils s'annonçaient toujours à l'avance, Christine devait transporter ses affaires dans une chambre qui avait la lumière électrique. Les visiteurs recevaient un bon repas. Ils disaient à Christine qu'elle devait être reconnaissante d'être « si bien tombée ». Quand les inspecteurs étaient repartis, elle ramenait ses affaires dans sa petite chambre. Jamais l'un d'eux ne lui a demandé comment elle allait. Cela ne les intéressait pas : « J'étais dans le tiroir du fond ».

Christine allait à l'école du dimanche. Quand sa robe du dimanche ne lui allait plus parce qu'elle avait grandi, et qu'elle n'avait rien d'autre à mettre, elle n'a plus pu s'y rendre. Elle est tout de même allée à l'église pour la fête de Noël de l'école du dimanche. Le pasteur l'a remarquée, l'a appelée et lui a donné un cadeau. Il lui a aussi demandé pourquoi elle ne venait plus à l'école du dimanche. Elle lui en a donné la raison. Mais il n'a pas réagi à la plainte de l'enfant. Christine n'avait personne qui désire voir comme elle allait mal. Sa seule chance était d'avoir une bonne santé et d'être rarement malade.

La fillette allait régulièrement faire des achats pour les paysans et leur fille, qui vivait dans la maison voisine, et ramenait chaque fois de lourds sacs à la maison. Un jour, elle s'est acheté un sachet de sucre vanillé avec l'argent de la patronne, et l'a mangé : « À partir de là, je n'ai plus seulement passé pour paresseuse [...], mais on m'a aussi traitée de criminelle. » La paysanne lui disait sans cesse que sa famille d'origine ne valait rien, et elle non plus.

Elle n'avait pas le temps de nouer des amitiés et ne connaissait personne à qui elle aurait pu confier ses soucis et ses peurs. Quand elle riait, elle était battue par la fille des paysans, qui habitait à côté avec son mari. Christine Hauser a souffert plus tard de ne pas avoir appris à jouer quand elle était petite. Elle n'a pas pu jouer non plus avec ses propres enfants. Elle n'osait même pas faire les devoirs scolaires avec eux, parce qu'elle pensait toujours : « De toute façon, je ne sais rien ».

La commune versait cent francs par mois aux paysans pour les frais d'entretien. Lors d'une visite, un représentant de l'assistance a déclaré que la jeune femme n'avait pas besoin d'apprendre un métier, car elle allait de toute façon bientôt se marier. Pour sa part, la paysanne prétendait qu'elle mettrait bientôt au monde un enfant illégitime. Quand elle a quitté l'école, Christine Hauser est allée travailler dans une blanchisserie à Genève. On l'a alors pressée de signer un contrat exigeant d'elle 850 francs pour son trousseau. Sur son salaire mensuel de 85 francs, elle a dû verser péniblement ce montant par acomptes. La jeune femme habitait chez une fille des paysans, qui travaillait comme infirmière à Genève. Aujourd'hui encore, Christine Hauser envoie parfois de l'argent à cette femme parce qu'elle est pauvre et n'a que le minimum pour vivre.

Comme enfant, Christine avait appris à prier à l'école du dimanche. Elle croyait donc que Dieu voyait sa détresse, qu'il voyait quand on la traitait injustement et qu'on ne la croyait pas. Elle a appris à faire confiance à Dieu pour qu'il lui donne la force de survivre. Mais parfois la jeune fille ne voyait plus qu'un mur noir devant elle. Christine Hauser pense aujourd'hui qu'elle était déjà dépressive. À l'âge de 40 ans, elle a eu une grave dépression et s'est fait soigner. Toute son histoire d'enfant placé lui revient encore souvent, surtout quand son mari est malade. Elle se sent alors seule et désarmée. Christine Hauser évite encore actuellement la société d'autres personnes. Elle n'a jamais appris à aller vers les autres, et n'a par exemple jamais fait partie d'une association. Elle a le sentiment que les gens pensent : « D'où vient-elle donc ? » C'est pourquoi, de l'extérieur, elle peut paraître inapprochable et fière.

Christine Hauser habite aujourd'hui avec son mari, dans le canton de Berne, une maison individuelle qui a aussi abrité leur propre entreprise. Elle a trois enfants et six petits-enfants. Tous ses enfants ont acquis une bonne formation professionnelle. Elle est particulièrement fière de son fils professeur au gymnase. Elle est très heureuse que sa fille soit si gaie et rie volontiers. Elle est aussi très contente de son deuxième fils, qui est maître-tapissier et décorateur et a sa propre entreprise. La famille est importante pour Christine Hauser. Quand son mari et sa famille vont bien, elle se sent aussi heureuse et forte.

Trudi Schmied

Elfie Stiefmaier-Vögeli, 1926, Zurich, Thurgovie, St-Gall

« Trimer comme un pauvre chien »

Elfie Stiefmaier est née hors mariage et a vécu jusqu'à sa cinquième année chez sa grand-mère. Quand celle-ci est décédée, sa mère l'a placée temporairement dans une famille d'accueil du canton de Zurich. La mère avait reçu du père de l'enfant trente mille francs, « une somme folle » à l'époque, pour son entretien et son éducation. Mais la mère, une tête de linotte, avait dilapidé cet argent et s'est bientôt retrouvée les mains vides.

À l'âge de douze ans, Elfie a été placée hors de sa famille : « On m'a prise chez elle, je ne sais pas si c'est un instituteur ou la commune qui a décidé. » La jeune fille a été conduite par deux messieurs chez un fromager de Thurgovie, qui exploitait aussi une grande porcherie. Le fromager l'aurait volontiers adoptée, car il n'avait pas eu d'enfant avec sa femme. Mais la mère naturelle d'Elfie n'était pas d'accord. Elle présumait que sa fille pourrait mieux l'aider plus tard si elle n'était pas adoptée. Elfie Stiefmaier pense encore aujourd'hui que c'était la seule raison. Au début, les parents d'accueil voulaient la requinquer, car elle était toute menue. Mais elle ne supportait pas le lait, qui était donc dilué et additionné d'un complément.

La tâche d'Elfie consistait à garder 22 vaches, alors qu'elle n'avait jamais vu une vache jusque-là. Rien que les cornes l'effrayaient.

Puis la mère d'accueil est tombée malade et Elfie a été déplacée. Ce ne devait pas être la dernière fois : elle a passé d'une famille paysanne à l'autre, parfois sans savoir pourquoi. Elle a d'abord vécu chez un paysan qui avait pris une ferme en bail. Elle devait aussi mettre la main à la pâte, mais cela se passait bien pour elle dans l'ensemble.

Un matin pourtant, la paysanne s'est fâchée contre elle. Elfie Stiefmaier ne sait plus aujourd'hui pourquoi. Peut-être n'avait-elle pas assez bien nettoyé le sol de la cuisine ? Peu après, elle a aidé à décharger du char de l'herbe pour les vaches. Mais le petit enfant de la famille se trouvait sur le char. En voulant le déposer à terre, Elfie l'a laissé tomber. La paysanne a pensé qu'elle l'avait fait exprès parce qu'elle avait été grondée le matin. Rien n'était arrivé au petit enfant, car il était tombé sur l'herbe fauchée. Mais la paysanne insistait : Elfie avait fait tomber l'enfant volontairement. Le patron lui a dit : « Vois-tu, ma femme ne le supporte pas, elle ne te croit simplement pas. »

Alors qu'elle était en cinquième année scolaire, Elfie a été placée dans une ferme tenue par deux personnes âgées. Elle devait y faire tout le travail à l'étable et aux champs, bien qu'elle n'ait appris ni à traire ni à faucher. Ces gens ne cachaient pas qu'ils auraient préféré une personne déjà libérée de l'école et pouvant travailler toute la journée, c'est-à-dire une domestique bon marché. En conséquence, Elfie s'est vite retrouvée à une autre place. Là elle s'occupait de trois enfants, aidait un peu à la cuisine, nettoyait et faisait la vaisselle. Lors d'une visite, le tuteur a dit : « Cela ne va évidemment pas, tu vas moisir ici si tu n'as rien de plus à faire. Comme ça tu ne seras jamais une bonne travailleuse. Nous avons besoin de jeunes filles qui puissent travailler, les valets sont au service militaire. »

Là-dessus, Elfie a encore une fois été déplacée. Elle est arrivée dans un ménage où elle devait trimer comme un « pauvre chien ». Un jour elle s'est enfuie ; pieds nus, ses affaires d'école sous le bras, elle a couru à la gare et a pris le train jusque chez sa mère. Celle-ci a dit : « Tu n'aurais pas dû venir si vite. Je n'ai encore rien pu organiser pour te cacher quelque part. » Sa mère a averti la police. Au moins, Elfie n'a pas dû retourner au même endroit, mais a été accueillie brièvement par un pasteur dans l'attente d'une nouvelle place.

À quinze ans, l'adolescente a été placée dans une autre famille. Elfie Stiefmaier dit aujourd'hui de ces parents nourriciers : « La femme était une hyène, et lui était méchant aussi. » Ils employaient aussi un garçon placé, d'un an son aîné, qui avait fini sa scolarité. Elle se souvient que les coups pleuvaient pour la moindre bagatelle. Tous deux se faisaient sans cesse traiter d'enfants illégitimes. Ni le garçon ni Elfie ne comprenaient ce reproche : ils ne pensaient pas être malhonnêtes.[1]

Quand la mère d'accueil a eu un enfant – ils étaient en train de faire les regains – le garçon a pris quelques pommes et dit à Elfie : « Viens, asseyons-nous sur le banc. Elle vient d'avoir son enfant, nous aurons la paix. » Mais alors qu'ils mangeaient les pommes assis sous l'arbre, la paysanne est accourue comme une furie. Ils n'en croyaient pas leurs yeux. « Elle avait accouché à 11 heures et revenait faire la folle dès l'après-midi. » Elfie a alors reçu pour la première fois des coups de fouet du paysan sur le dos. Désormais, les deux jeunes ont eu l'interdiction de bavarder ensemble. À Noël, Elfie devait rester dans sa chambre froide en entendant les autres chanter. Elle ne recevait pas le moindre cadeau. On lui a pris le chocolat que sa tante lui avait envoyé.

Le paysan avait un frère handicapé mental. La nuit, cet homme urinait dans un pot de chambre qu'Elfie devait vider le matin. Pour accéder aux latrines, elle devait traverser l'étable, comme cela se faisait dans les fermes thurgoviennes. C'est là qu'elle vidait le pot. Un matin, elle a oublié de le vider à temps. Pour la punir, la paysanne lui a versé l'urine sur la tête. La jeune fille n'a même pas pu se laver. Elle a été obligée d'aller à l'école souillée et malodorante. « Je n'osais pas entrer, car j'avais honte. » À ce moment, la femme de l'instituteur est descendue – à l'époque, les enseignants de la campagne habitaient souvent dans le bâtiment de l'école – et a demandé à Elfie ce qu'elle faisait et pourquoi elle avait une odeur si bizarre. Elle s'est occupée d'elle, l'a prise dans son appartement, lui a lavé et parfumé les cheveux. Elfie est rentrée rayonnante à la maison en disant : « Pour une fois je sens bon maintenant ». Mais elle a de nouveau reçu des coups. Peu après, elle a perdu connaissance à l'école. Elle a été transportée dans l'appartement du maître, et sa femme a demandé ce qui se passait. Quand elle a ôté les vêtements d'Elfie, celle-ci a crié

---

1 NdT. : les mots allemands « unehelich » (illégitime) et « unehrlich » (malhonnête) ne diffèrent que d'une lettre.

de douleur. Le corps de la jeune fille était constellé de marques de coups suppurantes. La femme de l'instituteur a dit : « Je ne te laisse pas retourner là-bas, c'est exclu. »

L'instituteur et sa femme ont conduit Elfie chez le médecin, qui a pansé les plaies. Le médecin a également jugé inacceptable que la jeune fille soit traitée comme cela. Il a pris contact avec le pasteur, qui l'a hébergée quelques jours.

C'est ainsi qu'a eu lieu le déplacement suivant. Le nouveau père d'accueil estimait qu'Elsie, alors en septième année, avait été assez longtemps à l'école et pouvait maintenant travailler comme servante. Les messieurs de l'autorité tutélaire lui ont donné raison. Pour réussir à la campagne, pas besoin d'école secondaire. Mais Elfie voulait quitter la campagne. Elle aimait l'école et y était bonne partout. Comme elle n'avait pas le temps de faire ses devoirs à la maison, elle essayait de les faire en classe. L'instituteur appréciait ses efforts, disant parfois : « C'est très bien, d'autres bavarderaient à ta place. » Elle se concentrait sur le calcul et l'orthographe. En revanche, la géographie ne l'intéressait pas, car elle pensait qu'elle ne lui servirait à rien.

Les autres élèves se moquaient parfois d'elle. Ils la taquinaient à cause de ses vêtements de mauvaise qualité. Les leçons de couture étaient pénibles pour elle. Elle devait raccommoder de vieux cols de chemises pendant que les autres élèves confectionnaient de nouveaux tabliers avec de beaux ourlets apparents. « Ils ne m'auraient sûrement jamais acheté du tissu pour un tablier. Je devais toujours raccommoder. » Par bonheur, une voisine a conseillé à la mère d'Elfie de laisser sa fille continuer l'école : « Je vois encore les trois messieurs quand j'ai tout de même été autorisée à retourner à l'école ! » À cause de cette décision, la jeune fille a dû une nouvelle fois changer de famille d'accueil.

Puis est venu le temps de la confirmation. Elfie Stiefmaier n'avait pas de robe pour cet événement, mais elle a reçu la robe de serveuse de sa mère, et le père nourricier lui a acheté de nouvelles chaussures. Toutefois celles-ci étaient en carton, de sorte que les semelles étaient déjà trouées après l'excursion des catéchumènes. « Le matin de la confirmation, j'ai encore dû nettoyer toute l'étable. Quand le pasteur est venu me chercher, j'étais encore en tenue de travail. Pendant qu'il m'attendait au salon, les parents d'accueil m'accusaient d'avoir fait exprès de traîner. Ce n'était pas vrai, j'aurais bien voulu être prête. »

À cette période, la marraine de sa mère s'est entendue avec le tuteur pour qu'Elfie Stiermaier puisse faire un an de stage ménager. Elle a ensuite dû utiliser ses connaissances dans le ménage du secrétaire des paysans du canton de St-Gall : « Sa femme n'avait que deux ou trois ans de plus que moi. Mais elle ne savait pas cuisiner et a exigé de moi que je fasse la cuisine chez elle. » Pour cela, Elfie Stiermaier achetait des revues qui l'aidaient à préparer les repas. Là aussi, elle a travaillé dur. Son patron la faisait mettre des fruits et des légumes en conserve pour toute sa parenté. Cela l'obligeait à se lever dès cinq heures du matin.

Par l'entremise de sa mère, Elfie Stiefmaier est finalement devenue femme de chambre en Engadine, où elle a pu faire plus tard un apprentissage de serveuse. Le directeur l'a soutenue, s'efforçant de lui donner confiance en elle. « Pense toute ta vie : vouloir, c'est pouvoir. Tu dois toujours te dire : ce qu'un autre peut faire, je le peux aussi ! » Elfie Stiefmaier a pris ces propos à cœur. Elle rêvait de sortir de sa condition et s'est juré de ne jamais épouser un paysan, ce qu'elle a tout de même fait plus tard. Mais son souhait de ne plus jamais dépendre d'autres gens s'est réalisé.

Dans son enfance, Elfie Stiermaier n'a eu aucun contact avec les autorités, à l'exception du tuteur. Chaque fois qu'il venait, elle devait mettre sa robe du dimanche et écouter ses avertissements : « Conduis-toi bien, sinon tu iras en institution ! » Elle avait peur d'être internée. À l'âge adulte seulement, elle s'est dit que les enfants et les jeunes en internat avaient peut-être été mieux traités qu'elle.

Brigitte Balz

Elmar Burri*, 1935, Berne

« Il manquait la chaleur du foyer »

Elmar Burri avait deux ans quand sa mère est décédée. Elle laissait quatre enfants âgés de neuf mois à six ans. Son père s'est rapidement remarié. Mais sa nouvelle femme a refusé d'accepter Elmar parce que le petit garçon ressemblait beaucoup à sa mère. C'est pourquoi il a été placé chez son parrain et son épouse, un couple sans enfants qui habitait à proximité. Elmar considérait son parrain comme son père et l'appelait par ce nom. Il a été choqué le jour où son parrain lui a présenté son vrai père, qui était venu apporter de l'argent. Que cet inconnu puisse tout d'un coup être son père l'a profondément affecté – un monde s'est effondré pour lui.

Elmar a vécu un autre événement crucial lorsque son parrain a été appelé au service militaire actif en 1941. Comme sa femme était malade et faible, elle ne pouvait pas s'occuper du garçon, qui avait six ans. Le service de l'assistance l'a alors placé dans une autre famille, également un couple sans enfants. Mais Elmar n'a passé que trois mois dans cette ferme du canton de Berne. Peut-être dans un accès de colère, le paysan lui a une fois botté les fesses. Des voisins qui avaient assisté à la scène l'ont signalée aux autorités, de sorte que le garçon a encore été déplacé. Son nouveau domicile était une autre ferme du même canton, où il est resté dix ans. Là non plus, les parents nourriciers n'avaient pas d'enfants. La grand-mère de l'un d'eux vivait aussi à la ferme. Comme président de la bourgeoisie et conseiller paroissial, le paysan avait d'importantes fonctions au village. Mais sa femme n'y était pas aimée.

La ferme comptait six vaches, deux chevaux et quelques cochons. Elmar avait l'impression qu'il était là seulement pour travailler. Et le travail ne manquait pas : traire les vaches, faucher l'herbe, retourner le foin, abattre des arbres en forêt, couper le bois, livrer le lait à la fromagerie avec le char à chevaux – toutes activités qui se faisaient sans machines. Le matin avant l'école, Elmar allait à l'étable puis à la fromagerie. Avant et après le repas de midi, il devait donner à boire et à manger aux chevaux. L'après-midi après l'école, il fallait de nouveau traire les vaches, changer la litière, faucher l'herbe, préparer le fourrage, travailler aux champs ou dans la forêt. Il entendait sans cesse : « Fais ceci ! Fais cela ! » Quand un paysan d'aujourd'hui se dit fatigué, Elmar Burri peine à le croire.

Le paysan ne disait pas grand-chose, se bornant à donner des instructions. Le garçon s'entendait bien avec lui. Mais il avait souvent des ennuis avec la paysanne, qui manquait de compréhension : « Elle n'avait pas le moindre tact ». Quand Elmar, alors en deuxième année scolaire, s'est subitement remis à mouiller son lit, elle apportait les draps dans la cour, où il devait les laver lui-même « en public ». Des écoliers le regardaient faire. La grand-mère intervenait parfois quand on le traitait trop injustement à ses yeux. Mais elle ne voulait pas non plus s'attirer de désagréments.

Le tuteur d'Elmar vivait aussi au village. Chef de gare et accessoirement petit paysan, il avait aussi quelques bêtes. Elmar le voyait parfois faucher. Il n'osait pas lui faire de confidences, car il avait peur que son patron l'apprenne.

Elmar n'avait guère de temps libre. En hiver, ses camarades se lugeaient pendant qu'il coupait du bois. La paysanne laissait toujours la fenêtre ouverte pour entendre s'il travaillait vraiment. Parfois il lui jouait un tour en se faisant remplacer par un copain pour pouvoir lui aussi faire une descente. En été il lui arrivait de s'éclipser pour aller se baigner avec les autres dans l'étang voisin ou la rivière. Il n'avait jamais de vacances.

Elmar Burri ne juge pas ses parents nourriciers foncièrement mauvais. Il recevait toujours les mêmes repas qu'eux et mangeait à leur table. Mais ils étaient avares : quand il avait besoin de souliers neufs, c'est son père qui devait les acheter. Quand il voulait aller voir un match de football, il se servait dans le porte-monnaie, car il n'avait pas d'argent. Ses parents d'accueil ne lui auraient jamais rien payé. Sa chambre près de la cuisine était petite et sans chauffage. En hiver, les vitres étaient gelées le matin et il avait le nez glacé. Mais c'était la chaleur humaine qui lui manquait le plus.

Pour les devoirs scolaires, Elmar n'avait guère de temps, surtout en été. Quand les autres élèves devaient montrer leurs devoirs, l'instituteur, compréhensif, disait qu'il l'avait encore vu travailler la veille jusque tard dans la nuit, et que « c'était bon ». Juste avant onze heures, Elmar se hâtait de monter aux combles pour faire sonner ponctuellement la clochette de l'école. Les gens qui travaillaient dans les champs savaient ainsi que midi approchait. Cette tâche a été la sienne pendant des années. En classe, il se sentait accepté, mais ses notes étaient en général tout juste suffisantes. Une fois, elles n'ont pas suffi et il a dû redoubler l'année. Il ne deviendrait de toute façon que domestique, disait-on.

À l'âge de 16 ans, Elmar Burri est allé trouver son tuteur dans le but de passer une année en Suisse romande. Cela a été un tournant pour lui : du canton de Berne au pays de Vaud, d'un couple sans enfants à une famille paysanne avec trois enfants et un autre domestique alémanique. Là aussi le travail était dur, de l'aube jusque tard le soir, tous les jours y compris le week-end. Mais il était payé 70 francs par mois et avait pour la première fois un peu de temps libre. L'adolescent allait parfois au cinéma ou sortait jusqu'au petit matin. Dans cette famille, l'atmosphère était différente : on riait ensemble, et pendant les foins on trouvait le temps de faire une courte pause, de s'asseoir sur le char et de boire du cidre. Elmar Burri a apprécié ce séjour : « J'ai vu comment cela aurait pu être, c'était presque une famille de remplacement. » Plus tard il a souvent rendu visite au patron et à sa femme, et aussi à leur fils, qui a repris la ferme par la suite. Ces contacts perdurent aujourd'hui.

Après son année en Suisse romande, Elmar Burri a commencé un apprentissage de fromager dans l'Emmental. Là aussi il a eu de la chance : il était nourri et logé dans la famille du fromager et gagnait

70 francs par mois. Mais des problèmes avec son bras l'ont contraint plus tard à abandonner la profession de fromager. Il est allé travailler au service des constructions d'une ville soleuroise. En 1963, un maître-nageur des bains de la ville est décédé peu avant le début de la saison de la baignade, et sa place a été proposée à Elmar Burri. Il a ensuite travaillé dix ans au service extérieur dans la vente de produits de nettoyage et de désinfection. Ainsi il allait jusqu'à St-Moritz ou au Tessin, parcourant parfois 55'000 kilomètres par an en voiture.

À 48 ans, Elmar Burri a une nouvelle fois changé de profession : il est devenu maître-nageur et responsable du nettoyage dans un pénitencier du canton de Berne. Il s'occupait de groupes de nettoyage comprenant quatre à cinq détenus. Il y a souvent rencontré des hommes qui justifiaient leurs actes par leur jeunesse difficile. Mais il ne pouvait pas accepter cela : cela dépend de ce que l'on fait de sa vie, objectait-il. Plusieurs de ces détenus ont suivi ses conseils. Quand il va aujourd'hui assister à un match de football, il arrive que quelqu'un lui tape soudain sur l'épaule et le salue : un ancien du groupe de nettoyage. Cela lui fait un grand plaisir.

Envers ses enfants aussi, Elmar Burri a adopté une attitude sévère, mais correcte. Pour lui qui s'est marié à 24 ans et est vite devenu père, il était clair que ses enfants devaient avoir un meilleur sort que lui. Mais cela ne signifiait pas qu'ils pouvaient faire n'importe quoi : « Il faut montrer aux enfants ce qu'ils peuvent faire et ce qu'ils ne peuvent pas faire. » Elmar Burri pense qu'il y est parvenu. Aujourd'hui encore, il vit avec sa famille dans le canton de Berne. Son fils et sa belle-fille habitent à un autre étage de la même maison. Et sa fille vit à quelques rues de distance.

Elmar Burri a des contacts avec ses deux sœurs, mais pas avec son frère, qui s'est isolé. Ses relations avec son père sont restées froides. Ce dernier n'a hélas pas eu le courage, à l'époque, de dire à sa nouvelle femme qu'ils ne vivraient pas ensemble si elle n'acceptait pas l'enfant. Son père lui a plus tard demandé pardon de l'avoir placé ailleurs. « Il ne faut pas t'excuser », lui a répondu le fils. Il comprend qu'avec ses quatre enfants, c'était alors un problème pour son père de retrouver une femme. En 1976, quand son père a brièvement habité chez lui avant sa mort, il a dit à son fils qu'il était fier de lui, fier qu'il soit arrivé à quelque chose et possède sa propre maison. Lui qui aurait dû rester domestique.

Depuis l'an 2000, Elmar Burri est retraité. Il veut maintenant profiter du temps qui lui reste. Car il ne peut pas effacer ce qu'il a vécu : cela s'est réellement passé. Et après tout il a aussi appris durant ces années beaucoup de choses qui lui ont souvent servi dans la vie, comme la capacité de travailler durement. Ce qui lui a manqué, c'est l'affection. Il lui est aujourd'hui encore difficile de montrer de l'amour et des sentiments, parce qu'il n'en a jamais reçu. Lui qui est marié depuis cinquante ans a encore de la peine avec le mot « amour ». Il n'a pas reçu dans son enfance l'amour qu'il aurait dû recevoir de sa mère. Il n'a découvert la « chaleur du foyer » que grâce à sa femme et à ses deux enfants.

Resi Eggenberger*, 1943, Bâle-Campagne

« J'ai tellement haï ma mère »

Resi Eggenberger est née en 1943 dans le canton de St-Gall. Elle avait à peu près trois ans quand ses parents ont divorcé. À cette période, la mère laissait souvent la petite fille seule avec sa sœur cadette dans un parc à l'intérieur de l'appartement, pendant qu'elle rencontrait des hommes. Des voisins ont alerté les autorités. Les enfants ont d'abord été hospitalisés trois mois pour sous-alimentation, puis placés dans un foyer pour enfants de Bâle-Campagne.

À l'âge de cinq ans, Resi a été amenée à une famille qui vivait dans une petite ferme dans le même canton. Faire son lit et la vaisselle, c'était le plus facile. « Je n'ai vraiment pas été ménagée. Je devais travailler surtout dehors, presque pas à l'intérieur. » L'une des tâches de Resi consistait à transporter de lourdes boilles de lait à la fromagerie. Elle en ressent toujours les séquelles, car son dos a été gravement abîmé à l'époque : elle a aujourd'hui de la peine à marcher et à se lever. Par tous les temps, elle aidait le paysan dans les champs. Il était irascible et la battait souvent. La paysanne n'adressait presque jamais la parole à Resi. En revanche, celle-ci garde un bon souvenir de la sœur de la paysanne, tante G., qui était très gentille avec elle. Elle lui tricotait des culottes et des chaussettes, et lui donnait parfois des friandises en cachette avant d'aller au lit. À Noël, la fillette recevait une tablette de chocolat et des habits tricotés par tante G.

La famille prenait ses repas en commun. Les parents nourriciers, membres de l'Armée du Salut, priaient avant chaque repas. À table, les enfants placés – à part Resi, un autre enfant était en service dans la famille – n'avaient pas le droit de parler, sous peine d'être battus.

Quand ils enfreignaient cette règle, on les menaçait de les mettre en institution. Pour les punir, on les envoyait souvent au lit sans repas. Ils recevaient seulement des pommes de terre et des légumes, jamais de viande ou de fromage. On ne leur donnait pas non plus de fruits pour la récréation à l'école, alors que le verger de la ferme en produisait beaucoup.

Chaque vendredi, les membres de l'Armée du Salut se réunissaient dans la maison de la famille d'accueil. Il y avait une dizaine de personnes qui chantaient « alléluia ». Les deux enfants placés s'endormaient. Resi détestait ces gens.

À l'école, Resi avait de la peine à suivre, car elle n'avait pas le temps de faire ses devoirs à domicile. Personne ne lui expliquait la matière. Personne ne l'a aidée non plus à rattraper la moitié d'une année scolaire qu'elle a manquée à cause d'une tuberculose pulmonaire.

Quand Resi a eu huit ans, son père est venu en visite avec sa deuxième femme. Jusque-là, la fillette n'était même pas au courant de son existence. La paysanne l'a mise devant la porte, et elle s'est retrouvée face au couple sans savoir du tout qui c'était. Le père lui a ensuite demandé si elle voulait venir avec lui. Il a dit : « Je suis ton père ». Resi se demandait si elle avait maintenant deux pères. Ses parents nourriciers n'ont pas pris la peine de lui expliquer la situation. Cela l'a complètement désarçonnée. Les paysans n'ont pas apprécié les visites suivantes du père. Un jour où il avait annoncé une nouvelle visite, la mère d'accueil a enfermé Resi dans l'obscure cave à provisions, où il y avait des souris et des rats. Quand le père s'est fâché de ne pas pouvoir voir sa fille alors qu'il s'était annoncé, on lui a dit qu'elle était chez une amie.

Peu après, Resi a aussi revu sa mère. Un mercredi pendant la leçon de couture, elle a été appelée à la porte. Elle y a trouvé une femme qui disait être sa vraie mère. Cela a plongé Resi dans une totale confusion. Dorénavant, sa mère lui a rendu visite le samedi pendant la récréation. Une fois, elle lui a donné de petites saucisses qu'elle a ramenées à la maison avec plaisir. Mais la mère d'accueil l'a rouée de coups, parce que les deux enfants placés avaient l'ordre strict de ne rien accepter de personne et de ne parler avec personne. Les saucisses ont disparu dans la cave à provisions. Resi n'a pas non plus pu garder de gros cadeaux reçus de sa mère, comme un pantalon de ski et une luge de Davos.

Resi était régulièrement contrainte par son père d'accueil à des actes d'ordre sexuel. Alors qu'elle avait neuf ans, il la prenait souvent sur ses genoux pour qu'elle sente « quelque chose de dur ». Le paysan lui disait que c'était un couteau de poche. Une fois qu'il était seul avec elle à l'étable, il a ouvert son pantalon et lui a demandé de tenir le « couteau de poche ». Devant le refus de la fillette, il lui a dit que tous les pères faisaient cela avec leurs filles. Resi avait peur d'être placée en institution si elle ne faisait pas ce qu'on lui demandait. Cette menace lui avait souvent été répétée. En outre, personne ne l'avait éduquée dans ce domaine. Alors elle a fini par faire ce que réclamait son père d'accueil. Quand elle a vu gicler « quelque chose de blanc », elle a couru se cacher à la cuisine.

Resi n'a pas voulu parler de cela avec sa mère nourricière ou tante G, car elle pensait : « Si 'papa' dit que tous les pères le font avec leurs filles, c'est en ordre. » Mais elle avait toujours une certaine peur de lui, sans savoir pourquoi. Après cet incident, le paysan l'a laissée tranquille quelques jours. Mais ensuite il l'a de nouveau entraînée dans un coin de l'étable et exigé qu'elle le touche. Plus tard, alors qu'elle devait étaler avec lui le foin à sécher dans le fenil, un nouvel incident s'est produit. Le paysan lui montait le foin depuis le bas avec une fourche. Comme cela n'allait pas assez vite pour lui, il est monté vers elle sur le fenil. Il lui a alors de nouveau demandé de le toucher. Resi s'est assise et a secoué obstinément la tête. Il l'a alors empoignée et lui a ôté ses culottes. Tandis qu'elle se défendait, Resi a soudain entendu crier le paysan voisin, qui partageait la grange avec eux : « Hé, qu'est-ce que tu fais là ? » D'un bond, le voisin a sauté vers eux et a menacé le père d'accueil de le « défoncer » avec la fourche s'il ne lâchait pas immédiatement la fille. « Là j'ai eu un ange gardien. Si cet homme n'était pas venu, l'autre m'aurait violée, j'en suis absolument certaine. »

Peu après, Resi, qui avait onze ans, a reçu une visite de sa mère. Quand celle-ci lui a demandé si elle allait bien et si les paysans la

184

traitaient bien, elle lui a tout raconté. Moins d'un mois plus tard, on est venu chercher la jeune fille. Elle a d'abord vécu chez sa mère et son nouveau compagnon. Mais cela n'a pas amélioré sa situation. Sa mère voulait la contraindre à témoigner contre le paysan au tribunal, et l'a entraînée chez un médecin pour qu'il établisse une expertise attestant un viol. Mais Resi a refusé de dire que son père d'accueil l'avait violée. Là-dessus, sa mère l'a rossée à coups de bâton. Sa mère avait également fait des expériences de ce genre dans son enfance : à onze ans, elle avait été violée et engrossée par son propre père, puis placée dans un foyer pour mères célibataires.

Resi habitait maintenant chez sa mère. Mais celle-ci s'absentait souvent, laissant l'enfant seule avec son nouveau compagnon. Un soir, alors qu'elle regardait la télévision avec lui, il lui a demandé de s'asseoir sur ses genoux. Elle a pris peur et s'est enfuie dans sa chambre. Pour se protéger, elle a poussé une commode sous la poignée de la porte. Le lendemain, elle a raconté l'incident à sa mère. Celle-ci lui a conseillé de ne rien dire à son tuteur, sinon elle devrait repartir.

Resi était souvent battue et traitée de « sale tzigane » par sa mère. Parfois, elle forçait l'enfant à sécher l'école pour nettoyer l'escalier de l'immeuble. N'y tenant plus, Resi a fini par prendre le train jusque chez son tuteur pour tout lui raconter. Le lendemain elle était accueillie par une famille paysanne, à nouveau dans le canton de Bâle-Campagne. Elle y a été bien traitée. Elle y est restée jusqu'à ce que son nouveau père d'accueil se donne la mort. Par la suite, la jeune fille, qui avait 16 ans, a été recueillie par le frère de la veuve, qui est devenu son nouveau père nourricier.

À vingt ans, Resi Eggenberger a voulu retirer ses économies à la poste, sur quoi elle a été battue par son père d'accueil. Elle s'est enfuie et a pris rendez-vous avec son vrai père. Peu après, elle a commencé à travailler dans un hôpital, rendant visite à son père les jours de congé. « J'ai toujours voulu devenir infirmière. » Elle n'a pas suivi de formation pour cela.

Resi Eggenberger a eu son premier enfant à 22 ans. Elle s'est dès lors occupée du ménage et de l'éducation de ses enfants. Ceux-ci l'ont aidée à prendre une certaine distance avec le passé. Elle n'a pas pu oublier les épreuves vécues, mais les a refoulées. À son premier mari, elle n'a rien raconté des abus sexuels du paysan. Mais son mariage a souffert de ce passé. Elle n'a jamais voulu toucher le pénis de son mari, parce que cela la dégoûtait. Toute sa vie, elle a été poursuivie par son passé : souvent surgissent des souvenirs et des sentiments de culpabilité, qu'elle tente de refouler.

Il y a trois ans seulement, Resi Eggenberger a parlé avec une psychologue de son histoire d'enfant placée et des abus subis. À cette occasion, la question de sa propre culpabilité dans la « contrainte sexuelle » exercée par le paysan a aussi été évoquée. Bien qu'elle ait su à l'époque déjà qu'elle n'avait aucune faute à se reprocher, cette question l'obsède parfois encore aujourd'hui. Il lui arrive toujours de faire des cauchemars à propos de son père d'accueil. Chaque fois, elle s'éveille trempée de sueur.

Elle est restée en contact avec son père jusqu'à sa mort. Elle a aussi rencontré deux ou trois fois sa mère avant sa mort. Celle-ci a eu beaucoup de joie avec ses petits-enfants. Resi Eggenberger a pu pardonner à sa mère, même si elle avait développé un « amour-haine » envers elle. Ainsi elle a assisté à son enterrement, mais ne parvient pas à aller sur sa tombe. Elle a de bons contacts avec sa sœur, bien qu'il n'ait pas été facile de construire une relation, car elles ne se sont que rarement vues dans leur enfance.

Mirjam Schlaepfer, Sabine Bitter

Roger Hostettler, 1952, Bâle-Campagne, Berne

« Je faisais toujours le travail subalterne »

Né en 1952 à Bâle, Roger Hostettler est le fils d'une manœuvre et d'un ouvrier. Son père travaillait sur plusieurs sites, dont le port du Rhin. Il était alcoolique et pouvait devenir violent quand il était ivre. Roger Hostettler suppose qu'il battait parfois sa mère. Une fois, son père a projeté contre la paroi un canari ou une perruche qu'ils avaient chez eux : « Quand il était pris de boisson, il devait péter les plombs d'une manière ou d'une autre, mais il avait un bon cœur. J'ai aussi vécu de belles choses avec lui. »

Et la mère ? Au fond elle n'aurait pas voulu avoir d'enfants, Roger Hostettler en est persuadé : « Ma mère a tout fait pour ne pas m'avoir à la maison. Cela ressort aussi des dossiers. Elle a dit qu'elle ne s'en sortait pas avec moi. » Son demi-frère plus âgé avait déjà été placé et sa demi-sœur donnée en adoption. Roger Hostettler ignore ce qui s'est passé : « Ma mère me refuse toute information là-dessus. Je n'ai plus de contacts avec elle depuis longtemps, parce qu'il n'y avait pas moin d'en tirer quelque chose. »

Roger Hostettler a été placé à sept ans dans un foyer pour enfants de Bâle-Campagne, où il était bien. Mais deux ans plus tard, il a été déplacé : « Je sais seulement que les responsables du foyer disaient que ma place n'était pas là, mais chez mes parents. » Les éducatrices l'avaient qualifié de joyeux petit garçon sans problème. Malgré leur recommandation, le garçon n'est pas rentré à la maison, mais a été placé à neuf ans dans un autre foyer pour enfants.

Aujourd'hui encore, Roger Hostettler ne peut se défaire du soupçon que sa mère voulait économiser de l'argent grâce à ce déplacement.

« Elle ne devait verser que 75 francs par mois pour la nourriture et le logement, quand j'étais à B. J'étais un enfant bon marché. L'argent comptait beaucoup pour elle. »

Depuis ce foyer, Roger allait à l'école primaire voisine. Mais il ne s'y sentait pas particulièrement bien, parce qu'il était marginalisé. Parfois on disait que quelque chose clochait chez lui. De plus, on le laissait seul avec ses problèmes scolaires. Au foyer, personne ne l'aidait quand il avait des difficultés avec ses devoirs à domicile. Ainsi il devait toujours un peu tricher en classe, et il copiait parfois sur ses camarades aux épreuves.

Roger passait les week-ends chez sa mère ou sa tante. Quand il était en visite à la maison, il se montrait peu exigeant. Quand on lui demandait ce qu'il aimerait manger, c'étaient toujours des raviolis. « À l'époque les raviolis étaient l'un de mes plats favoris. Ils étaient faciles à préparer et peu coûteux. »

À onze ans, Roger a été renvoyé du foyer et placé chez un paysan du canton de Berne. Il prenait la place de son demi-frère, qui devait quitter cette famille d'accueil après avoir terminé sa scolarité. Le curateur de sa mère a conduit Roger à la ferme : « On disait que si j'étais éloigné, mon père aurait moins d'influence sur moi. »

La famille d'accueil appartenait à une communauté évangélique stricte. « C'étaient des piétistes, membres d'une sorte de secte assez répandue dans la région. Il y avait un grave décalage entre ce qu'ils donnaient et ce qu'ils exigeaient des autres. Le garçon ne pouvait pas concilier les pieuses citations bibliques avec l'attitude de la famille à son égard : « On priait tout le temps. Le dimanche matin on allait à l'église, le dimanche après-midi au local de la secte. En même temps ils me faisaient travailler jusqu'à l'épuisement. »

Roger faisait le travail du domestique. « Il y avait beaucoup de travail manuel. En été on avait toute la journée un manche dans la main. On étalait le foin à sécher. Les labours et le hersage se faisaient encore avec des chevaux. Je faisais toujours le travail auxiliaire : je n'ai jamais trait une vache. » Pendant que le paysan trayait les vaches, Roger devait nettoyer l'étable. Le travail « subalterne » était toujours pour lui : « C'était toujours mon job de tirer et de raccorder les tuyaux pleins de purin. Le paysan était aux commandes et faisait gicler le purin. Une fois j'ai posé ma petite radio, que j'avais toujours avec moi et qui était mon lien avec le monde, au pied d'un poteau téléphonique. Le paysan est venu l'asperger de purin. Pareilles choses étaient courantes. »

Le garçon devait trimer même quand il était malade. Une fois qu'il avait une forte fièvre, les paysans lui ont ordonné de nettoyer l'étable avant de pouvoir se mettre au lit dans sa chambre sans chauffage.

À l'âge de trente ans, Roger Hostettler a rendu visite à ses anciens parents nourriciers et leur a demandé pourquoi ils s'étaient toujours bornés à le faire travailler et pourquoi ils ne lui avaient pas appris à traire ou à conduire un tracteur. Ils ont admis avoir fait des fautes. Mais leurs propres enfants, devenus adultes, les ont défendus. Ils ont conseillé à Roger Hostettler de s'adresser à Jésus s'il n'allait pas bien.

Garçon placé, Roger n'était pas traité comme un membre normal de la famille : les parents et leurs enfants se lavaient à la cuisine avec de l'eau chauffée sur le fourneau à bois. Mais lui devait se laver dehors à la fontaine avec de l'eau froide. Dans l'alimentation aussi, les parents faisaient une différence : « Je recevais de l'huile de foie de morue ordinaire, et leurs enfants celle qui avait un goût d'orange. Je ne l'oublierai jamais. » Encore l'après-midi à l'école, l'huile de foie de morue laissait un mauvais arrière-goût dans la bouche.

Les paysans mettaient parfois l'honnêteté de Roger à l'épreuve. Par exemple, ils posaient une pièce de cent sous sur le buffet de la salle de séjour pour le tenter et contrôler s'il volait. Une fois, Roger a pris la pièce et s'est acheté un morceau particulièrement gros de fromage d'Italie. Il a été roué de coups pour cela, ce qui n'arrivait pas autrement. Ses relations avec les parents d'accueil n'étaient pas bonnes : « Il n'y avait pas de relations du tout. Les relations étaient nulles. Tant de mon côté que du leur, je crois. »

Le garçon avait une bonne relation avec les animaux, surtout avec le chien de la ferme. Ce dernier l'accompagnait fidèlement quand il allait à la fromagerie. Il fallait environ 20 minutes pour l'atteindre à pied, et autant pour le retour. Roger marchait souvent seul avec le chien. C'était un bon moment pour lui, d'autant plus qu'il prenait le temps de bavarder avec d'autres à la fromagerie.

Les jours fériés, Roger se sentait relégué au rang d'accessoire. Il devait être là quand les paysans s'adonnaient à leurs pratiques religieuses. « Quand ils me traînaient avec eux, j'y allais. Je ne pouvais pas résister, mais je n'y ai jamais participé intérieurement. Je me laissais aller à mes propres pensées ou je m'endormais à l'église. » Les parents d'accueil ont essayé de l'intégrer à la fanfare de leur communauté religieuse. Il devait y jouer du trombone à pistons. Mais comme personne ne s'est donné la peine de lui apprendre à lire les notes, cela n'a pas abouti. Roger Hostettler n'a rien voulu savoir de leur religion. Ils n'ont pas insisté, alors qu'ils avaient converti son demi-frère. Ce dernier est toujours membre de la communauté.

Les visites de son père étaient toujours un bienfait pour lui. Il arrivait qu'il lui glisse un peu d'argent de poche. Une fois, les paysans l'ont appris et se sont plaints au curateur. Ce dernier a ordonné au père de cesser de donner de l'argent à son fils. Mais le père a contourné l'interdiction en déposant une certaine somme pour son fils au magasin du village, lui permettant ainsi de s'y acheter tout de même quelque chose de temps en temps. Pour l'achat d'habits aussi, il était estampillé comme marginal : les parents d'accueil payaient avec des bons ad hoc qu'ils recevaient des autorités. Ainsi il était clair au magasin de vêtements aussi que Roger était un client spécial.

Comme enfant placé, Roger est allé à l'école jusqu'à l'âge de 15 ans. Il se sentait correctement traité par les enseignants. Adulte, il a une fois pris contact avec un de ses anciens instituteurs et a eu un entretien avec lui. Son ancien maître a estimé qu'il lui avait sans doute prêté trop peu d'attention parce qu'il était plutôt effacé. « Si j'avais causé plus de problèmes, on aurait probablement fait plus attention à moi. »

Roger était un bon élève et a obtenu un très bon diplôme final : sa plus mauvaise note a été un 5 1/2. Pourtant ses parents d'accueil n'ont pas saisi l'occasion de lui trouver une bonne place d'apprentissage. Ils ont préféré dire que « ce maître donnait de trop bonnes notes ». Ils ont envoyé Roger à l'orientation professionnelle. Comme ses cahiers d'école se distinguaient par une très belle écriture et que la calligraphie lui plaisait, il aurait voulu entreprendre une formation de graphiste ou de peintre en publicité. Mais le conseiller de l'orientation a jugé sa formation scolaire insuffisante. Au lieu de cela, sa mère et le curateur l'ont interné dans un établissement pour jeunes criminels du canton de Bâle-Campagne. Ils ont prétendu qu'il pourrait y rester jusqu'à ce qu'il sache quel métier il voulait apprendre. Roger Hostettler présume que sa mère voulait une fois de plus éviter de l'avoir à la maison. Il n'aurait pas pu rester plus longtemps chez les paysans parce qu'ils auraient dû lui verser un salaire après la fin de sa scolarité. Pour être admis dans cet établissement, un internement judiciaire était requis. En principe, il accueillait uniquement des jeunes ayant quelque chose à se reprocher. Roger Hostettler a lu plus tard dans son dossier qu'un membre de l'établissement avait protesté à cause de l'absence de décision judiciaire. C'est pourquoi la raison de cet internement demeure encore mystérieuse pour lui.

Dans cet établissement, on pratiquait l'agriculture. Il y avait aussi des lieux d'apprentissage, comme une menuiserie, une serrurerie et une exploitation horticole. Roger Hostettler a commencé à travailler à l'écurie. Pour ce travail, qu'il était capable de faire de manière très indépendante, il a obtenu pour la première fois de la reconnaissance : « J'étais très libre. Les prestations étaient évaluées d'après un système de points, et l'argent de poche en dépendait. J'y ai toujours obtenu le maximum. À la fin je m'occupais des chevaux de manière autonome. » Au cours des deux ans passés dans cet établissement, Roger Hostettler a pris les choses en main. Il a postulé pour un emploi au Canada, qu'il aurait obtenu mais auquel il a finalement renoncé. À la place il a cherché une place d'apprentissage comme écuyer, mais son premier choix s'est révélé mauvais. Bientôt il a trouvé une place d'apprenti auprès d'un cavalier connu. Mais Roger Hofstettler y a été mal traité, tout comme les autres apprentis. Toutefois il a serré les dents et obtenu son diplôme.

Il a ensuite travaillé comme professeur d'équitation dans le canton de Bâle-Campagne. De temps en temps il participait aussi à des concours régionaux. Il supposait à l'époque que l'un ou l'autre cavalier savait qu'il avait été interné. Cela le mettait parfois mal à l'aise, par exemple quand il prenait part à un concours en s'imaginant que les autres cavaliers pourraient parler de lui et de son passé.

À 28 ans, Roger Hostettler a voulu changer d'activité : il pensait faire un apprentissage supplémentaire comme menuisier, mais n'a pas trouvé de place. Là-dessus, il a travaillé quelques années à Schaffhouse dans une coopérative autogérée qui exploitait une librairie et un petit restaurant. Il y a fait la connaissance d'un collaborateur du magazine de consommation et conseils, « Beobachter », qui l'a encouragé à se pencher sur son passé et à faire des recherches sur son histoire d'enfant placé.

Roger Hostettler s'est donc présenté au début des années 1980 auprès de l'autorité tutélaire de Bâle afin de pouvoir consulter ses dossiers. Mais il a été débouté. Grâce à l'aide du « Beobachter », qui lui a fourni un avocat, il a tout de même pu consulter les dossiers établis à son sujet lorsqu'il était interné et au service d'un paysan. « Je n'ai été autorisé qu'à les lire, pas à faire des copies. Et pendant que je les lisais, un fonctionnaire était toujours assis à côté de moi. C'était très dégradant. » Roger Hostettler a pu contourner l'interdiction de copier en lisant à haute voix les dossiers dans les bureaux officiels, tout en faisant tourner un magnétophone à cassette. L'étude des documents lui a valu de grosses surprises : il avait une toute autre image de lui-même que les gens qui s'y exprimaient à son sujet. Il a aussi constaté que bien des choses ne correspondaient pas à la vérité. Dans les rapports sur les visites du curateur à la ferme, on pouvait ainsi lire que le garçon n'était pas là mais en course d'école. Ce n'était pas vrai. La famille d'accueil avait simplement empêché le curateur de le voir.

Il y a quelques années, Roger Hostettler est retourné auprès de l'autorité tutélaire pour demander que ses dossiers lui soient remis. Le fonctionnaire lui a répondu que les documents avaient été détruits dans l'intervalle. Il lui a dit : « Cela a été fait dans votre propre intérêt. Si vous postulez pour un emploi, il ne restera pas de tache. » Le fait est qu'aujourd'hui encore Roger Hostettler ne détient même pas un certificat de naissance.

Rétrospectivement, Roger Hostettler ressent comme très pesant le temps passé comme garçon placé. Le mieux serait de pouvoir le rayer de sa vie. Pour lui il est clair aujourd'hui que ce placement a eu de grandes conséquences pour sa vie entière. D'une part le rude travail physique a abîmé ses articulations. Les sacs de pommes de terre, qui pesaient jusqu'à 50 kilos, étaient trop lourds. D'autre part, il a aussi subi des blessures psychiques. Quand, jeune homme, il a noué des relations avec des femmes, il a souvent été tourmenté par des angoisses de perte. Il a toujours été très sensible et s'est même considéré comme une « mauviette ». Quand il se sent aujourd'hui traité injustement, il est vite déçu. Dans cette situation, il se fâche et en tire immédiatement les conséquences.

Malgré son choix professionnel restreint, Roger Hostettler a fait son chemin : il a réussi les examens de chauffeur de poids lourds et de minibus et possède aujourd'hui sa propre entreprise de taxis. Il vit avec sa compagne à Bâle-Ville. Quand il roule en taxi dans la ville, il lui arrive de voir sa mère dans la rue. « Une fois qu'elle marchait devant moi sur un passage pour piétons à l'Aeschenplatz, l'idée d'accélérer m'a traversé l'esprit. C'est de la colère et de la haine. Pour moi, ce chapitre ne sera terminé qu'après sa mort. Cela peut paraître bizarre, mais cette femme a fait beaucoup de dégâts dans ma vie. »

Il a laissé derrière lui son passé d'enfant placé, même s'il remonte parfois à la surface. Pour Roger Hostettler, une question reste sans réponse : a-t-il été stérilisé sans le savoir lors d'une opération des testicules subie dans un hôpital pour enfants ? À ce jour, il n'a pas pu dissiper cette incertitude : « Si c'était vraiment le cas, comment devrais-je réagir ? Je serais encore plus fâché. Il vaut peut-être mieux que je ne sache rien. »

Sabine Bitter

ChapitreVII

Violence et abus de pouvoir

Ueli Mäder

« J'ai aussi été puni sans l'avoir mérité »
Barbara Roth est née en 1935 et a été placée tôt. Elle a surtout souffert du dénigrement verbal. « Tu ne seras jamais rien », lui répétait-on. Les enfants en service ont subi la violence psychique, physique et structurelle. Ce chapitre associe différentes formes de violence avec le vécu des enfants placés. Il recherche aussi comment la violence peut être gérée.

Des approches juridiques considèrent la violence comme une atteinte à la sphère privée d'autrui. Des études sociologiques qualifient la contrainte physique et psychique de violence. Elles distinguent entre violence directe et indirecte, potentielle et manifeste, personnelle et structurelle.[1] La violence personnelle figure au premier plan dans les débats actuels. Elle peut être appréhendée concrètement, elle nomme les auteurs et parfois aussi les victimes. Le spécialiste des conflits Johan Gattung[2] qualifie les conditions sociales de « violence structurelle ». Les discriminations sociales subies par les enfants placés en font aussi partie.

Du cœur de la société
De manière très simplifiée, il y a trois approches de la violence. La première met l'accent sur les conditions structurelles. Elle s'exprime par exemple dans la pauvreté qui a entraîné le placement d'enfants. La deuxième approche se rapporte à la socialisation. Elle porte sur la façon dont familles et écoles ont traité ces enfants. La troisième approche met en évidence des facteurs affectifs et de

situation. Elle donne l'impression que la violence naîtrait quasiment par hasard.

Wilhelm Heitmeyer[3] décrit ce qui conduit à la violence : l'impuissance (par la concurrence forcée), l'insécurité (par de fréquentes ruptures existentielles), l'isolement (par la dissolution des milieux familial et culturel) et la désintégration (par la désorientation et l'absence de perspectives). Le changement rapide provoque en outre le surmenage et le stress, et par là l'autoritarisme. Certains objectent que les personnes violentes devraient alors être beaucoup plus nombreuses. Ils s'opposent à la volonté de toujours expliquer et comprendre la violence. Trutz von Trotha[4] refuse de donner un sens à toute violence. Cela conduirait seulement à méconnaître le « plaisir pathologique de la violence ».

Aujourd'hui la violence est souvent personnalisée. La violence structurelle semble appartenir au passé. La recherche critique sur les conflits des années 1970 a examiné comment la violence vient du cœur de la société et s'exprime, comme pour les enfants placés, dans l'inégalité des chances. Franz Josef Krafeld[5] fait dériver la propension à la violence d'expériences de socialisation. Nous apprenons dès l'enfance à tirer des avantages de la faiblesse des autres. Walter Hollstein[6] décrit comment la socialisation masculine s'appuie sur la dureté, le pouvoir, la distance, la concurrence et la performance. La fixation sur des valeurs extérieures (argent, succès) restreint la vie affective et favorise le vide, l'aliénation et l'autoritarisme. Les garçons doivent sans cesse faire leurs preuves, ce qui ne stimule guère leurs capacités relationnelles.

La violence naît aussi souvent d'une nécessité mal canalisée. Elle se cherche toujours un exutoire. Les enfants placés ont senti la brutalité exercée envers les subordonnés. Certains ont répété plus tard ce dont ils ont eux-mêmes souffert. Celui qui subit la violence la transmet souvent plus loin.

« Tu ne sais rien et tu n'es rien »

Barbara Roth a été placée dans la famille d'un boulanger. Elle n'accomplissait qu'accessoirement sa principale tâche, s'occuper du plus jeune fils de la famille d'accueil, car elle était sans cesse prise par d'autres travaux. Sa journée commençait à six heures. Une fois levée, elle devait nettoyer, déblayer la neige, livrer du pain, aider au magasin et au ménage, de sorte qu'elle était souvent occupée jusque tard le soir. Une fois qu'elle ne se sentait pas bien, elle a joué de sa flûte à bec jusqu'à ce que la patronne la lui arrache de rage et la fasse brûler dans le poêle. « C'était vraiment une période terrible », dit-elle.

Barbara Roth était toujours bien habillée. La patronne y attachait de l'importance, et elle recevait toujours assez à manger. Mais elle souffrait beaucoup des incessantes remarques dévalorisantes – on lui répétait sans cesse qu'elle n'était rien et ne deviendrait rien. Vis-à-vis de l'extérieur, la famille d'accueil parvenait pourtant à sauver les apparences.

« Un chien avait la vie plus belle que moi », déclare Franz Buchschacher à propos de son enfance. Il est né en 1926 dans une famille bernoise de 18 enfants. Maçon, le père ne pouvait pas nourrir toute la famille. De ce fait, tous les enfants ont été placés, à l'exception de la plus petite fille. Franz Buchschacher a été confié dès sa deuxième année à une femme âgée. « Elle m'a élevé comme ma propre mère », raconte-t-il.

Le garçon avait six ans quand sa mère d'accueil est décédée. Avec d'autres enfants placés, il a été conduit à une assemblée dans la commune. Les paysans tâtaient les enfants pour évaluer leur force. Puis ils choisissaient les plus forts. Franz Buchschacher était fluet. Personne ne le voulait. Il est resté là jusqu'à la fin. Finalement l'huissier communal, qui exploitait aussi une ferme, l'a emmené. Franz Buchschacher se rappelle les paroles du paysan : « Celui-ci ne vaut rien, il ne peut pas travailler, mais je le prends, je lui apprendrai à travailler. » Le garçon a reçu une petite chambre au-dessus du poulailler. Il dormait sur une paillasse. La chambre était pleine de vermine et glaciale en hiver. Le matin, le garçon devait se lever à cinq heures et travailler à la ferme. Il n'avait pas le temps de faire ses devoirs scolaires. Le maître le battait et le gardait en retenue. Si le garçon rentrait en retard à la ferme, il recevait une nouvelle volée de coups. Le paysan le frappait à la porcherie avec une corde jusqu'à ce qu'il saigne et ne puisse plus s'asseoir.

Une fois, Franz Buchschacher a montré ses graves blessures au policier du village. Le policier a menacé de dénoncer l'huissier. Celui-ci a dû certifier qu'il ne battrait plus le garçon, mais il ne s'est pas laissé faire. Il a emmené Franz chez le président de la commune et s'est plaint de ne plus pouvoir le punir. Le président lui a proposé de lui amener à l'avenir le garçon à corriger, rétablissant ainsi l'ordre antérieur.

Hugo Hersberger a passé sa jeunesse dans une famille paysanne. La mère nourricière battait souvent le garçon et associait son fils aux punitions corporelles du soir. « Le pire était d'attendre des heures jusqu'à ce qu'il rentre », raconte Hugo Hersberger. Le garçon devait chaque fois se dévêtir et mettre la tête dans une chaudière à lessive. Puis il était fouetté avec une lanière en cuir. Le garçon recevait presque chaque jour des coups. La paysanne le battait parce qu'il ne l'appelait pas « maman ». Le fait que Hugo Hersberger devait se déshabiller pour la correction rituelle montre la sexualisation de la violence et constituait une humiliation supplémentaire.

Les enfants placés ont souvent été victimes d'agressions sexuelles. Walter Zürcher était régulièrement contraint par son père nourricier à le satisfaire manuellement à l'étable. Quand la paysanne s'en est aperçue, le garçon a été placé dans une autre famille pour laquelle il a dû travailler durement. La plupart du temps, il était épuisé quand il arrivait enfin à faire ses devoirs scolaires le soir. La famille ne lui donnait guère d'affection ou de tendresse. Il était là pour travailler. À Noël et lors de fêtes, la famille voulait rester entre elle. Le garçon n'en faisait pas vraiment partie. À l'école et au village aussi, il se trouvait à la fois « dedans et dehors ».

Longtemps, Armin Stutz n'a pas su qui étaient ses parents. Il a grandi dans un orphelinat du canton de Lucerne. Des religieuses s'occupaient de lui et des autres enfants. Une sœur jouait souvent « pas seulement avec ma quéquette », raconte Armin Stutz. « Et nous devions la toucher sous le machin. Elle baissait ses bas-culottes clairs, je m'en souviens bien. » Quand les enfants mouillaient leur lit, on leur frottait le lendemain le visage avec les draps imprégnés d'urine. Quand Armin Stutz a été assez grand pour travailler, il a été placé chez un paysan, qui était lui-même très pauvre et avait beaucoup d'enfants. Armin Stutz y a souffert de la faim, mais il en a aussi souffert plus tard chez un autre paysan tout sauf pauvre. Les conditions dans lesquelles il a vécu là, tout comme une fille anciennement placée, étaient connues au village. Mais personne ne les a soutenus. Une fois, le garçon a décrit dans une composition sur les souvenirs de vacances son dur travail quotidien et les mauvais traitements subis. Le maître a confronté le paysan avec ce récit. Son fils a alors frappé si violemment le garçon avec une lanière de cuir que la blessure ainsi causée ne s'est jamais complètement refermée. Après cela, Armin Stutz a définitivement cessé de se plaindre. Et le village a aussi gardé le silence.

Résignés et révoltés
Les enfants placés ont souvent supporté longtemps les discriminations dont ils étaient victimes. Les privations subies déformaient parfois tellement leur propre vision qu'ils considéraient l'injustice comme un échec personnel. Beaucoup d'enfants placés souffraient de ne pas avoir réussi comme d'autres. Ils se faisaient des reproches et se sentaient coupables. Quand des personnes placées dans leur enfance critiquent le fait d'avoir « aussi été puni(es) sans l'avoir mérité », la « pédagogie noire » transparaît.

Pour combattre ces processus et sentiments de culpabilité, les personnes concernées doivent prendre conscience qu'une situation malheureuse n'est pas une fatalité, mais peut être changée. La référence à des situations communes causées par la société libère de sentiments personnels de culpabilité, qui sont particulièrement marqués dans des conditions d'isolement.[7]

Les enfants placés ont en partie ressenti leur impuissance comme faiblesse individuelle. Ainsi, les contradictions de la société sont plus faciles à répercuter sur ceux qui restent (veulent rester) effacés. Celui qui s'accommode de la situation existante se protège contre de nouvelles déceptions. La peur mène au recul et à un pacte avec le renoncement. Contre cela, les expériences pratiques réussies, dont on trouve aussi des exemples dans les interviews, sont une aide. La confiance en ses propres compétences doit parfois être apprise pas à pas. Il faut décomposer les grands objectifs en buts partiels que l'on peut atteindre dans un délai prévisible. L'expérience que les changements sont possibles est motivante. Elle dirige le regard de ce qui semble indispensable vers le possible. L'exigence du « devoir », qui bloque intérieurement, se transforme en une attitude de « pouvoir quelque chose ». Elle se rattache à des intérêts et capacités existants et sert au dépassement. Il est aussi utile de raconter le passé. Dans leurs familles, certaines personnes autrefois placées ont tu leur passé. Pourtant, la transparence contribue à transformer la résignation en révolte.

Selon Arno Gruen[8], l'obéissance conduit à se refuser soi-même et à diriger la violence contre soi et les autres. La peur de l'autonomie se révèle être une trahison de soi-même. Erich Fromm[9] interprète la peur de la liberté comme soumission à des autorités réelles et intériorisées. La répression précoce de la pensée critique favorise l'adaptation et un conformisme forcé. Elle prépare des individus devenus apparemment insignifiants à accepter la violence et éventuellement à l'exercer aussi eux-mêmes. Plus nous nous en remettons à des autorités anonymes, plus nous nous sentons impuissants.

La pauvreté, le travail des enfants et les coups étaient largement répandus jusque dans la deuxième partie du xxe siècle. Les enfants placés n'ont pas subi la violence seulement dans des fermes isolées, mais aussi en plein village. Le discours actuel sur la violence néglige ces références structurelles. Il se concentre sur ce qui est immédiatement visible. Michel Foucault[10] critique la façon dont notre civilisation cache sous un voile humanitaire l'optimisation de la violence. Il s'agit en fait de discipliner la société en réprimant les déviations et en excluant ceux qui ne correspondent pas à la norme. À la violence manifeste qui touche une personne ou une chose s'oppose une autre violence, celle du pouvoir. Elle contient la capacité d'obtenir un résultat. Le pouvoir individuel dépend de la dotation en ce capital économique (argent), social (relations) et culturel (formation)[11] qui manquait à beaucoup d'enfants placés.

Barbara Roth*, 1935, Berne

« C'était vraiment une période terrible »

Barbara Roth était le troisième enfant d'une couturière et d'un tonnelier. La famille vivait dans le canton de Berne, où le père travaillait dans la tonnellerie paternelle et, encore jeune, avait pu s'acheter une maison. En plus, il allait de ferme en ferme distiller de l'eau-de-vie. Barbara Roth suppose que cela l'a rendu alcoolique, car en hiver après la distillation il restait souvent avec les paysans pour déguster avec excès le « schnaps » produit. Finalement, la maison a été vendue aux enchères forcées à cause des problèmes d'alcoolisme du père. À cette occasion, le chien bien-aimé de Barbara a aussi été vendu. La famille s'est ensuite installée chez les parents du père, où elle disposait de deux chambres et d'une cuisine. À cette époque, la sœur de Barbara, d'un an son aînée, vivait déjà chez des proches sans enfants en Argovie. « Mes parents ont sans doute été contents d'en avoir une de moins. » Environ un an plus tard, son frère a aussi été confié à cette famille. Barbara est restée seule chez ses parents.

L'alcoolisme du père s'est aggravé de plus en plus. Barbara a vu son père battre sa mère. Pour finir, il a été interné dans un centre de désintoxication. La mère a tenté de s'en sortir seule avec sa fille. Mais elle ne s'entendait pas bien avec sa belle-mère. Celle-ci a fait en sorte que Barbara soit à son tour placée hors de la famille. Le jour où on devait venir la chercher, elle s'est cachée dans le foin avec sa mère. La police a été appelée et a déclaré que la décision était définitive.

Barbara, qui était en troisième année scolaire, a été emmenée par son tuteur dans la famille du boulanger d'un village voisin. La famille avait deux fils, dont le plus grand avait l'âge de Barbara. L'une de ses tâches était de s'occuper du plus jeune. Mais c'était plutôt une charge secondaire, car elle était sans cesse prise par d'autres travaux. Elle devait se lever à six heures, nettoyer, déblayer la neige, livrer du pain, aider au magasin et au ménage, de sorte qu'elle était souvent occupée jusque tard le soir. Quand elle se sentait mal, elle jouait de sa flûte à bec. Mais un jour la patronne, dans un accès de colère, lui a arraché l'instrument des mains et l'a fait brûler dans le poêle. « C'était vraiment une période terrible », dit Barbara Roth aujourd'hui.

Barbara était toujours bien habillée, car la patronne y attachait de l'importance, et elle recevait toujours assez à manger. Mais elle souffrait beaucoup des incessantes remarques dévalorisantes : on lui répétait sans cesse qu'elle n'était rien et ne deviendrait rien. Elle supportait mal que le garçon de son âge, manifestement le préféré, n'ait pratiquement aucune aide à fournir. En outre, le boulanger buvait aussi. Maintenant seulement, elle se rend vraiment compte qu'au village, on croyait que tout allait bien dans cette famille. Vis-à-vis de l'extérieur, elle parvenait à sauver les apparences.

Barbara était une bonne élève. Son instituteur pensait qu'elle devait passer à l'école secondaire, mais les parents nourriciers n'ont rien voulu savoir : « Nous ne l'avons pas acceptée pour qu'elle reste en classe toute la journée. » En revanche, ils ont envoyé leur fils à l'école secondaire.

Pendant ce placement, Barbara n'a jamais revu ses frères et sœurs. Les contacts avec ses parents ont cessé après quelque temps parce qu'elle avait profondément l'ennui de la maison après chaque visite. Pendant plusieurs années, elle n'a presque plus vu ses parents, sauf quand elle parvenait à leur rendre visite en cachette.

Après l'école, Barbara Roth a passé une année en Suisse romande puis est retournée chez ses parents nourriciers. Elle a ensuite commencé un apprentissage de couturière dans le canton de Berne. Elle aurait voulu devenir jardinière d'enfants, mais l'école primaire ne suffisait pas pour cela. Comme son père était devenu sobre dans l'intervalle, elle a demandé si elle pouvait rentrer chez ses parents. Mais les parents d'accueil ont refusé : « Maintenant qu'on t'a eue si longtemps, qu'on s'est occupé de toi et qu'on a payé pour toi, maintenant qu'on peut avoir besoin de toi, tu veux partir ? » La jeune fille est restée dans sa famille d'accueil.

Après son apprentissage, Barbara Roth a travaillé dans une boutique de confection. Comme durant tout son apprentissage, elle a continué à travailler à la boulangerie pendant son temps libre, en particulier le samedi et le dimanche. C'est à ce moment qu'elle a connu son premier amour, mais il a été empêché par la famille d'accueil et celle de son ami. La mère de cet étudiant est venue la trouver un samedi au magasin pour lui annoncer qu'elle se faisait une autre idée de sa belle-fille. Cinquante ans plus tard seulement, Barbara Roth a découvert que son père d'accueil n'avait pas envoyé ses lettres à son ami. « Là j'ai de nouveau ressenti une froide colère en pensant que, vraiment, ils m'ont détruit tout ce qu'ils pouvaient. »

Un peu plus tard, Barbara Roth a fait la connaissance de son premier mari, un chauffeur. Elle est tombée enceinte, car elle n'avait jamais reçu d'éducation sexuelle. Ses parents d'accueil l'ont forcée à avorter pour épargner cette honte à sa famille. « Cela a été si brutal. J'ai dû aller seule à Berne, personne ne m'a accompagnée, il ne fallait surtout pas qu'on les voie avec moi. C'était affreux ! » Le personnel de l'hôpital lui a vivement conseillé de quitter cette famille, mais Barbara Roth n'a pas osé.

Au bout d'un certain temps, elle s'est retrouvée enceinte. Cette fois elle a tenu bon et a pu garder l'enfant. Elle a épousé son ami et le couple s'est installé à l'étage supérieur de la maison du boulanger. Ainsi Barbara Roth pouvait continuer à travailler là avec l'enfant. Ce dernier était gravement handicapé, et comme Barbara Roth devait consacrer beaucoup de temps à ses soins, le climat s'est dégradé dans la maison. Elle et son mari ont dû payer pour leur logement alors que tous deux travaillaient à la boulangerie. Son mari s'est retiré de plus en plus, rentrant toujours plus tard à la maison. Finalement il lui a annoncé qu'il partait, même sans elle. « Alors je leur ai dit que nous voulions aller voir un appartement dimanche. Évidemment ils m'ont de nouveau dénigrée. 'Tu auras du mal à tenir un ménage !' » Ainsi, Barbara Roth a quitté à 21 ans la maison de ses parents d'accueil et rompu avec eux.

Les contacts avec ses frères et sœurs et son père sont restés difficiles, mais elle a pu reconstruire une relation avec sa mère. Celle-ci n'était cependant plus en mesure de lui donner ce qui lui avait manqué.

Son premier mariage n'a pas été heureux. Ils avaient trois autres enfants, mais son mari, qui voyageait beaucoup en tant que chauffeur, était rarement à la maison. Barbara Roth était souvent seule. Son premier enfant est mort à dix ans. Quand elle n'a plus supporté les invectives de son mari, elle a demandé le divorce. Elle a alors dû aller travailler, car son ex-mari ne payait pas les pensions alimentaires. Elle a trouvé un emploi dans une maison d'aménagement intérieur du canton de Soleure. Le patron est devenu plus tard son deuxième mari. Mais ce mariage n'a pas été heureux non plus et s'est terminé par un divorce.

Pendant quelques années, Barbara Roth a géré à Bâle, avec sa fille aînée, un magasin de décoration intérieure qui avait du succès. Depuis lors elle va bien. Elle vit aujourd'hui de l'AVS dans l'appartement qu'elle possède dans le canton de Soleure. Elle jouit toujours d'une bonne santé et joue au tennis avec passion. Mais elle dit que son histoire la poursuit et qu'à cause des expériences passées, elle a de la peine à développer des rapports de confiance.

Yvonne Grendelmeier

Max Schmid, 1932, Argovie

« Le corps pourrait peut-être s'habituer aux coups, mais l'âme ne s'y habitue jamais »

Max Schmid a été séparé de sa mère alors qu'il avait à peine trois ans. Un an plus tard, ses parents ont divorcé. Le père a épousé sa maîtresse et la mère l'ex-mari de cette dernière. Max Schmid croit se souvenir qu'après cet échange de partenaires, il est allé vivre avec son père et sa belle-mère dans le canton d'Argovie. Mais d'après des documents officiels, il a été directement placé dans une famille d'accueil argovienne. « Je n'y étais pas tellement bien », dit aujourd'hui Max Schmid. « J'aurais dû servir de camarade de jeu à leur fils handicapé, qui avait deux ans de plus. En fin de compte je devais payer pour toutes les bêtises qu'il faisait. » Comme punitions, il était enfermé à la cave ou envoyé au lit sans manger.

En été, Max a été placé dans une autre famille du même canton, pour des raisons dont il ne se souvient pas. Sa mère nourricière a tout fait pour qu'il cesse de mouiller son lit, ce qui lui arrivait à chaque changement de famille ou de domicile. Comme les menaces ne suffisaient pas, elle l'a enfermé dans la porcherie. Max continuant de mouiller son lit, elle a passé à d'autres méthodes. Un soir, elle a accompagné Max dans sa petite chambre et l'a obligé à se déshabiller, ne lui laissant que son caleçon. Elle a rabattu la couverture du lit, découvrant un tas d'orties. « Je ne voulais évidemment pas me coucher là-dessus. » Les supplications n'y ont rien fait, Max a été forcé d'entrer dans ce lit, et la mère d'accueil l'a recouvert.

Max Schmid se souvient très bien de telles scènes de son enfance. Il s'y voit toujours de l'extérieur, comme s'il s'observait lui-même. Il se voit par exemple jouer avec une passoire à café carbonisée sur un escalier roussi. À cinq ans, Max était en effet retourné chez son père et sa belle-mère dans sa commune d'origine, sans y être enregistré officiellement. Sa belle-mère ne l'emmenait au village qu'une fois par jour pour apporter le repas de midi à son père. Ensuite Max était enfermé avec le chien dans la salle de séjour et la belle-mère allait travailler. Là aussi le garçon était puni, et cela quand sa belle-mère trouvait le soir des poils du chien sur le canapé. Max s'est d'ailleurs fait mordre une fois par le chien alors qu'il voulait l'empêcher de grimper sur le canapé. Tous deux étaient comme d'habitude enfermés quand la maison voisine a commencé à brûler. Max Schmid a appris bien plus tard que son frère aîné l'avait délivré de la maison menacée par les flammes.

Après cet incident, Max a été placé dans une crèche. « Là j'ai enfin eu la paix. J'étais dorloté par les éducatrices. » Contrairement à tous les autres placements qu'il a connus, il s'y sentait pris au sérieux et en sûreté. Même des faits relevant de la vie sociale étaient expliqués de manière adaptée aux enfants, par exemple les préparatifs d'évacuation en cas de guerre. Un tuteur avait été attribué à Max par sa commune d'origine, mais il ne l'a jamais vu. « Tante A. », l'une des jardinières d'enfants, l'emmenait passer les vacances chez elle dans une ferme du canton de Zurich. Il garde de bons souvenirs de l'exposition nationale de 1939 ainsi que des fêtes du « Maienzug » et du « Bachfischet », à Aarau.

Max est resté à la crèche jusqu'en 1941. Mais ce séjour était limité dans le temps, car il était le seul enfant en hébergement stationnaire. Ainsi, il a été placé à neuf ans dans une famille de petits paysans d'Argovie. Max Schmid a un bon souvenir du père d'accueil, qu'il aidait parfois dans son travail d'apiculteur. Mais cet homme n'avait rien à dire dans la famille. C'était sa femme qui commandait. Elle infligeait à Max des punitions tant psychiques que physiques. « Je sentais toujours une pression. Le soir je ne pouvais pas m'asseoir tranquillement dans la chambre sans craindre des criailleries de sa part. »

« Travailler, apprendre et prier », c'était la devise de la mère nourricière. Il arrivait aussi que la famille loue à d'autres le travail de Max.

Les mensonges, ou ce que la paysanne prenait pour tels, étaient punis. Parce que Max n'aimait pas le jambon rouge et refusait d'en manger, il a dû passer sept dimanches au lit. Après une tentative de fugue, la punition a été de deux dimanches au lit. La paysanne suspendait les draps trempés d'urine près de la route pour que les autres écoliers voient bien la tache jaune. Max Schmid a encore aujourd'hui des cicatrices dues aux coups de tape-tapis. Les blessures étaient traitées avec du miel. « Quand on est battu, on pourrait peut-être s'y habituer, mais l'âme ne s'y habitue jamais », dit Max Schmid rétrospectivement.

Dans cette famille, on ne parlait pas de la guerre. Max restait seul avec ses angoisses. Un représentant de la société d'éducation des pauvres venait en visite une fois par année, mais le garçon ne pouvait pas se confier à lui.

En 1947, Max, qui avait 15 ans, a été une nouvelle fois déplacé. Il a servi de domestique bon marché dans une ferme du même canton qui comptait 15 têtes de bétail et des chevaux. Il trimait tous les jours de trois heures du matin à huit heures du soir pour cinq francs la quinzaine. Là aussi, Max portait des habits de la société d'éducation des pauvres.

Durant l'apprentissage de mécanicien qu'il a commencé en 1948, Max Schmid a aussi été le souffre-douleur de son patron. « Il savait qui j'étais et qu'il pouvait faire ce qu'il voulait avec moi », explique Max Schmid. Pendant sa formation, il a habité quelques mois chez sa grand-mère puis dès la fin de l'année chez une veuve, où il se trouvait bien. En 1952, il a réussi avec bravoure l'examen de fin d'apprentissage, puis est parti en Suisse romande. À vingt ans, il a appris incidemment qu'il n'était plus sous tutelle.

Comme Max avait toujours été bon à l'école, il a poursuivi sa formation. Il a fréquenté le technicum du soir et avait de la facilité à s'exprimer, mais le passé l'a rattrapé. À l'époque, il fallait avoir un grade militaire élevé pour obtenir une bonne place. Mais une carrière militaire était inimaginable après une tutelle. Celle-ci a fermé toute possibilité de carrière professionnelle à Max Schmid. « Cela a détruit ma vie », dit-il.

Aujourd'hui, Max Schmid a deux fils adultes. Il est retraité et vit dans le canton de Zurich avec sa femme invalide. Chaque jour il va faire les courses avec elle. « Comme cela elle sort et voit des gens. »

Max Schmid veut encore réaliser un rêve : écrire un livre sur ce qu'il a vécu. L'homme qui voulait l'aider dans cette tâche est mort brusquement d'une attaque cérébrale. Max Schmid a continué à écrire seul et a maintenant couché son récit sur papier. Il ne lui manque plus qu'un éditeur.

Elisabeth Grob

Walter Zürcher*, 1928, Berne

« Je ne me suis pas révolté, ça n'aurait servi à rien »

Noël est un mot qui fait dresser l'oreille à Walter Zürcher : dans son enfance, il n'a jamais pu vivre cette fête. Dans sa deuxième famille d'accueil, on l'envoyait skier pendant que la mère, le père et les deux fils fêtaient. « [...] Ils ont fêté Noël. Et ils m'ont dit d'aller skier. Je devais sortir. Je n'ai rien reçu, pas même du chocolat. [...] Oui, c'était toujours comme cela. J'étais un bon skieur, heureusement. Alors je partais, mais cela me faisait quand même mal de ne pas fêter avec la famille. » On n'a jamais fêté non plus son anniversaire, ce qui était aussi humiliant pour lui. C'est pourquoi, depuis que Walter Zürcher est marié, les fêtes de famille sont importantes pour lui – il attache une grande importance à ce qu'elles soient toujours fêtées.

Quatrième de huit enfants, Walter Zürcher est né en 1928. Il avait sept ans quand son père est mort à l'âge de 36 ans. Sa mère, qui a dès lors travaillé comme femme de ménage et journalière, ne pouvait pas subvenir aux besoins des huit enfants. Pour cette raison, six frères et sœurs ont d'abord été placés hors de la famille, puis la fille aînée, qui était restée les premiers temps à la maison pour s'occuper de la plus petite.

Walter a d'abord été accueilli par un couple du canton de Berne, avec qui le frère du père nourricier vivait aussi. Les deux enfants adultes avaient déjà quitté la maison, mais ils venaient en visite de temps en temps. Au début, Walter était bien dans cette famille. Il ne devait travailler qu'une heure par jour, car il ne fallait s'occuper que d'une vache et d'une chèvre. Il aimait beaucoup sa mère d'accueil, qu'il aurait même acceptée comme vraie mère. Elle était affectueuse, intelligente et l'aidait toujours pour les devoirs scolaires.

Mais après quelque temps les choses ont changé. Le père nourricier a régulièrement contraint Walter à le satisfaire manuellement. Il l'appelait près de lui à l'étable, sous prétexte d'avoir besoin d'aide. « C'était moche. Il m'empoignait en disant que je devais aider à l'étable. Pour une seule vache, il n'avait pas besoin d'aide. [...] Il m'attirait très brutalement contre lui. »

La mère d'accueil doit avoir observé la scène un jour, car Walter a tout à coup été renvoyé par le couple, soi-disant parce qu'il n'y avait plus de travail – alors qu'il n'en avait de toute façon presque jamais. À son départ, le père d'accueil lui a fait cadeau d'un vélo, probablement pour qu'il ne dise rien, mais peut-être aussi par mauvaise conscience.

À douze ans, Walter est arrivé dans sa deuxième famille nourricière, également dans le canton de Berne. Le couple avait deux petits garçons, et un frère du père d'accueil travaillait là comme domestique. C'était une exploitation moinne avec onze vaches, trois veaux, un lapin et des poules. L'atmosphère y était différente de celle de la première famille : Walter devait travailler à l'étable de six à huit heures du matin, puis marcher une demi-heure jusqu'à l'école, rentrer pour le repas de midi, retourner à l'école jusqu'à quatre heures puis, sans pause, reprendre le travail jusqu'à huit ou neuf heures du soir. À dix heures, totalement épuisé, il faisait ses devoirs scolaires. Il n'avait plus de temps libre, il n'était là que pour le travail et l'école.

De plus, Walter ne recevait aucune affection ou tendresse de la famille : il n'était qu'un employé. Il n'était pas battu et avait assez à manger, mais les humiliations et l'exclusion étaient criantes, particulièrement le jour de Noël ou à son anniversaire. Il ne faisait pas partie de la famille et on le lui montrait sans cesse.

Walter voyait sa mère au plus une fois par année, et n'avait aucun contact avec ses frères et sœurs. Il était profondément blessé par le fait que sa propre mère n'avait jamais de temps pour lui et semblait se désintéresser de son sort. Une seule fois, il a passé une semaine de vacances avec elle – l'une des plus belles semaines de son enfance.

Les contacts avec d'autres enfants étaient impossibles : il n'avait pas le temps de jouer avec eux. Son unique personne de confiance était un camarade d'école du voisinage : « Le seul que j'avais quand j'allais à l'école. Au moins lui. Sinon rien. Oui, c'était triste. » À une exception près, Walter Zürcher ne s'est jamais révolté ni défendu, car il pensait que cela n'aurait rien changé. Il ne s'est plaint qu'une fois, à seize ans, quand il a voulu faire un apprentissage et qu'on ne l'y a pas autorisé. Pour toute réponse, il a reçu un coup de pied au derrière et l'obligation de rester pour travailler pendant une année encore.

Ainsi, il a dû « faire le domestique » jusqu'à l'âge de 17 ans. À l'école, ses bonnes notes du début avaient rapidement baissé après le changement de famille, parce que sa nouvelle situation l'empêchait d'être performant et qu'il ne recevait plus l'aide de personne. C'est pourquoi il a dû renoncer à devenir instituteur comme il le souhaitait, mais apprendre le métier de couvreur. Malgré tout, cet apprentissage était pour lui synonyme de liberté et de nouveau départ – enfin il n'était plus un domestique mal-aimé, mais il pouvait montrer ce qu'il avait en lui.

La reconnaissance professionnelle a toujours été importante pour Walter Zürcher, car il n'en a pas reçu pendant son enfance et sa jeunesse. Il a travaillé très durement jusqu'à la retraite. Il y était habitué depuis son placement dans sa deuxième famille d'accueil. Il est devenu président de l'association des couvreurs, premier-lieutenant chez les pompiers et juré au tribunal du travail.

Aujourd'hui Walter Zürcher vit dans le canton de Zurich avec sa femme, également retraitée. Ses quatre filles exercent toutes une profession et ont quitté le foyer familial. Pour Walter Zürcher, il est très important que ses filles aillent bien. Elles devaient vivre une enfance et une jeunesse insouciantes et explorer toutes leurs possibilités professionnelles.

Nicolette Seiterle

Hans Crivelli, 1922, Zurich

« Je ne voudrais plus jamais revivre cela »

Hans Crivelli ne sait plus grand-chose de ses premières années. Ses parents étaient tessinois, et il avait une sœur de deux ans plus âgée. Il se souvient encore d'avoir dû quitter la maison à l'âge de quatre ans. Ses parents se disputaient sans cesse. « Alors mon père est parti, puis ma mère aussi, et j'étais chez les grands-parents avec ma sœur. Mais pas longtemps. Je me souviens bien qu'on a été mis dans un train et qu'on est arrivés à Zurich, dans un foyer pour enfants. »

Dans ce foyer, Hans se sentait enfermé. De plus, tous les autres enfants parlant allemand, sa sœur et lui ne comprenaient pas un mot, car ils ne parlaient qu'italien. Il se sentait seul et isolé. Après six mois dans ce foyer, Hans et sa sœur ont été emmenés par une femme. Celle-ci les avait choisis pour les prendre chez elle. Hans Crivelli sait pourquoi elle s'était décidée pour eux : « C'est logique qu'elle nous ait désignés, nous étions bronzés. »

Au début, les deux enfants étaient très bien dans leur famille nourricière, qui vivait dans le canton de Zurich. La mère d'accueil était « comme une maman ». Mais un jour, Hans avait à peu près dix ans, leur père, qui avait entre-temps divorcé de leur mère, est venu en visite. Jusque-là, il avait payé 30 francs par mois pour l'entretien de chacun de ses deux enfants. Ce jour-là, il leur a fait savoir qu'il ne payerait désormais plus que pour sa fille. Il ne pouvait plus payer pour son fils. La mère d'accueil a proposé que Hans travaille pour son entretien. Le père a accepté, et bien des choses ont changé à partir de ce jour. À part Hans et sa sœur, quatre autres enfants étaient placés dans cette famille. Hans était le seul dont les frais d'entretien n'étaient pas payés. Il en a aussitôt subi les conséquences. Il a dû travailler plus durement et a été le seul à se faire battre par la mère nourricière. Parfois si fort qu'il saignait ou avait des bosses. La mère d'accueil, qui buvait de grandes quantités d'alcool, était souvent ivre quand elle frappait le garçon. La famille vivait dans une petite ferme. Le père d'accueil travaillait la semaine à l'usine électrique, dans une scierie ou aidait d'autres paysans, de sorte que les travaux dans sa propre ferme avaient lieu surtout le matin, le soir et le week-end. Hans devait toujours aider avant et après l'école. Même le week-end, quand les autres enfants jouaient, il devait s'occuper du bétail ou faire d'autres travaux. Il avait rarement du temps libre. La mère d'accueil le laissait pourtant aller à l'église. Catholique, il allait le mercredi au catéchisme et le dimanche à l'église. Il n'aimait pas aller à l'église, mais il était content de pouvoir mettre ses belles chaussures noires et de ne pas devoir passer tout le dimanche à l'étable.

Hans dormait dans la même chambre que trois autres garçons et devait partager son lit avec l'un d'eux. Ce garçon faisait pipi au lit. Ainsi Hans avait chaque matin sa chemise mouillée. La mère d'accueil le frappait alors en l'accusant d'avoir lui aussi mouillé son lit. Il devait aller à l'école avec sa chemise malodorante, car une chemise se portait toute la semaine. Il ne pouvait se laver qu'à la cuisine avec les autres, et ne se brossait jamais les dents. Son apparence négligée était l'une des principales causes des brimades qu'il subissait à l'école. Certains maîtres le chicanaient aussi, et il se faisait souvent rouer de coups. Quand il s'en plaignait à la maison, il n'y avait qu'une réponse. « Tu as pris des coups ? Eh bien tu peux en avoir encore davantage. » Dès lors, il n'a plus rien raconté à sa mère d'accueil. De manière générale, il ne pouvait se confier à personne. Son tuteur lui a peut-être fait quatre visites au long de toutes ces années, mais il le menaçait : « Si tu ne te tiens pas bien ici, il me suffit de presser sur un bouton et tu te retrouves en institution là-bas au Tessin. »

Quand il parlait des mauvais traitements subis à d'autres personnes, comme l'huissier communal, nul ne voulait rien savoir. Selon Hans Crivelli, la plupart des gens étaient au courant du comportement de sa mère d'accueil, mais personne ne l'a jamais soutenu. Hans n'a jamais été battu par son père nourricier. Il croit même qu'il avait « un peu pitié de moi. Il m'emmenait de temps en temps promener dans la forêt, ou faire autre chose. Je recevais toujours du cidre doux et un croissant fourré. » Hans les savourait, car il n'a jamais eu assez à manger. Alors que son travail était physiquement harassant, il avait toujours faim en quittant la table. Pour gagner un morceau de chocolat ou autre chose, il allait souvent faire les courses pour d'autres gens.

Hans Crivelli a suivi l'école secondaire jusqu'au bout, car c'était nécessaire pour apprendre un « bon métier », comme on disait. Il voulait devenir mécanicien de locomotive, et il a appris le métier de tourneur sur métaux, car un apprentissage préalable dans la mécanique était nécessaire. Désormais en formation professionnelle, il était moins souvent à la maison. Pourtant, il devait toujours travailler à la ferme le week-end. Devenu un jeune homme, il allait danser le dimanche soir aussi souvent que possible. C'était un bon danseur, et ce hobby lui donnait beaucoup de plaisir.

À 19 ans, Hans Crivelli a fait la connaissance de sa future femme. Au début c'était juste une amie qui l'écoutait et le comprenait. Quand c'est devenu plus sérieux, il a dû trouver des prétextes pour pouvoir la rencontrer. Ainsi, il aidait souvent le père de son amie à bûcheronner pour avoir une raison de la voir. La mère nourricière, hostile à cette relation, a essayé de dénigrer Hans Crivelli aux yeux de son amie. Cela a été le déclic pour le jeune homme, qui a rassemblé ses maigres affaires et quitté sa famille d'accueil à vingt ans. Il s'est débrouillé avec divers jobs avant de trouver une bonne place comme chauffeur-vendeur. Quelques années après, il s'est fait recycler comme vendeur en textiles. Dans l'intervalle, il s'était marié et sa femme avait donné naissance à un fils.

En 1962, Hans Crivelli et sa femme ont repris un petit hôtel qu'ils ont géré pendant dix-huit ans. Il avait appris à travailler dur pendant son enfance et sa jeunesse : cela portait maintenant ses fruits. Hans Crivelli a vécu de longues années avec sa femme dans leur propre maison du canton de Zurich. Malheureusement, sa femme est décédée en 2007. Sans elle, il ne serait jamais arrivé aussi loin, pense Hans

Crivelli, fier de ce qu'il a réalisé dans sa vie. Parti de tout en bas, il s'est élevé à la force du poignet, mais il est resté modeste. Pourtant, les coups injustes de sa mère nourricière l'accablent encore aujourd'hui.

Mirjam Brunner

Hugo Hersberger, 1935, Soleure

« Les heures à attendre qu'il rentre et me roue de coups... »

Sixième de douze enfants, Hugo Hersberger est né à Bâle-Campagne. Il ne sait pas comment il est arrivé à neuf ou dix ans dans le canton de Soleure, mais ne pense pas que les autorités étaient impliquées. Il y a sans doute été placé par ses parents. Il a pourtant reçu plus tard une visite d'un représentant des autorités à son lieu de placement. Deux de ses frères étaient aussi placés, et sa sœur qui avait un an de plus que lui a été donnée en adoption. Son père avait un atelier de charronnage et sa mère travaillait comme couturière. Même plus tard, il n'a pas découvert pour quelle raison il avait personnellement été placé. Tentative d'explication : dans l'après-guerre, il n'y avait pas assez à manger pour autant d'enfants.

Hugo a été placé dans une petite ferme qui se trouvait à environ 30 minutes à pied du village. Elle était spécialisée dans les oignons, probablement les oignons de semence. Les paysans qui l'ont accueilli avaient un certain âge et des enfants déjà adultes. Le vieux paysan était correct avec Hugo, mais sa femme martyrisait non seulement le garçon, mais aussi son mari. « Avec le vieux, je m'entendais bien. Nous allions ensemble à la forêt, récolter du bois. En hiver nous abattions des arbres, autrement nous travaillions au champ. Avec lui je me suis toujours bien entendu. Mais elle, c'était une vraie furie. » Pendant que Hugo vivait là, le paysan s'est pendu dans la chambre de séjour. Il avait dit au garçon qu'il voulait se donner la mort, mais aussi qu'il attendait encore à cause de lui. « Il n'en pouvait plus. Et si j'étais [...] encore plus longtemps, cela me serait sans doute aussi arrivé. »

La paysanne battait Hugo elle-même ou en chargeait son fils, qui habitait la ferme mais travaillait ailleurs la journée. « Je devais alors me déshabiller, il me prenait et me plongeait la tête dans la chaudière à lessive, puis me battait avec une lanière de cuir ou une corde. Quand j'étais bleu ou enflé [...], quand c'était grave, ils ne me laissaient pas aller à l'école. Et je n'osais rien dire à personne, sinon [...] » Les châtiments corporels du fils de la paysanne avaient lieu dans un local derrière l'étable. Hugo Hersberger ne peut pas s'expliquer pourquoi le fils lui plongeait la tête dans l'eau de la chaudière, au risque de l'étouffer. « L'eau me faisait de toute façon perdre connaissance. J'avais la respiration coupée [...] Je ne sais pas ce qu'il aurait raconté si une fois je ne m'étais pas relevé. »

Hugo Hersberger croit que les tabassages du fils étaient plus ou moins cachés au père. Quand il avait des taches bleues à cause des coups, on le gardait à la maison pour que personne ne remarque rien à l'école. Pour qu'il n'en parle à personne, on le menaçait de le battre encore plus. L'attente des coups l'angoissait terriblement. La paysanne lui annonçait chaque fois une correction au retour de son fils. « Attendre pendant des heures qu'il rentre et me roue de coups, c'était le pire [...] » Ses angoisses le rendaient incontinent et somnambule. Hugo lavait son linge, y compris les draps mouillés, sur une planche à lessive.

Il recevait des coups quand il rentrait de l'école un peu plus tard que d'habitude. À part les corrections, il était souvent enfermé dans sa petite chambre sans fenêtre. Il ne dormait pas dans une vraie chambre – bien qu'il y ait des chambres libres dans la maison – mais dans un recoin. C'était un réduit sans fenêtre. Quand la porte était fermée, de petites bêtes pouvaient quand même entrer et sortir par la fente. « On ne pouvait pas fermer la porte à clé, mais ils tiraient une chaîne par un trou, de sorte que je ne pouvais pas sortir. Je crois que je ne serais pas non plus sorti s'ils n'avaient pas fermé. J'avais trop peur. »

Il n'y avait jamais beaucoup à manger. Surtout des pommes de terre et des pâtes, parfois un demi-cervelas, un morceau d'escalope ou un peu de légumes. « Je n'osais pas demander davantage, sinon cela aurait encore chauffé. Je n'avais pas le droit de dire un mot à table. »

Pour s'habiller, le garçon n'avait que des vêtements déjà portés et anciens. Les souliers étaient souvent trop petits ou trop grands, de sorte que Hugo avait régulièrement les orteils ensanglantés. À l'école, il devait boucher les trous de ses souliers avec du carton.

Comme enfant, il rêvait que quelqu'un vienne le chercher ou qu'il ne se réveille plus le matin. Il est tout de même parvenu à résister sur un point aux pressions de la paysanne : il ne l'a jamais appelée « maman », ce qui la fâchait et lui valait des coups. « Elle me giflait et me tirait les cheveux tant qu'elle pouvait […] Après c'est son fils qui devait le faire. […] Elle était handicapée et tout. C'est pourquoi elle ne pouvait plus me tabasser elle-même. »

Il devait travailler comme un domestique. « Je devais trimer, on ne peut pas dire travailler. » Il devait se lever à cinq heures et d'abord faucher l'herbe. Ensuite il allait nettoyer l'étable, affourager et traire les vaches. Puis il transportait le lait frais sur son dos, de la ferme isolée à la fromagerie. De là il retournait à la ferme avant de partir pour l'école.

À l'école, seul un des trois instituteurs le traitait mal. Il n'était pas un mauvais élève et brillait sur le plan sportif. « J'aimais aller à l'école, parce que j'étais loin du fils de la ferme, même si j'y ai aussi reçu quelques volées de coups. » Plus tard, Hugo Hersberger a appris que la paysanne avait dit à l'instituteur qu'il pouvait le « frapper de bon cœur » s'il n'était pas sage. Le maître ne s'en privait pas. « Je devais m'agenouiller devant le tableau noir sur une bûche à trois arêtes jusqu'à ce que ça saigne, jusqu'à ce que la bûche entre vraiment dans l'entaille. » Après la classe, le garçon recevait régulièrement des coups de règle ou de canne sur les doigts. Quand la paysanne s'en apercevait, « je recevais tout de suite de nouveaux coups ».

En général, Hugo ne faisait ses devoirs que le matin avant l'école. À l'école il était un tout autre gars, dit Hugo Hersberger aujourd'hui. Pour un temps, il pouvait oublier ses angoisses. « J'étais très vif. Nous jouions au football dans la cour de l'école. Et sur le chemin du retour un tout autre jeu […] » Le garçon ne pouvait pas participer aux courses d'école – c'est pour les riches, disait la paysanne –, mais devait faire les foins ou travailler au champ pendant ce temps. Il devait aller seul à l'école, la paysanne le contrôlait toujours. Une fois hors de vue, il retrouvait pourtant un garçon du voisinage, et ils faisaient le reste du chemin ensemble. Il ne racontait à personne les corrections du soir, même pas à ce camarade qui le questionnait parfois sur ses blessures, à l'instituteur ou au curé. Il avait trop peur que cela se sache et que cela entraîne de nouveaux coups. Beaucoup de villageois ne connaissaient guère le garçon, qui détalait dès qu'on lui demandait quelque chose, comme il en avait reçu l'ordre de la paysanne et de son fils. Néanmoins, tous n'ignoraient pas les mauvais traitements qui lui étaient infligés. Un paysan du voisinage, chez qui ils allaient régulièrement battre le grain, le pressait toujours de venir chez lui. Il disait qu'il lui remettrait sa ferme et son domaine, car il n'avait pas d'enfants. Mais Hugo n'a jamais osé, il avait trop peur.

Après l'école, le travail continuait pour Hugo au champ, à l'étable et à la maison. Il était mobilisé pour tous les travaux qui se présentaient. Ses parents nourriciers cultivaient surtout des oignons, qu'ils vendaient ensuite. En outre ils produisaient de l'avoine, du blé et des pommes de terre. D'autres recettes venaient de la vente de cerises. Les clients achetaient tous ces produits directement à la ferme.

Hugo allait seul à la messe du dimanche. Pour des raisons de santé, la paysanne ne pouvait plus s'y rendre. Le dimanche après-midi, le garçon était libre, mais il n'avait pas le droit de jouer avec d'autres enfants, il devait rester à la ferme. « Je restais assis sans rien faire que pleurer, j'avais affreusement l'ennui de la maison, et personne ne se souciait de moi. » On ne fêtait pas les jours de Pâques ou de Noël. Non seulement Hugo ne recevait pas de cadeaux, mais la famille elle-même ne fêtait guère. « Rien, les enfants du paysan passaient tout au plus, ils déballaient un gâteau et le mangeaient. »

Longtemps, on a enfoncé avec succès dans la tête du garçon qu'en cas de visite des autorités ou des parents, il devait dire qu'il allait bien et n'était pas forcé de travailler. Quand son père, après une longue absence, est venu une fois en visite, la paysanne était absente. À quatorze ans, c'est-à-dire après cinq ans, il avait enfin la possibilité d'être un petit moment seul avec son père. Le garçon a alors menacé indirectement son père de se suicider ou d'un autre drame s'il ne le faisait pas quitter cet endroit. Le père a enfin compris la situation et quelques jours plus tard il a ramené Hugo à la maison, vraisemblablement sans l'accord de la mère d'accueil.

Avec une année de retard, Hugo a fréquenté l'école secondaire en vivant chez ses parents. Malheureusement, ses frères et sœurs ne l'ont pas accueilli comme leur frère après cinq ans d'absence, de sorte qu'il a quitté la maison familiale à vingt ans. Lorsque l'héritage de ses parents a été partagé ultérieurement, il n'a rien reçu de ses frères et sœurs. « Pour moi ce ne sont pas des frères et sœurs ». Il n'a plus aujourd'hui de contacts qu'avec un frère et une sœur.

Il a habité et travaillé plus tard sur un terrain de camping de la région zurichoise. Pendant son apprentissage, il vivait déjà sous tente. Plus tard il a travaillé comme peintre et tapissier. À la suite de problèmes de santé, il est parti pour le Tessin où il s'est mis à son compte.

Hugo Hersberger croit que ses graves expériences d'enfant placé n'ont pas eu d'influence sur sa carrière professionnelle. Il dit aujourd'hui qu'il était vraisemblablement un jeune homme un peu « bizarre », mais que plus tard il n'a plus eu de problèmes dans ses rapports avec les autres : « Je m'entends bien avec mes beaux-parents et mes collègues. »

Il garde un beau souvenir de sa vie d'enfant placé, celui d'avoir été emmené deux ou trois fois en cinq ans par les deux filles du paysan dans une cabane de montagne. Il y a passé quelques heures de bonheur, sans travail, sans coups et sans enfermement.

Des recherches historiques sur les placements d'enfants en Suisse, Hugo Hersberger espère qu'elles permettront de faire connaître au public les événements du passé, mais aussi que les enfants d'aujourd'hui ne tomberont plus dans de pareilles situations.

Après avoir pris sa retraite, Hugo Hersberger est resté avec sa femme au Tessin. Il n'a jamais battu sa fille.

Liselotte Lüscher, Loretta Seglias

ChapitreVIII

Résistance, fuite et moments de bonheur

Loretta Seglias

Les enfants placés dépendaient, dans leurs différents lieux d'accueil, du bon vouloir de leurs patrons et éventuellement des domestiques. Ils ont fait face et maîtrisé très diversement ce qu'ils ont vécu comme enfants, mais aussi plus tard dans leur vie d'adultes. La fuite et la résistance peuvent être aussi bien actives que passives, non spectaculaires et inaperçues. Même la décision consciente ou inconsciente de ne pas se révolter, de ne pas se défendre, peut être une stratégie d'ajustement. Ci-après, nous observerons avant tout la situation dans la famille nourricière durant le placement.

Pour cette forme d'ajustement, la recherche utilise la notion de « coping » ou stratégie de « coping » – sur le modèle de la recherche sur le stress[1]. Le stress est ressenti différemment par chaque personne et déclenche de ce fait aussi des stratégies d'ajustement différentes. Le « coping » désigne ce rapport avec des situations de stress dans la vie quotidienne, dans des situations critiques, après des événements traumatisants ou une mise à l'épreuve. Dans la pratique scientifique, c'est le processus et non le but qui est décisif, et la question du succès ou de l'échec de la stratégie est secondaire. Dans les exemples qui suivent, les conséquences des stratégies choisies seront néanmoins indiquées dans la mesure du possible.

« Oui, pars seulement. Tu veux aller où ? »

L'élément commun de tous les récits est le sentiment de dépendance : ne pas pouvoir décider de ses conditions de vie et ne pas en être suffisamment ou pas du tout informé. La plupart du temps, cela commençait dès le premier placement hors de la famille. Beaucoup d'enfants n'ont été informés de leur nouvelle situation que le jour de leur placement ou même après être arrivés sur place. Même quand ils étaient bien accueillis et bien traités dans leur famille d'accueil, ce placement hors de leur famille d'origine était un grand choc dans la vie des enfants.

Le sentiment de dépendance et d'impuissance a perduré pour les enfants qui n'ont pas eu la chance de tomber sur une bonne place. Au travail pénible, qui a laissé des séquelles physiques dans de nombreux cas, se sont souvent ajoutés de graves abus de pouvoir de la part des adultes responsables.

Les réactions à cette situation souvent vécue comme difficilement supportable ont été diverses. Alors que certains enfants se sont révoltés ouvertement, d'autres se sont adaptés à la situation et ont décidé consciemment ou inconsciemment de tenir le coup. Dans tous les cas, ils ont dû trouver un moyen faire face à la situation, pour ne pas s'y briser. Ils y étaient aidés par l'espoir d'atteindre leur majorité civile et la liberté qui en découle.

Les enfants placés ont souvent vécu leur situation comme immuable, et cela sans doute avec raison. En outre, beaucoup d'enfants ne savaient pas comment leur action personnelle pouvait avoir des effets positifs, c'est-à-dire entraîner non une punition mais une amélioration de leur situation. Ferdinand Tauscher n'a pas non plus pensé tout de suite à se défendre. « À l'époque j'ai d'une certaine façon ressenti comme presque normal de devoir vivre comme cela. »

Bien des enfants craignaient aussi que leur situation n'empire encore après un replacement. Car ils étaient régulièrement menacés d'être internés s'ils se défendaient contre les injustices. Cette menace jouait même pour les parents qui se rebellaient contre les mauvais traitements infligés à leurs enfants placés.

Parfois, il suffisait d'une remarque pour étouffer l'amorce d'une résistance. Quand Herbert Rauch a menacé ses parents nourriciers de prendre la fuite, il a reçu pour toute réponse : « Oui, pars seulement. Tu veux aller où ? » Ainsi, beaucoup d'enfants se sont résignés à leur sort et ont tenté de (sur)vivre dans le cadre imposé. Le repli émotionnel était une autre possibilité d'échapper à des situations accablantes et de résister, le plus souvent sans que les autres s'en aperçoivent. Par exemple en ne montrant ni émotions ni faiblesse devant les parents nourriciers. Le repli était donc une autre stratégie d'ajustement. Certains enfants se réfugiaient dans un monde imaginaire. Heidy Hartmann possédait un chien imaginaire et a développé avec le temps la faculté de « quitter » son propre corps dans des situations difficiles.

À côté de ces formes cachées de résistance contre des traitements inacceptables, les enfants ont aussi résisté verbalement ou désobéi. Ainsi Herbert Rauch a refusé de travailler et, plusieurs fois, n'est pas rentré à la maison, ce qui a finalement culminé dans une fuite réelle. Alfred Ryter était enfermé chaque soir dans une soupente. « J'ai résisté, j'ai hurlé, mais je n'avais aucune chance contre eux. » Il donnait des coups de pied contre la porte et criait jusqu'à ce qu'il s'endorme d'épuisement. C'était chaque soir comme cela au début, jusqu'à ce qu'il abandonne et cesse de se défendre après un certain temps.

« Je m'enfuyais toujours de chez ces paysans »

Tous les enfants ne ressentaient pas leur situation comme immuable, tous ne l'acceptaient pas. Malgré tout le désespoir, la tentative de fuite impliquait l'espoir d'une amélioration des conditions de vie. C'était un appel à l'aide contre les mauvais traitements. Mais il était rarement interprété et compris comme tel. Souvent, la fuite semble avoir été une réaction directe à un événement concret. Son but était de se sortir de cette situation. Il n'y avait pas toujours de but géographique précis, par exemple chez un individu déterminé, aussi faute d'avoir une personne de confiance. Herbert Rauch s'est enfui une nuit d'hiver vêtu seulement de sa chemise de nuit pour échapper à une punition. Mais le froid glacial et le manque d'alternatives l'ont contraint à rentrer.

Pour Johann Rindisbacher, les fuites se sont multipliées durant toute son enfance et jusqu'à sa vie d'adulte. Il s'enfuyait à cause des mauvais traitements chez les paysans, se faisait rattraper et était replacé ailleurs, parfois chez son père. Ce scénario s'est répété plusieurs fois. Il a fini par être interné dans une maison d'éducation. Là aussi, il a trouvé le moyen de s'évader. Repris une nouvelle fois, il a dû comparaître devant un tribunal. Ont suivi la maison d'éducation pour jeunes gens, une nouvelle évasion avec d'autres jeunes, puis la prison, une nouvelle fuite, et enfin le pénitencier. L'appel à l'aide de Johann Rindisbacher n'a pas été entendu par les responsables. À la place, il a été criminalisé de plus en plus parce qu'il avait volé de la nourriture pour ne pas mourir de faim en cavale.

La fuite du lieu de placement sans but concret était le plus souvent vouée à l'échec. Quand il y avait un but, c'était généralement une personne connue ou apparentée. Ferdinand Tauscher s'est enfui en mobylette chez ses parents. À peine arrivé, il s'est fait renvoyer par sa mère, qui craignait la réaction de son père. À part cette unique tentative de fuite, Ferdinand Tauscher se qualifie d'enfant tranquille durant son placement. Plus tard seulement, son comportement est sorti des normes et il est devenu délinquant. En conséquence, les autorités l'ont interné dans un foyer pour jeunes gens. Là il a participé à une évasion collective en 1971, dans le cadre de la campagne pour la réforme des maisons d'éducation, avant de se retrouver dans une maison d'éducation au travail.

La campagne menée au début des années 1970 avait pour but d'améliorer les conditions de vie et d'éducation des enfants et jeunes gens placés en institutions. Elle a initié de profondes réformes, qui ont notamment entraîné une nette réduction de la taille des groupes, l'humanisation des méthodes éducatives et une meilleure qualification du personnel d'encadrement.

Mais la fuite n'était pas réservée aux garçons. Ainsi Alice Alder a pris la fuite pour une ancienne place d'accueil, où elle a pu rester quelque temps. À part ces tentatives de fuite généralement spontanées, certains enfants ont choisi de se faire aider dans leur fuite : ils ont demandé l'aide d'adultes extérieurs. Martha Knopf s'est confiée à des habitants du village pour obtenir d'être déplacée. Mais cette stratégie ne réussissait pas toujours non plus. Par exemple, Johann Rindisbacher s'est confié au pasteur. Or celui-ci s'est adressé aux parents nourriciers du garçon, ce qui a entraîné des coups et l'a fait perdre confiance envers l'Église. En définitive, il n'a pas obtenu de changement de sa situation.

Une autre forme de résistance consistait à chercher soi-même une place d'apprentissage ou de travail. Jusqu'à la majorité de l'enfant, les parents, les parents nourriciers, les autorités compétentes ou le tuteur décidaient des lieux de placement et de travail. Cela n'a pas empêché Martha Knopf de se chercher elle-même un emploi à 18 ans.

Finalement, le suicide était une autre et tragique forme de fuite. Le nombre des jeunes qui se sont donné la mort n'est pas négligeable. Beaucoup de personnes concernées ont évoqué dans les interviews des suicides dans leur famille. La plupart de ces personnes n'ont pas mis fin à leurs jours pendant leur placement, mais comme jeunes adultes.

Compte tenu de leurs graves expériences d'enfants et de leurs tentatives d'y faire face, on doit se demander quels moments d'insouciance et de bonheur les enfants placés ont pu vivre. Rétrospectivement, les personnes concernées retrouvent toujours des moments de bonheur. Mais chacun avait sa propre vision du bonheur et des moments heureux.

Le bonheur pouvait venir du fait de quitter un mauvais lieu de placement pour un bon. Il pouvait aussi découler du retour chez ses vrais parents ou de l'obtention de la majorité civile et de la liberté qui en découlait. Pourtant, les enfants placés trouvaient souvent du bonheur non dans des changements existentiels, mais dans de brefs moments. Marianne Lauser, par exemple, se souvient de son premier père nourricier, qui lui montrait les montagnes en lui disant que tout cela lui appartenait, car c'était sa patrie. « Tout cela est à moi. La montagne est à moi et les rhododendrons sont à moi. C'était vraiment prodigieux. À ce moment j'étais heureuse. » Heidy Hartmann a passé les jours les plus heureux de son enfance en vacances chez son parrain, qui aurait voulu l'accueillir chez lui.

Pour Alfred Ryter, les rencontres avec ses frères étaient de courts moments de bonheur. Pour Herbert Rauch, c'étaient les jours où il pouvait aller aider d'autres paysans ou le temps qu'il passait à l'école du dimanche. Le souvenir de moments ou d'épisodes d'insouciance aidait un peu les enfants placés à mieux supporter leurs conditions de vie.

« Je n'avais jamais appris ce qu'est la responsabilité »

Les expériences vécues dans l'enfance marquent les êtres humains pendant toute leur vie. La stratégie d'ajustement utilisée comme enfant s'est souvent prolongée pendant la vie d'adulte. Que ce soit la fuite, la résistance ou la résignation. Mais les trajectoires individuelles montrent souvent aussi des ruptures avec ces stratégies. Le soutien actif de tiers est souvent décisif, qu'il vienne d'une personne proche ou du milieu professionnel. Beaucoup ont aussi été aidés par leur foi – pas forcément par les institutions religieuses – à surmonter leur passé.

Pour Johann Rindisbacher, la fuite s'est poursuivie, comme on l'a vu, sous forme de carrière criminelle. La fuite était sa stratégie d'ajustement et elle s'est étendue à tous les domaines de sa vie. Il a quitté femme et enfant, ne s'est fixé durablement nulle part et a souvent changé d'emploi. « Je n'avais jamais appris ce qu'est la responsabilité. Quand quelque chose ne me convenait plus, quand je prenais peur ou pour une autre raison, je faisais ma petite valise et je partais. » Sa troisième épouse a été la première à l'aider à sortir de ce cercle vicieux de la fuite. Aujourd'hui, Johann Rindisbacher vit dans le respect de la loi. Il est resté plus de dix ans à son dernier poste de travail avant la retraite.

Pour les femmes, le mariage pouvait être un moyen de fuite. Certaines se sont mariées très jeunes. Mais ces unions n'ont pas toujours été heureuses. Par peur des conséquences, Rosmarie Schmid s'est résignée comme enfant à subir les mauvais traitements et les coups. Mais une fois adulte, elle s'est défendue contre la violence de son mari et a demandé le divorce. Cela bien qu'il l'ait lui aussi gravement menacée. Aujourd'hui elle s'efforce, avec l'aide d'un traitement psychiatrique, de tirer les leçons et de surmonter ce passé.

Les personnes concernées ont commencé à des phases très diverses de leur vie à travailler activement sur leur passé. Certaines l'ont fait dès leur majorité, et ont en conséquence souvent poursuivi leur formation et informé leurs proches de ce qu'elles avaient vécu dans leur enfance – en brisant leur silence. D'autres l'ont fait par exemple après un divorce ou après avoir pris leur retraite, quand la vie professionnelle et familiale a cessé d'être prépondérante.

Toutes les personnes concernées n'ont pas surmonté leur passé et ses conséquences en le racontant à d'autres. Jusqu'à aujourd'hui, nombre de personnes autrefois placées ont gardé leur vécu pour elles. Peu d'entre elles en parlent publiquement, dans des autobiographies ou dans le cadre des entretiens publiés dans ce livre.

Ferdinand Tauscher*, 1951, Berne

« Je n'ai pas eu beaucoup de temps libre, pendant deux ans »

Dernier de quatre garçons, Ferdinand Tauscher est né dans le canton de Neuchâtel. Son père tenait un restaurant, mais il en a perdu l'autorisation pour avoir distillé de l'absinthe, alors que Ferdinand était en troisième année scolaire. Par la suite son père a fréquemment changé d'emploi. Les déménagements qui en ont résulté ont marqué l'enfance de Ferdinand. Après trois changements de domicile dans la région de sa naissance, la famille est partie en Suisse alémanique – une année après la perte du restaurant. Le père avait trouvé une place à Zurich. Durant cette période, Ferdinand s'est souvent senti abandonné. Son père, qui avait des problèmes d'alcool, était souvent absent de la maison. « Ma mère devait toujours tout faire, il était toujours loin, je ne sais pas où. »

Le garçon passait souvent son temps seul dans le restaurant au rez-de-chaussée de la maison que sa famille habitait. Quand le père a de nouveau perdu son emploi au bout de trois ans, la famille est partie pour le Seeland bernois. Peu après, son père lui a annoncé qu'il devrait vivre ses deux dernières années d'école comme garçon de ferme chez un paysan.

Ferdinand Tauscher suppose aujourd'hui que son père avait plusieurs raisons de le faire : « Mon père avait déjà trois enfants et cela lui suffisait peut-être. » Il ne se sentait pas vraiment accepté par son père. Comme quatrième enfant, il était un poids pour la famille, qui avait sans cesse des problèmes financiers. En outre son père, ancien paysan, voulait « que je travaille comme garçon de ferme chez un paysan pour que je réalise comme c'est dur. Il voulait simplement me caser là. »

À 14 ans, Ferdinand s'est donc à nouveau retrouvé dans un environnement complètement différent. Il a été placé par son père dans une famille paysanne du canton de Berne. Désormais, il devait se lever chaque matin à cinq heures pour accomplir, en plus de l'école, les travaux nécessaires dans une ferme. Avec le domestique, proche de la retraite, il fauchait l'herbe, faisait les foins et les récoltes, s'occupait des trois vaches, des huit bovins à l'engrais et des porcs, balayait la cour, etc. « Pour tous les travaux qui se présentaient, il fallait être là. Quand on voulait lire quelque chose ou s'asseoir, on pouvait être sûr qu'ils viendraient vous chercher. On ne pouvait jamais s'en aller, on était toujours là. [...] Je n'ai donc pas eu beaucoup de temps libre, pendant deux ans. » Ferdinand travaillait environ cinq heures par jour à la ferme, et jusqu'à dix en été.

À côté de l'exploitation agricole, son père nourricier avait une petite entreprise de transport. Il faisait des livraisons de gravier avec son gros camion. Chaque samedi, Ferdinand devait laver et entretenir le camion et le garage. Quand une vitre de la grande porte du garage se cassait, cinq francs étaient déduits de son salaire de vingt francs par mois. Mais le patron pouvait aussi se montrer reconnaissant et lui payait parfois une glace quand il avait bien fait son dur travail.

Pour le reste, Ferdinand ressentait les rapports avec sa famille d'accueil, qui comptait aussi trois enfants plus jeunes, comme froids et distants. Il mangeait à la table familiale et passait les jours fériés avec eux, mais « ils me faisaient bien sentir que je n'étais pas des leurs ».

Les gens du village et les camarades d'école étaient aussi réservés au début. Mais, grâce à son parcours préalable à travers plusieurs régions de Suisse, Ferdinand a rapidement fait bonne impression. Il était considéré comme citadin et raconte que « cela impressionnait un peu ces campagnards ». L'amitié qu'il a nouée avec le fils d'un gros paysan l'a aussi aidé à s'intégrer jusqu'à un certain point dans la vie du village. Mais ces relations ne remplaçaient pas les contacts avec sa propre famille, qui lui manquaient beaucoup. Il avait été « totalement arraché à la vie de famille, comme quand on est en prison ».

Bien qu'il ait souffert de son travail pénible, dont il a gardé toute sa vie des douleurs dorsales, Ferdinand ne s'est guère rebellé. « À l'époque il me semblait au fond presque normal de devoir vivre comme cela. » Toutefois il prenait parfois amèrement conscience de son état de garçon de ferme. Par exemple quand des étudiants venaient à la ferme en « service agricole » et y restaient deux jours au lieu des deux semaines prévues – ils s'étaient fait en fauchant des coupures sanglantes aux jambes à cause des chaumes pointus, ou ils étaient las de ce travail harassant. « Là je remarquais bien que je devais rester et qu'eux pouvaient venir et repartir. » Une seule fois il a filé chez ses parents à mobylette. Mais quand sa mère lui a fait comprendre qu'il y aurait du grabuge si son père apprenait sa fuite, il a fait demi-tour. Il était déjà sur la route du retour quand sa famille d'accueil a cherché à savoir où il avait passé.

Comme garçon de ferme, Ferdinand Tauscher était selon sa propre appréciation « un type calme » qui se résignait à son sort. Plus tard, pendant sa formation de pompiste, il a fait pas mal de frasques. Il détournait des voitures du garage où il travaillait, les conduisait en cachette et sans permis, maquillait des mobylettes et fauchait parfois quelque chose. Il relie aujourd'hui cette délinquance à ses expériences de garçon de ferme. Il voulait avoir les mêmes choses que les autres : « Le vol de la voiture et des affaires, c'était peut-être mon salaire pour avoir dû travailler aussi durement. » Au surplus, le désintérêt de son père a aussi joué un rôle dans cette évolution négative. « Au fond, mon père ne s'est jamais soucié de ce que je devenais [...] Il n'est jamais intervenu, il s'est simplement défilé. »

Quand ses délits ont été découverts, Ferdinand Tauscher a dû interrompre son apprentissage et a été envoyé dans un foyer pour jeunes gens. Il ne l'a pas supporté longtemps, s'est enfui plusieurs fois et a multiplié les délits, avant d'être finalement interné dans une maison fermée d'éducation au travail de la région zurichoise. C'était dur, se rappelle Ferdinand Tauscher, la discipline régnait. « Quand on n'obéissait pas, on prenait un coup ». À la maison d'éducation, il a entamé un apprentissage de serrurier-constructeur et forgeron.

En 1971, Ferdinand Tauscher a pris part à une évasion collective organisée par des soixante-huitards zurichois dans le cadre d'une campagne pour la réforme des maisons d'éducation. Les garçons ont été cachés pendant deux semaines, dans le Toggenburg puis au Tessin. L'initiative réclamait de profonds changements dans le système des maisons d'éducation, et les garçons lui servaient de moyen de pression. Après cette aventure, Ferdinand Tauscher a été placé dans une autre maison d'éducation au travail, où il a terminé son apprentissage de forgeron avec une très bonne note.

À force de travail, le jeune homme s'est lentement élevé, en commençant par des emplois temporaires, jusqu'à un poste de chef dans une entreprise de séchage. Mais il y a donné son congé pour cause de divergences d'opinion.

Avant la naissance de son premier enfant, Ferdinand Tauscher a trouvé un emploi sûr dans une entreprise de technique environnementale du Seeland bernois. Il y travaille toujours et opère dans toute la Suisse comme monteur et technicien. Le fait qu'il exerce cette profession est également lié à sa jeunesse, dit-il. On lui demande parfois pourquoi il effectue autant de déplacements professionnels à son âge. Selon lui, cela tient peut-être au fait d'avoir si souvent changé d'entourage dans sa jeunesse et d'avoir gardé une propension à courir sans cesse le pays.

Ce qui préoccupe beaucoup Ferdinand Tauscher actuellement, c'est la formation de ses fils de 18 et 20 ans, car le cadet n'a pas encore trouvé de place d'apprentissage. Il juge très important d'être là pour eux – sans doute parce qu'il a lui-même reçu si peu de soutien.

Remo Grolimund

Herbert Rauch*, 1927, Berne

« Ils m'ont pris pour gagner quelque chose, c'est tout »

Herbert Rauch a été placé parce que sa mère est morte en donnant naissance à son frère, de deux ans plus petit. Il ne se souvient pas de sa mère. Herbert Rauch a appris seulement des années plus tard qu'il avait un frère et une sœur ainsi qu'un demi-frère et une demi-sœur. Il ne les a vus qu'une seule fois dans sa vie et n'a aucun contact avec eux.

Herbert Rauch se rappelle qu'à trois ans, il se trouvait dans une famille d'accueil du canton de Berne. Une nuit, il était arrivé à pied chez un paysan qui a été son patron pendant les treize années suivantes. C'était une petite exploitation agricole endettée, avec quatre ou cinq vaches. Il a appris un jour par sa mère nourricière que cette place lui avait été trouvée par une annonce dans le journal. Herbert Rauch garde un souvenir positif des trois ou quatre premières années. Mais la situation a changé lorsque ses parents d'accueil ont eu leurs propres enfants et qu'il a eu l'âge d'aller à l'école. À partir de là, il a dû dormir dans une petite chambre non chauffée et se lever à cinq heures pour aider à faucher l'herbe. Quand les enfants de la famille ont grandi, ils ont aussi dû travailler, mais pas autant que lui. On lui laissait surtout les travaux salissants. Il a souvent entendu « Tu n'es pas là pour flâner » ou, de la part des enfants, « Que fait-il donc chez nous ? ».

Il arrivait souvent que Herbert n'ait pas le temps de déjeuner le matin. Il glissait alors des pommes de terre cuites dans une poche de son pantalon et un peu de sel dans l'autre. Il se servait aussi de fourrage à la grange. En général il arrivait en retard à l'école, et cela déclenchait une réaction en chaîne. Comme punition, il devait passer la leçon debout au fond de la classe à regarder le mur. À midi, il avait une demi-heure de retenue, ce qui lui valait des coups à son retour à la maison. D'une façon générale, les coups étaient son lot quotidien. Dans une crise de colère, le paysan l'a blessé un jour jusqu'au sang en le frappant à la tête avec une pioche. Il arrivait aussi que Herbert soit attaché à un poteau et frappé avec une corde mouillée. La paysanne était colérique et le punissait à sa manière : elle l'empoignait par le col et le projetait en arrière contre le coin de la table. Il a souffert tôt de problèmes de dos qu'il attribue à ces mauvais traitements.

Le garçon était aussi enfermé pendant des heures dans la porcherie avec la truie ou à la cave, où il devait dégermer les pommes de terre. Un soir d'hiver où il gelait, il s'est enfui, pieds nus et en chemise de nuit, pour échapper à une punition. Il est resté caché pendant des heures, mais le froid l'a finalement contraint à rentrer à la ferme, où il a été accueilli avec deux ou trois gifles.

La famille appartenait à une secte et se montrait pieuse vis-à-vis de l'extérieur. Pourtant, le paysan et sa femme avaient souvent des disputes violentes à la maison, au point d'en venir aux mains. Herbert en a souvent été le témoin angoissé. Pour le reste aussi, la vie était difficile pour lui. Les enfants de la famille ont vite remarqué qu'on pouvait en faire un bouc émissaire et se sont empressés d'en profiter. Ses camarades d'école le brimaient, parfois en cachant des objets dans son pupitre afin de le faire passer pour un voleur, ce qui lui valait chaque fois des coups.

L'assistant social contrôlait régulièrement la place. Mais les parents d'accueil lui montraient chaque fois la chambre et l'armoire de leurs propres enfants, et l'assistant était convaincu que Herbert était bien chez eux. « Tout appartenait à leurs enfants. J'avais bien mes affaires, peut-être une ou deux paires de pantalons. Jusqu'à ma sortie de l'école, j'ai peut-être reçu une ou deux fois des pantalons neufs. »

Herbert n'avait pas de contacts et ne pouvait se confier à personne. Il lui était en effet interdit de fréquenter d'autres gens. Herbert Rauch pense aujourd'hui que c'est à cela qu'il doit d'être resté toute sa vie solitaire. Il était aussi marginalisé à l'école comme unique garçon de ferme et à cause du sectarisme de ses parents nourriciers. Durant les six semaines qu'il a passées à l'hôpital après un accident, il n'a pas reçu une seule visite.

Herbert vivait ses plus belles heures à l'école du dimanche ou quand il allait aider aux travaux chez des voisins. Là il était entouré de personnes bienveillantes et recevait assez à manger. Quand les paysans recevaient des visites ou le boucher à la ferme, il passait aussi des heures agréables, car on le laissait tranquille. Herbert n'avait jamais de temps libre ou pour jouer. Il a eu les premières vacances de sa vie à 29 ans.

Herbert se rebellait de temps en temps et menaçait de s'en aller. « Alors on me disait toujours : 'Eh bien va-t'en ! Tu veux aller où ?' Et avec le temps j'ai réfléchi : 'À quoi bon une autre place ? Je resterai garçon de ferme. Et cela sera peut-être encore pire. Mieux vaut rester ici et s'accrocher.' » Une fois il a même pris le chemin de la Légion étrangère, mais à la frontière française il a fait demi-tour pour rentrer à la maison.

Pour des raisons de santé, Herbert Rauch n'a jamais pu faire le travail qu'il aurait voulu. Il a certes fait un apprentissage de charron, mais il avait toujours de la peine à travailler à cause de ses problèmes de dos, de sorte qu'il a souvent dû changer d'emploi.

Dans les situations les plus diverses, Herbert Rauch a subi toute sa vie les séquelles de son passé de garçon de ferme. À une réunion d'anciens élèves, il a été simplement ignoré, personne ne lui adressant la parole. « Alors je me suis levé, j'ai payé et j'ai dit : 'Je ne reviendrai plus jamais'. Et j'ai tenu parole. » À cause de ces expériences, Herbert Rauch a caché jusqu'à ces dernières années qu'il avait été un enfant placé. Au début aussi parce qu'il craignait que ça l'empêche de trouver une femme. Son épouse et ses enfants ne savaient rien de son passé. Quand il a enfin commencé à en parler, ils ne s'y sont pas intéressés. « Alors je me suis de nouveau tu. »

Herbert Rauch vit à nouveau seul aujourd'hui, et pratiquement sans relations. Peu après leur cinquantième anniversaire de mariage, sa femme a été admise dans un home pour raisons de santé, et leur fils s'est donné la mort il y a quelques années. « Le passé me rattrape de nouveau. J'étais seul autrefois et je me retrouve seul aujourd'hui », constate Herbert Rauch avec résignation.

Marco Leuenberger

Johann Rindisbacher, 1938, Berne

« Quand je travaillais beaucoup, je prenais des coups, quand je ne travaillais pas, j'en prenais aussi »

À quatre ans et demi, Johann Rindisbacher a été conduit par sa mère chez un paysan de l'Emmental. « Ma mère m'a amené avec un panier et un petit sac, et n'est pas revenue. »

Il était le quatrième enfant de la famille. Son père était trayeur et sa mère servante. Comme ils n'arrivaient pas à nourrir leurs enfants, ils ont placé Johann. Dès le début, il était mal dans sa famille nourricière. Il n'avait pas de chambre dans la maison, mais dormait sur une paillasse dans un petit réduit à l'étable. C'est aussi là qu'il mangeait, car il n'était pas admis avec les autres à la table de la cuisine. Il a dû aider dès le début et travailler toujours plus durement en grandissant. Il faisait tous les travaux afférents à une exploitation agricole. Quand il y avait beaucoup à faire, il n'allait pas à l'école. Cela ne suscitait aucune réaction de l'instituteur ou des autorités, car elles approuvaient ce traitement.

À cette époque, Johann faisait encore pipi au lit. Quand cela arrivait, le paysan le plongeait tête la première dans la fontaine, été comme hiver. Pour l'empêcher de mouiller son lit, le paysan lui serrait le pénis avec une pincette, ce qui causait des douleurs et des difficultés à uriner qui ont tourmenté Johann Rindisbacher jusqu'à l'âge adulte. En outre, il était souvent et violemment battu, et cela non seulement à mains nues, mais aussi avec une lanière de cuir ou un bâton. Une fois, il en a parlé au pasteur. Mais après une visite de ce dernier à la ferme, Johann a reçu des coups, ce qui lui a fait perdre confiance en l'Église.

Johann a passé cinq ans dans cette famille. En grandissant, il a commencé à se révolter. Il ne voulait plus faire tout ce qu'on lui ordonnait, et ne rentrait parfois pas à la maison. En conséquence, la famille a décidé de ne pas le garder plus longtemps. Il est retourné chez ses parents et ses frères et sœurs, qui vivaient et travaillaient à l'époque dans une ferme du Jura.

Mais Johann n'était pas bien non plus à la maison. Il était battu par son père et manquait souvent l'école, où il ne comprenait rien au début parce qu'il ne parlait pas encore français. Sa mère avait un amant et abandonnait par moments la famille. Quand rien n'a plus marché, Johann a de nouveau été placé comme garçon de ferme. Il a travaillé chez plusieurs paysans, mais n'y restait souvent même pas une année. « Je me sauvais toujours de chez ces paysans, et plus tard j'ai été chez quatre ou cinq paysans dans le Jura. Je réalisais plus ou moins que quelque chose n'allait pas, que rien n'était à sa place, qu'au fond je devais aller dans une famille où je serais traité avec un peu de sympathie et d'humanité. » En cavale, il volait pour se nourrir.

Pour finir, Johann Rindisbacher a été interné dans une maison d'éducation. Mais ce n'était pas mieux. Un travail pénible marquait la vie quotidienne dans l'établissement, les enfants étaient battus et maltraités. Johann Rindisbacher dit qu'il y a tout appris pour devenir un « vrai filou ». Après s'être aussi échappé de cet établissement et avoir été repris, il a été jugé et condamné. Il s'est retrouvé dans une maison d'éducation pour jeunes gens, alors réputée pour être quasiment une prison. Au bout de trois jours, Johann Rindisbacher, jeune homme fort et résistant, s'en est aussi évadé. Il a forcé la porte de sa cellule et libéré d'autres détenus. C'était le début de sa première grande tournée, durant laquelle il a cambriolé des maisons et volé de la nourriture et de l'argent pour s'en tirer. Une fois pris, il a été condamné à trois ans de réclusion. « Plus j'ai connu de prisons, plus je suis devenu criminel. Les autres m'y ont appris tout ce qu'on doit faire. » Après une évasion et une nouvelle virée, Johann Rindisbacher a été incarcéré dans un pénitencier. Il avait à peu près vingt ans.

Une fois sa peine purgée, les choses se sont améliorées pour un temps, et il a travaillé à différents endroits. Mais il a fait de nouvelles « bêtises » et s'est rendu pour la première fois à l'étranger, en Hollande. Il y a travaillé sur un bateau et à la police sanitaire. À cette époque, il s'est marié pour la première fois, avec une Hollandaise qui était alors enceinte d'un autre. Il a adopté l'enfant, une fille, et le couple a encore eu un fils. Quand la relation s'est disloquée, Johann Rindisbacher a délaissé son travail et perdu sa place. « J'ai été quatre ans à la police sanitaire en Hollande. J'étais employé de l'État, mais j'ai tout bousillé. »

Johann Rindisbacher a aussi passé quelque temps dans le sud de la France, vivant de travaux occasionnels, de cambriolages et de vols, jusqu'à son emprisonnement à Marseille. Là il a commencé avec l'aide d'un codétenu un échange épistolaire avec une Anglaise qui allait devenir sa deuxième épouse. Déjà mère de plusieurs enfants, elle a eu un fils avec Johann Rindisbacher. Ils ont vécu ensemble, d'abord à Londres puis en Suisse, jusqu'au départ subit de Johann Rindisbacher. « Je n'étais pas sédentaire. J'ai laissé tomber cette femme tout d'un coup, avec les enfants. Je n'étais pas assez stable et je ne m'en rendais pas compte. Je ne me rendais pas compte du tout de cette responsabilité, comment aurais-je pu ? Je n'avais jamais appris ce qu'est la responsabilité. Quand quelque chose ne me convenait plus ou que je prenais peur, je faisais ma valise et je partais. »

Aujourd'hui, Johann Rindisbacher vit de nouveau en Suisse, dans le canton de Schaffhouse, avec sa troisième femme. Il a des contacts occasionnels avec ses frères et sœurs, mais plus avec ses enfants. Il a cependant une bonne relation avec les enfants et les petits-enfants de sa femme. Depuis qu'il vit avec son épouse actuelle, il va bien – depuis 28 ans. Il a travaillé à la poste suisse pendant les dix ans qui ont précédé sa retraite. Il se dit totalement transformé. Alors qu'il se moquait de la loi autrefois, il ne peut que la respecter aujourd'hui. Johann Rindisbacher a toujours de la peine à faire confiance aux gens, et il souffre encore d'avoir souvent été traité de vaurien. Il regrette aussi que son potentiel n'ait pas été exploité.

Johann Rindisbacher exige que les autorités prennent maintenant leurs responsabilités. Elles n'ont rien fait pour améliorer les mauvaises conditions de vie des enfants placés et les ont en partie approuvées. Il attend d'elles qu'elles collaborent aussi à la réévaluation de l'histoire, par exemple en remettant les dossiers aux personnes concernées.

Yvonne Grendelmeier

Martha Knopf, 1930, Berne

« Ballottée de-ci de-là »

La mère de Martha Knopf est morte en 1935. La fillette, âgée de quatre ans et demi, a ensuite été ballottée de-ci de-là au sein de sa parenté. Elle a d'abord vécu brièvement avec son frère chez sa marraine. Puis Martha a été séparée de son frère, qu'elle n'a pas revu avant ses seize ans. Jusqu'à sa dixième année, elle a séjourné tour à tour chez une tante, sa grand-mère paternelle et ses deux belles-mères successives, car son père s'est remarié deux fois. Toutes ces personnes vivaient pauvrement. Martha a été transférée de l'une à l'autre sans avertissement préalable. Elle ne connaît pas les circonstances et causes exactes de ces déplacements.

Martha Knopf se souvient surtout de ses séjours chez sa tante et chez sa deuxième belle-mère. La tante vivait dans le Haut-Emmental, avait deux fils et faisait avec son mari de la couture de ferme en ferme. Pendant son absence, la grand-mère maternelle s'occupait des enfants. À cinq ans, Martha a passé environ six mois chez elle, avant d'y faire un deuxième séjour entre sa septième et sa neuvième année. La tante était sévère et faisait travailler Martha. Celle-ci exécutait divers travaux ménagers et s'occupait de ses deux cousins plus petits. Elle était souvent réprimandée rudement et battue par sa tante. Cette dernière lui a fait des excuses plus tard, alors que Martha Knopf était adulte.

La deuxième belle-mère de Martha habitait avec son père à l'étage supérieur d'une maison du Bas-Emmental, tandis que ses parents occupaient le rez-de-chaussée. Martha y avait moins de travail que chez sa tante, mais elle était aussi battue. Une fois elle a brisé la fenêtre sous la violence d'un coup. Les voisins lui ont dit après : « Dis donc, hier ça a bardé chez vous. »

La misère se faisait gravement sentir. Son père travaillait dans une fabrique, mais Martha Knopf suppose qu'il buvait une bonne partie de sa paye et qu'il ne restait pas assez d'argent pour entretenir la famille. La belle-mère s'est mise à voler des produits alimentaires chez les paysans. Elle emmenait souvent Martha pour dérober de nuit des pommes de terre, des haricots et des choux dans les champs, de l'herbe pour les lapins dans les prés et des fleurs au cimetière. Une fois, la fillette a dû retirer sa montre du poignet d'un homme avec qui la belle-mère avait sans doute une liaison, pendant qu'il se reposait.

Martha était incitée à subtiliser des crayons de couleur, des gommes et d'autres objets à ses camarades d'école. Les autres élèves remarquaient les larcins, mais Martha Knopf ignore s'ils savaient qui en était l'auteur. Toujours est-il que ces vols n'ont jamais eu de conséquences pour elle.

À dix ans, Martha a fait sa première fugue. Mais elle a été rapidement retrouvée et ramenée à la maison. Peu après elle s'est de nouveau enfuie. Après son retour, sa belle-mère lui a dit : « Tu as essayé deux fois, la troisième fois tu réussiras. » C'est ce qui est arrivé. La troisième fois, Martha s'est réfugiée chez des connaissances au village.

La raison de ces fuites était la maltraitance de la belle-mère. En outre, la fille était victime d'abus sexuels commis par son propre père. Ce dernier l'avait déjà violée quand elle avait six ans, ce qui l'avait conduit en prison. Martha Knopf se rappelle que son père lui a fait après coup des reproches en présence de sa deuxième belle-mère : elle devrait avoir honte d'avoir fait emprisonner son propre père. Martha a de nouveau subi des agressions sexuelles chez sa deuxième belle-mère. Elle a ensuite été emmenée chez un conseiller communal qui s'occupait des pauvres du village. Le même soir, son père et sa belle-mère sont venus chercher l'enfant. Mais la paysanne désignée comme nouvelle mère d'accueil s'est interposée : « Non, nous ne vous rendons plus cet enfant ! ».

Quelques jours plus tard, Martha a été placée dans une autre ferme du canton de Berne. Là aussi, elle a songé plusieurs fois à s'enfuir.

Mais elle y a renoncé parce qu'elle n'en attendait pas d'amélioration de sa situation. La famille nourricière exploitait une petite ferme avec deux vaches, deux porcs et des poules. Les travaux de la ferme étaient assumés par la paysanne, une voisine et Martha. Le père d'accueil travaillait principalement dans une fabrique.

À l'arrivée de Martha, les parents nourriciers avaient tous deux plus de soixante ans, et n'avaient plus d'enfants à la maison. Au début une deuxième fille de ferme était présente, et pendant la dernière année du séjour de Martha, sa demi-sœur a aussi été placée dans cette ferme. Une fille mariée des parents d'accueil habitait tout près ; son mari venait souvent traire les vaches quand le père travaillait à la fabrique.

La paysanne veillait strictement à empêcher les contacts entre Martha et son père. Pendant un nouveau procès, Martha a été temporairement internée dans un foyer pour jeunes et a dû déposer contre son père devant le tribunal. Elle n'a jamais su s'il avait subi une deuxième condamnation pour avoir abusé d'elle.

Martha travaillait durement à la ferme de ses parents nourriciers. Elle était réveillée dès six heures et, après le déjeuner, devait nourrir les poules et les chats, puis apporter le lait à la fromagerie sur un chariot à ridelles.

Elle devait répéter ces travaux le soir, et de surcroît porter du bois et de l'eau à la cuisine.

Elle désherbait, rentrait le fourrage vert et participait aux récoltes de foin, de céréales et de pommes de terre. Martha travaillait en outre chez un gros paysan en échange du prêt d'un cheval pour engranger les récoltes. Pour cela elle recevait un petit salaire qu'elle pouvait garder. Elle n'a jamais dû traire les vaches ou nettoyer l'étable.

La jeune fille travaillait pieds nus dans les champs. Elle ne portait pas de souliers avant l'automne. La commune payait des sabots non fourrés aux familles pauvres. Les vêtements de Martha venaient d'une grand-tante, et elle portait les chaussettes qu'elle avait tricotées elle-même à la leçon de couture. Les parents nourriciers recevaient une pension pour l'entretien des enfants.

Dans son temps libre – le dimanche – Martha jouait avec ses amies. Elle n'avait pas le droit de sortir du village. Chez ses parents nourriciers, Martha recevait toujours assez à manger. Mais elle n'avait droit que le dimanche au beurre et à la confiture pour le déjeuner, alors que c'étaient deux produits de la ferme et que les autres membres de la famille en consommaient tous les jours.

Le logement était tout sauf satisfaisant. Martha dormait dans une chambre non chauffée et se lavait dans un hangar sans eau chaude. Les lavettes étaient parfois gelées en hiver. En revanche, les parents d'accueil se lavaient dans la chaleur de la chambre de séjour. En hiver, Martha ne se lavait que le visage ; elle ne se baignait et ne se lavait les pieds qu'en été.

Une fois par année, un tuteur rendait visite à la famille. Mais il ne s'adressait qu'à la paysanne ; il parlait à peine à Martha. À l'école, la jeune fille n'avait pas de problèmes. Elle s'entendait bien avec les maîtres et maîtresses. À l'école du district, le temps manquait parfois pour faire tous les devoirs scolaires à cause du travail à la maison. Elle n'en avait le temps que le soir après le repas et la vaisselle. Une fois, la mère d'accueil l'a envoyée au lit à onze heures, alors qu'elle n'avait pas encore fini ses devoirs.

Pour la paysanne, il était important que Martha soit bonne en couture, et elle l'interrogeait toujours sur l'état de ses travaux. Pour ne pas décevoir sa mère d'accueil, Martha lui mentait parfois, mais la paysanne n'était généralement pas dupe. Elle était punie par une gifle ou frappée avec une louche, une brosse ou un autre ustensile. Martha Knopf souligne : « Ils ne m'ont pas frappée au point de me blesser. Simplement, comme on dit, sous le coup de la colère. […] Au fond notre mère d'accueil nous voulait du bien. Franchement, nous n'avons pas été maltraités. » Martha a pu fréquenter l'école du district. De l'avis de la paysanne, l'école secondaire était trop éloignée, de sorte que Martha est allée à l'école du district, plus proche, dans le canton de Soleure.

Martha Knopf n'a pas pu faire un apprentissage de couturière comme elle le souhaitait. La couture n'est pas une activité rentable, disait la mère d'accueil. Elle avait sans doute raison, estime Martha Knopf aujourd'hui.

En jetant un regard sur son enfance, Martha Knopf dit : « Enfant, on ressent beaucoup de choses comme injustes, mais j'étais mieux

chez mes parents d'accueil que beaucoup d'autres enfants placés. »
Pourtant, plusieurs personnes ont parlé à Martha Knopf de la sévérité de sa mère nourricière. Un voisin estimait que les enfants ne
servaient que de main-d'œuvre bon marché. Et le gendre des parents
d'accueil lui a dit, une fois qu'elle était en visite chez lui, qu'on la faisait travailler trop durement. Ces déclarations sont toutefois restées
sans conséquences.

Martha Knopf qualifie aujourd'hui la période des vacances
comme la plus dure. C'est quand elle a pu aller à l'école du district
qu'elle a été la plus heureuse. Une fois sortie de l'école, Martha Knopf
a passé une année en Suisse romande. Elle s'y est sentie à l'aise et bien
entourée. Elle aurait voulu pouvoir appeler la patronne « maman ».

De retour chez ses parents d'accueil, la jeune femme devait, suivant la volonté de la paysanne, entamer un apprentissage de vendeuse
au magasin du village. Ainsi, elle aurait pu, à côté du travail et de
l'école professionnelle, continuer à aider à la ferme. Mais Martha
Knopf n'en avait absolument pas envie. Elle a pu réaliser son vœu de
passer une deuxième année dans la même famille romande. Au lieu
de tenir le ménage et de s'occuper des enfants comme la première
année, elle a aidé dans le magasin tenu par la famille.

Après cette expérience, Martha Knopf a postulé à 18 ans – sans en
avoir parlé à ses parents d'accueil – comme serveuse dans un tea-room
de Bâle-Ville, où elle a été engagée. Pour cela, elle avait épluché le
journal des boulangers-pâtissiers de son patron. Comme ce travail
était mal payé, elle l'a rapidement quitté – de nouveau sans demander à ses parents nourriciers – pour l'office des chèques postaux.

Bien que Martha Knopf ait toujours rêvé de quitter ses parents
d'accueil, leur ferme était quand même un foyer pour elle. Quand
elle habitait ailleurs, elle y venait régulièrement en visite et passer ses
vacances, et elle a maintenu le contact même après son mariage.
Martha Knopf est devenue marraine du cadet du fils des parents d'accueil. Elle est restée en contact avec la paysanne jusque peu avant sa
mort.

En revanche, Martha Knopf n'a plus eu de relations avec son père.
Elle n'en avait pas le besoin, et sa mère d'accueil avait consciemment

refusé ces rencontres. Elle a de bons rapports avec sa demi-sœur, qui a travaillé comme fille de ferme avec elle pendant une année. Elle et son mari sont marraine et parrain de son fils cadet.

Les expériences de son enfance ne sont pas « tombées sur le moral » de Martha Knopf, comme elle dit aujourd'hui. Elle montre aussi une certaine compréhension pour la situation de ses anciens parents nourriciers, qui ont accueilli un enfant qui avait « déjà du caractère ». Pour surmonter ses mauvaises expériences de l'enfance, les deux ans de séjour en Suisse romande et son mariage réussi ont joué un grand rôle. Aujourd'hui, Martha Knopf vit avec son mari dans un immeuble locatif du canton de Genève.

Edwin Pfaffen, Loretta Seglias

Rosmarie Schmid, 1946, Berne

« Je n'ai rien eu de ma vie »

Rosmarie Schmid sait seulement qu'elle avait six mois quand son premier père nourricier l'a emmenée chez lui avec une vache qu'il venait d'acheter. « À vrai dire, il n'en a jamais parlé », se souvient-elle. Beaucoup plus tard, Rosmarie Schmid a appris par sa demi-sœur qu'elle avait fait l'objet à l'époque d'une annonce dans la revue « Schweizerbauer ».

Au sujet du père d'accueil, elle raconte : « Il avait ses deux propres enfants et cinq enfants placés, pour lesquels il n'encaissait rien. » Elle se sentait bien et chez elle auprès de cet homme bon comme le pain. Quand il a voulu l'adopter, cela lui a été refusé au motif qu'il était trop âgé. Lors des visites de l'assistance publique, la fillette était rabaissée par des remarques comme « Tu es la même que ta vieille » ou « Les enfants illégitimes ne valent de toute façon rien ». Cela fâchait le père nourricier, qui a une fois saisi le président de l'assistance par le col et l'a chassé. Là-dessus, Rosmarie, qui avait douze ans, lui a été enlevée. « J'étais sans doute trop bien chez lui, c'est pourquoi on m'a reprise. » Aujourd'hui encore, Rosmarie Schmid ne peut pas s'expliquer autrement son replacement.

Rosmarie a été placée dans une autre ferme du canton de Berne, où vivait un couple avec son fils et le grand-père. Elle était violée par le fils, qui la menaçait : « Si tu dis quelque chose, je te tue ! » Travailler durement était son lot quotidien. C'était au détriment de l'école, où elle devait suivre la classe de développement. « Ils ne m'appelaient que 'la bécasse' ». Rosmarie recevait des coups à l'école et à la ferme. À l'école, on se moquait aussi parfois d'elle à cause de ses vêtements : « Je devais toujours porter de vieilles nippes ».

Elle ne pouvait changer de sous-vêtements qu'une fois par semaine. Souvent elle s'écorchait les pieds à force de marcher et parfois elle avait grand peine à se mouvoir à cause des cloques. « Je ne recevais même pas assez à manger ; on pouvait être content quand on recevait au moins quelque chose », raconte Rosmarie Schmid. On lui répétait constamment. « Tu n'es rien et tu ne peux rien faire ! » – « Pour moi la différence était énorme avec mon ancienne place ».

Plus tard, des emplois ont été attribués à Rosmarie Schmid : « Je ne savais même pas quel salaire je toucherais ! » L'autorité tutélaire décidait où elle allait travailler. Avant de prendre sa première place, elle avait visité la chambre prévue pour elle. Mais elle ne l'a pas obtenue quand elle a commencé à travailler. En hiver, elle était envoyée exprès avec des souliers bas pour bûcheronner avec les hommes dans la haute neige. « Cela ne fait rien si tu crèves ! »

À 18 ans, Rosmarie Schmid a fait la connaissance d'un homme qui semblait offrir un avenir prometteur – c'était le plus riche paysan du lieu. Mais l'assistance publique l'a rabaissée à ses yeux.

Elle a occupé son deuxième emploi dans une famille de huit enfants qui possédait un magasin d'alimentation. Rosmarie Schmid y travaillait du matin au soir. « On n'y avait de toute façon pas de sortie. » On la menaçait constamment de l'interner dans une institution, et la moindre bagatelle était annoncée au tuteur.

La jeune femme y a fait la connaissance de son premier mari et a déménagé avec lui. Elle a eu trois garçons, mais comme son mari dépensait tout son salaire pour boire, elle ne savait pas comment leur faire à manger, parfois des mois durant. À Noël il était toujours saoul, se rappelle Rosmarie Schmid. « Je devais mendier pour pouvoir nourrir les enfants. » Pour gagner au moins un peu d'argent, Rosmarie Schmid s'est mise à remonter des ressorts de montre. « Parfois jusqu'à 4 000 pièces par jour. » Quand elle a demandé le divorce, son mari a menacé de la supprimer.

Rosmarie Schmid s'est remariée et a donné naissance à une fille. Mais elle a aussi divorcé de son deuxième mari et a changé de lieu de domicile. Elle a obtenu un emploi aux CFF et a travaillé comme garde-barrière pendant huit ans. Ses ex-maris lui versaient chaque mois 100 francs de pension alimentaire par enfant. « Si je n'avais pas travaillé aux CFF, je n'aurais pas pu élever mes enfants », dit aujourd'hui Rosmarie Schmid.

Rosmarie Schmid a passé du poste de garde-barrière aux WC publics d'une gare. En plus elle travaillait comme concierge. À cette période, son fils aîné a sombré dans le milieu de la drogue. « Pour comble de malheur, il a attrapé le SIDA. » À cause des problèmes avec son fils, Rosmarie Schmid s'est vu résilier son appartement. Elle n'a plus osé ensuite le faire venir dans son nouveau logement. Mais le pire pour elle était que son fils traînait tous les jours à la gare où elle travaillait. En 1996, il est mort à 29 ans dans un home du canton de Berne. « Rendez-vous compte, j'y ai travaillé pendant plus de dix ans. »

Comme sa santé déclinait, Rosmarie Schmid a passé au service de nettoyage des bureaux des CFF. « Mais comme cela a aussi été privatisé, je suis retombée aux WC. » Comme elle ne pouvait plus travailler qu'à 50 pour cent, elle a dû prendre une place de femme de ménage pour gagner assez d'argent.

Rosmarie Schmid espérait vivre un jour de manière un peu plus agréable, mais « au fond je n'ai rien eu de ma vie ». Aujourd'hui elle suit un traitement psychiatrique et s'efforce en particulier de surmonter les viols de son enfance et la mort de son fils.

Benedikta Spannring

ChapitreIX

Se souvenir et raconter –
accès historiques et sociologiques
aux interviews biographiques

Heiko Haumann et Ueli Mäder

Pouvoir enfin parler

Après le suicide de son père et la « fuite » de sa mère, Edith Däbler (née en 1945) s'est retrouvée dans un foyer, puis dans une famille nourricière, alors que ses frères et sœurs plus grands ont été placés dans différentes fermes. Elle a dû travailler durement, mais elle était très bien dans cette famille. En dehors, elle a toutefois subi de nombreuses humiliations qui ont entraîné des troubles psychiques. Malgré cela, elle a finalement pu acquérir une bonne formation et mener une vie dont elle est satisfaite.

Rétrospectivement, elle résume : « Je pense qu'on ne doit pas mettre la faute sur les circonstances et dire 'J'ai été traitée comme cela, [...] et si j'avais été élevée autrement, je ne ferais pas cela.' Au contraire, je crois que nous avons tous une responsabilité pour notre vie. »[1]

À la question de savoir si son enfance a influencé sa vie, Jean-Pierre Enz (né en 1937) répond : « Oui, mais j'en porte probablement une grande part de responsabilité. »[2] Ce sont là deux exemples d'interprétation de son propre destin. Jean-Pierre Enz a travaillé dans plusieurs places après la mort de son père, a eu une vie difficile dans les fermes, a été victime d'abus sexuels et souvent battu, a d'abord eu peu de chance sur le plan professionnel et n'a obtenu que très tard une situation sûre. Un entretien avec lui montre comme s'accomplit le processus du souvenir. Quand on lui demande s'il peut encore se rappeler des différentes places qui lui ont été attribuées, il répond : « Difficilement. Mais je vois à un endroit [...] une grande maison et un escalier. Je vois un paysan jeter de l'herbe dans la mangeoire des vaches [...] Mais j'ai oublié comment je suis ensuite ressorti du lit. [...] J'ai toujours essayé de refouler le temps d'avant la mère nourricière. Et je crois que j'y suis parvenu, au point que je n'arrive plus à me rappeler de grand-chose. Parce que cela me faisait chaque fois mal de m'en souvenir. »[3]

Le souvenir se forme dans le dialogue. Cela apparaît dans les enregistrements des plus de 250 interviews conduites dans le cadre du projet « Enfants placés de force, migrants vers la Souabe, petits ramoneurs, et autres formes de placement et de travail d'enfants en Suisse au cours des XIXe et XXe siècles » (du 1er avril 2005 au 31 mars 2008), soutenu par le Fonds national de la recherche scientifique. Les 85 personnes qui ont mené les interviews ont utilisé la méthode du dialogue ouvert basé sur un fil conducteur.[4] Il s'est avéré judicieux, en première partie, de faire parler les personnes interrogées de leur vie. Certaines ont reproduit les histoires qu'elles avaient déjà souvent racontées de manière presque routinière.

Face à l'auteur de l'interview et au but du projet de recherche, elles y ont tout d'un coup introduit de nouvelles tournures. D'autres personnes étaient contentes de pouvoir enfin parler de ce qui les tourmentait depuis longtemps, et les mots jaillissaient de leur bouche. D'autres encore cherchaient un fil rouge, les expressions justes, le souvenir. Dans cette première partie, il n'était en général pas utile de poser des questions : cela interrompait le cours des pensées, et les processus de recherche des anciens enfants placés, et ils avaient souvent des difficultés à reprendre leur récit. Dans la seconde partie de l'interview, après la fin du récit, des questions ciblées basées sur un fil conducteur aidaient à préciser le tout, car les personnes interrogées se remémoraient d'autres éléments. Parfois cela déclenchait même un nouveau flux narratif.

Interprétations subjectives

Les interviews montrent comment des personnes tentent de donner un sens à leur vie en témoignant sur elles-mêmes.[5] Les interprétations subjectives ne correspondent pas forcément aux réalités sociales. Elles dispensent la vision d'anciens enfants placés qui racontent leur vérité subjective et unique. Mais ces interprétations sont une réalité au même titre que les conditions sociales dans lesquelles ces enfants vivaient. Leur perception d'eux-mêmes s'est formée au cours du temps et a parfois changé, souvent par le biais de nouvelles expériences. Les personnes interrogées ont raconté comment elles ont ordonné leur passé de manière compréhensible pour elles, comment elles se sont expliqué leur sort, quel a été le « leitmotiv » de leur vie[6], comment elles ont compris le monde – même dans les cas où leur vie leur a paru absurde.

Si nous dépistons ce sens subjectif, des mondes s'ouvrent. En comprenant une personne que nous rencontrons, nous défrichons sa confrontation avec les rôles, normes et symboles prédominants, nous ouvrons le regard sur les rapports sociaux, nous reconnaissons des réseaux et des structures, nous découvrons des systèmes d'ordre. Le biographique reflète toujours aussi le social.[7] C'est pourquoi l'analyse de trajectoires individuelles dans le cadre de la recherche biographique est un accès adéquat à la recherche sociale qualitative, qui observe les êtres humains dans leur environnement ordinaire. Les approches biographiques attachent une grande importance à la communication entre toutes les personnes impliquées.[8] Elles sont une forme spécifique du rapprochement social, dans notre cas par le dialogue.

Il s'agit dans les interviews du « regard interne » comme d'un moyen de reconnaissance et toujours aussi d'un processus d'apprentissage propre.[9] Un tel accès par un entretien personnel montre la réalité comme les humains la perçoivent et l'assimilent et les conditions dans lesquelles ils agissent.[10] Ainsi la recherche sert aussi des objectifs démocratiques.

Le souvenir se forme dans le dialogue

Cependant, la valeur des sources basées sur des souvenirs est souvent contestée.[11] Bien sûr, les souvenirs – nous le savons tous – peuvent souvent être trompeurs. Mais si nous voulons examiner et reconstruire l'histoire dans la perspective des humains[12], nous devons d'abord percevoir les souvenirs comme « fondamentalement justes », puis – comme toute source – les examiner de manière critique. La recherche sur la mémoire a mis à disposition des critères à cette fin. En voici quelques points : le souvenir d'un événement se modifie chaque fois que nous y pensons ; les sentiments créés par la situation de l'entretien ont une influence sur la présentation ; les associations qui surgissent pendant la conversation donnent parfois à la relation du souvenir l'apparence d'un montage ; les médias, les débats publics, les normes et les valeurs influencent la pensée ; le milieu social dans lequel se meuvent les personnes interrogées (et nous-mêmes) marque sans cesse les façons de voir.[13]

Si nous comparons les interviews recueillies, nous constatons que, malgré toutes les particularités individuelles, les mêmes thèmes surgissent toujours. Citons comme exemples le manque d'attention venant de personnes de confiance ; les fréquentes relations émotionnelles avec des animaux ; les sentiments de discrimination et de rabaissement, partiellement remplacés par la fierté d'avoir tout de même réussi quelque chose dans sa vie ; la grande importance des punitions et de la violence, ainsi que des abus sexuels ; la pauvreté ; l'importance de la religion ; le rôle problématique des tuteurs et des autorités ; des similitudes dans les stratégies de survie. Aussi peu fiable que puisse être la mémoire du détail, on peut conclure de ces concordances que les souvenirs des anciens enfants placés ne sont nullement faux. Ils ne renseignent pas seulement sur leurs propres pensées et idées, mais informent aussi directement sur leurs conditions de vie antérieures – ils forment une source de première qualité.

Regards sur les milieux de vie

Mieux encore : en tenant compte des aspects qui influencent les processus de mémoire, nous pouvons suivre les rapports entre les souvenirs d'un individu et ceux d'un groupe auquel il appartient. Les univers des acteurs peuvent être reconstruits avec leurs réseaux, leurs conditions sociales, leurs marges de manœuvre, leurs stratégies et leurs modèles d'interprétation.[14] Cela suppose une procédure méthodique sévère et exigeante : il faut distinguer entre le niveau du récit au présent, le niveau du vécu réel et le niveau de l'interprétation.[15] De plus, il faut dégager les événements-clés et les tournants biographiques à partir desquels les souvenirs peuvent être interprétés.[16] Pour l'appréciation de l'interview intégrale, il faut enfin rapporter tous les niveaux les uns aux autres.

L'extrait suivant d'une interview décrit un événement-clé : Clara Bärwart (née en 1938), après dix ans passés dans un foyer pour enfants, a été rendue à 14 ans à son père, qui s'était remarié après la mort de sa mère. Le père a abusé sexuellement de sa fille pendant deux ans, mais elle a fini par résister. Quand le père a contesté les reproches, il a été confronté à sa fille devant le procureur. Là, un tournant s'est produit lorsque le procureur s'est brièvement levé pour regarder par la fenêtre : « [...] à ce moment je regarde mon père et lui me regarde, je vois ses yeux et ses mains qu'il joint dans un geste de supplication, et j'ai le sentiment que cet homme souffre terriblement. Alors pour moi c'était évidemment fini. » Clara Bärwart s'est entièrement rétractée, car : « [...] le reste était beaucoup plus fort pour moi, le sentiment qu'il souffrait. Parce que je savais ce que souffrir signifie, pas vrai ? » Dès ce moment, elle est consciente que sa vie est placée sous le leitmotiv de la souffrance, et elle l'interprète complètement d'après cela ; même des sentiments d'amour sont pour elle constamment liés à la souffrance. Celle-ci fait d'abord naître un sentiment d'impuissance et d'incapacité à se défendre, mais ensuite aussi une stratégie de survie qui lui redonne de la force.[17]

Évaluer le récit

Une méthode judicieuse consiste à diviser l'interview en unités, sans perdre des yeux la vue d'ensemble.[18] Au sens strict, les unités suivent le procès-verbal et sont d'abord examinées séparément. Ainsi, diverses possibilités d'interprétation restent ouvertes et l'on évite les interprétations hâtives. On peut aussi condenser les unités du dialogue en blocs thématiques. À l'intérieur des unités ou des blocs, il faut demander si l'on décrit une chose vécue, si les faits de l'époque sont dépeints de telle sorte que des influences ultérieures se font sentir, ou si on argumente pour motiver quelque chose et donc donner un sens à l'événement. Ce faisant, il faut continuer de noter les bouleversements et ruptures émotionnels que l'on peut comprendre comme des tournants. Globalement, on devrait faire attention à l'importance de l'unité examinée pour la destinée de la personne ou pour son image d'elle-même. Isolément, ces niveaux sont souvent difficiles à séparer. Souvent il est utile de se référer à la situation actuelle de la personne interviewée pour prendre conscience de ses perspectives.

De surcroît, il est utile d'examiner les formulations linguistiques[19] : Le vocabulaire correspond-il à l'âge et au milieu où évoluait la personne interrogée au moment où elle vivait ce qu'elle raconte, ou utilise-t-elle des notions et des structures linguistiques empruntées à une époque ultérieure et servant plutôt à expliquer les faits ? Ainsi Werner Bieri* (né en 1942) répond notamment à la question introductive – quelles circonstances ont-elles fait de lui un enfant placé ? – que ses parents ont divorcé. « Mon père a naturellement été condamné à verser des pensions alimentaires. Il n'a évidemment jamais payé, et, comme je l'ai dit, les années de guerre [...] » La notion « pensions alimentaires » et l'allusion aux « années de guerre » montrent que Werner Bieri n'est pas en train de raconter ce qu'il a directement vécu, mais qu'il recourt à des explications ultérieures de la mauvaise situation matérielle de la famille pour se rendre les motifs compréhensibles. Dans d'autres passages, il raconte en revanche avec le vocabulaire d'un enfant, de manière directe et émotive.[20] La répartition des déclarations entre les différents niveaux est plus simple quand on observe des indices comme les réactions corporelles, l'intonation – qui peut exprimer par exemple l'ironie, la colère, le dénigrement, la déception – les interruptions, les hésitations ou les expressions récurrentes. Cela exige un enregistrement vidéo de l'interview ou une transcription très précise.[21]

Interpréter le passé

L'analyse des différents blocs thématiques des interviews examine pas à pas l'interprétation personnelle. Ce faisant, l'interprétation de la personne interviewée, ses perceptions et manières de voir sont reconstituées. En outre, les influences extérieures se révèlent, tout comme les événements-clés et les tournants qui ont été ressentis comme déterminants pour la vie. L'analyse permet de déceler le non-dit, les blancs et les tabous dans la biographie, dont les interlocuteurs ont de la peine à parler. Si nous voulons définir les influences extérieures, nous devons connaître l'environnement dans lequel se trouvait la personne. Nous devons lui demander si elle a eu connaissance de reportages dans les médias, de publications et de débats publics sur la question. L'interprétation est un peu plus difficile quand il s'agit du traitement d'expériences concrètes. Même quand nous pouvons déterminer de manière tant soit peu fiable que le récit est très proche des événements passés, nous ne pouvons pas exclure que le souvenir trompe. C'est pourquoi nous devons inclure le contexte : récits d'autres personnes anciennement placées sur le thème correspondant, ainsi que témoignages d'autres sources – des dossiers officiels archivés aux témoignages de personnes impliquées d'une manière ou d'une autre dans les faits, en passant par les journaux.

Les déclarations souvent très personnelles dans une interview touchent en général les personnes interrogées plus fort émotionnellement qu'une notice austère dans un dossier officiel. C'est pourquoi est requise ici – plus que pour d'autres sources – la réflexion critique du ou de la scientifique au sujet de sa propre compréhension. Les interprétations recherchent aussi le sens. Et toute transcription est déjà une interprétation. Pour que celle-ci rende justice aux personnes interviewées et à leurs récits, il faut un examen critique de sa propre compréhension préalable, de ses propres associations, « images » et souvenirs ainsi que des théories et méthodes utilisées.[22]

Nous aspirons à une compréhension aussi large que possible des autres, nous nous mettons à leur place et nous voulons retracer leur cadre de référence, ce qui n'est toutefois possible que de manière limitée.[23] Dans un tel processus, nous répétons les souvenirs des personnes interviewées et les mettons en relation avec nos sentiments et réflexions, nous réalisons pour ainsi dire un « test probatoire » qui nous change nous-mêmes, pénètre dans notre masse de souvenirs et influencera notre action future.[24]

Une telle exploitation des interviews remplit l'exigence d'une historiographie axée sur le milieu de vie et centrée sur les acteurs : les perceptions et manières de voir d'individus, leurs expériences sont associées aux expériences d'autres personnes et aux conditions sociales. Le regard de l'acteur, sa pratique culturelle, permettent de saisir ses circonstances de vie de même que des phénomènes plus larges.

Ce livre, avec les portraits et des extraits des souvenirs des personnes interviewées, doit évoquer des milieux de vie qui ont déterminé pour une part essentielle l'histoire de la Suisse. Il va de soi que, ce faisant, nous ne pouvons comprendre que des fragments de la vie des enfants placés, comme dans toute recherche historique et de sciences sociales. Mais ces fragments ont été rendus vivants par le dialogue avec ceux qui, consciemment ou inconsciemment, ont contribué à modeler et ont subi l'histoire.[25]

Conclusion

Loretta Seglias, Marco Leuenberger

Comme Johann Wolfgang von Goethe l'a déjà écrit voici environ deux siècles, les enfants devraient recevoir deux choses de leurs parents : des racines et des ailes. Des quarante destinées évoquées, il ressort que les racines et les ailes de beaucoup d'enfants placés ont été rognées ou même arrachées. Ces enfants que C.A.Loosli a qualifiés non sans raison de moralement apatrides étaient libérés de l'école avec des conditions de démarrage difficiles dans l'indépendance.

Le titre du livre « Enfants placés, enfances perdues » fait allusion aux circonstances extérieures du placement extra-familial et au sort de nombreux enfants en Suisse. Il décrit en outre l'état d'esprit de l'époque, qui négligeait carrément des principes éducatifs importants. Beaucoup d'enfants placés ont été envoyés sur le chemin de la vie sans savoir vraiment lire ni écrire, sans avoir appris les rapports avec l'argent et la propriété et sans avoir connu l'affection et la protection d'une famille – ce sont là de tristes constatations. Les conséquences en ont souvent été des souffrances psychiques et physiques, le mépris social, des sentiments d'infériorité mais aussi de culpabilité.

Bien entendu, les temps étaient durs. Pour beaucoup de gens. Nous parlons d'un temps où une grande partie de la population suisse vivait dans des conditions économiques et sociales difficiles. Il y a eu toujours et partout de réjouissantes exceptions dans le traitement des enfants placés. Les auteurs soulignent que beaucoup de parents nourriciers ont accueilli les enfants qui leur étaient confiés avec la conscience de leurs responsabilités, une attitude moderne et de la bonne volonté, et que les conditions d'alors ne peuvent pas être comparées à celles d'aujourd'hui. Parmi les témoins, il en est qui gardent un souvenir positif de cette partie de leur vie et qui, par exemple, sont restés durablement en contact avec leurs familles d'accueil. Ces exemples montrent que cela aurait aussi pu se passer autrement. À cet égard, il faut tenir compte du fait qu'une grande partie des enfants ont connu plusieurs placements successifs et des traitements très divers.

Il ressort clairement des récits ainsi que des sources officielles que beaucoup d'enfants, et en particulier d'enfants placés, ont été confrontés à différentes formes de violence. Ils ont été surmenés, abusés, isolés ou discriminés. Il est révélateur que beaucoup d'enfants placés mouillaient leur lit, ce qui leur valait des punitions parfois brutales. Simultanément, il apparaît que beaucoup d'enfants étaient issus de milieux problématiques ou qu'ils grandissaient chez leurs propres parents dans des conditions analogues à celles des enfants placés chez leurs parents d'accueil.

Beaucoup d'anomalies dans le placement d'enfants doivent être attribuées au fait que l'assistance aux enfants a longtemps été abandonnée à des organisations privées ou religieuses et n'était que peu réglementée. Certes, avec le temps, beaucoup de cantons et de communes ont édicté des ordonnances afin de régler le traitement des enfants placés. Mais ces prescriptions n'étaient souvent pas respectées, ou seulement en partie ; souvent elles étaient simplement méconnues. Les contrôles requis étaient déficients, de même que l'attention indispensable envers les enfants placés ; les préoccupations matérielles dominaient.

Cet état de faits a été régulièrement critiqué au cours des deux derniers siècles. Mentionnons ici les reportages de Peter Surava (1912-1995) illustrés par des photographies de Paul Senn des années 1940 – en partie reproduites dans ce livre (cf. p. 160). L'écrivain Carl Albert Loosli (1877-1959) s'est aussi engagé de façon remarquable en faveur des enfants placés dans des familles et en institutions au début du siècle passé. Et quelques décennies auparavant, l'écrivain Jeremias Gotthelf (1797-1854) avait déjà dénoncé l'exploitation des enfants placés. Pourtant les voix critiques sont restées rares.

Depuis lors, beaucoup de choses se sont améliorées, et une ordonnance sur le placement d'enfants est en vigueur depuis 1978. Beaucoup de pratiques et de procédures demeurent néanmoins opaques. Kathrin Barbara Zatti a écrit ce qui suit dans son rapport d'experts de 2005 pour le compte de l'Office fédéral de la justice : « Il est indispensable d'étudier l'histoire du placement d'enfants en Suisse aussi complètement et rapidement que possible, afin que l'on puisse développer la qualité du placement d'enfants et procéder à la professionnalisation requise à tous les niveaux. »[1] Cette recommandation n'a malheureusement pas été suivie. Il est grand temps d'écrire l'histoire du placement des enfants en Suisse. Beaucoup de personnes concernées n'ont pas encore reçu de réponse à la question « Pourquoi ? ». Beaucoup d'injustices ou même de crimes n'ont pas été réparés. Maintes questions, concernant par exemple l'origine ou la parenté des victimes, ne recevront peut-être jamais de réponse.

Le travail forcé des enfants placés n'existe plus depuis des années. Mais pour beaucoup de personnes concernées et leurs descendants, cela ne joue aucun rôle, car l'histoire n'est pas finie pour eux. Beaucoup d'enfants placés ont fait des expériences traumatisantes et ont été stigmatisés. Ils en souffrent en partie encore aujourd'hui. Des études scientifiques prouvent que les expériences de l'enfance ont diverses répercussions sur le reste de la vie. Il est connu que la deuxième et souvent aussi la troisième génération souffrent d'une histoire familiale marquée par la perte et la souffrance. Pour que les personnes concernées puissent prendre un nouveau départ, l'histoire doit être assumée.

Une société ou un État sont aussi jugés d'après leur façon de gérer leur propre passé. Il est certes impossible d'éliminer le passé, mais on peut remémorer dignement l'injustice historique. Pour des milliers de gens concernés, il s'agit de reconnaître leur souffrance, ce qui leur a été refusé jusqu'ici.

Le père de ma mère

Un épilogue de Franz Hohler[1]

Il avait perdu ses parents dans son enfance et a quasiment vécu une jeunesse à la Gotthelf, comme garçon placé et maltraité, mais il avait réussi à faire le technicum pour exercer ensuite le métier de technicien des télécommunications. Il a épousé une femme qui avait également grandi comme orpheline, quatre enfants sont nés, et une fois que tout était bien lancé, mon grand-père s'est apparemment souvenu d'un credo secret. Ce credo, qu'il a conservé au travers des périodes difficiles de sa vie, devait être quelque chose comme la foi dans le beau, car mon grand-père a décidé à 41 ans d'apprendre à jouer du violoncelle.

Comment a-t-il fait ? A-t-il emprunté un violoncelle ? Est-il allé chez un professeur de violoncelle ? Non, il est allé chez un luthier et lui a commandé un violoncelle. Il a attendu d'avoir l'instrument – et il ne devait pas être bon marché, car M. Meinel de Liestal était renommé – pour se rendre chez un professeur de violoncelle. Mais après la deuxième ou la troisième leçon, le maître lui a dit que c'était inutile, car ses doigts étaient trop petits pour les positions requises par le violoncelle.

À ce point de son récit, mon grand-père avait l'habitude de me tendre sa main gauche en écartant un peu le petit doigt, un geste justement très difficile pour lui. Et c'est ainsi qu'il a mis de côté l'instrument pour entrer dans un club de mandoline ; c'était sûrement aussi plus drôle que la leçon de violoncelle, et les positions étaient moins larges. Mais il a dû finir de payer le violoncelle pendant des

---

1 NdT. Écrivain, cabarettiste et chansonnier alémanique, né en 1943.

années encore ; récemment, j'ai trouvé dans un tiroir familial la petite liasse des quittances mensuelles. Il a fait donner des cours privés de violon et de piano à ses filles – ma mère a été toute sa vie une bonne violoniste –, mais son fils ne s'est pas intéressé au violoncelle.

Et la génération suivante est arrivée.

Mon frère aîné a aussi appris le violon, et quand mes parents m'ont demandé quel instrument je voulais apprendre – car nous avions un piano et un violoncelle à la maison –, à dix ans j'ai dit sans hésiter : le violoncelle. J'ai commencé sur un instrument trois-quarts, mais mes mains et mon petit doigt ont vite été assez grands pour que je puisse passer au violoncelle de mon grand-père. Je joue encore aujourd'hui de ce violoncelle, et quand je chante mes chansons, c'est avec lui que je m'accompagne.

Sans la foi tenace de mon grand-père dans le beau, son instrument ne m'aurait pas attendu dans notre famille. Peut-être ai-je pu réaliser son credo deux générations après, moi qui suis aussi assez tenace pour rester attaché à mon propre credo : Ce que tu trouves bon, tu dois le faire !

Notes

(les nos de page au-dessus des notes renvoient aux pages du livre)

Introduction

p. 13
1   Frances Stonor Saunders, « The Vanishing », in : *The Guardian Weekend,* 15 avril 2000.
2   Gisela Widmer, « He, wer will diesen Buben ? », in : *Das Magazin,* 16/2002, pp. 36-43.
3   Sur le projet, voir : www.verdingkinder.ch. Sur la même Homepage, on trouvera une première évaluation qualitative des données (rendues anonymes) recueillies dans le cadre des entretiens.

p. 14
4   Ill n'y a pas à ce jour de définition générale de cette appellation. Le concept « Verdingung » (qui pourrait se traduire en français par « adjudication » ou « mise à disposition ») apparaît dans de nombreux contextes et décrit un placement contractuel qui, dans certains cas, comprend une prestation en travail et sa rémunération. Le fait que par le terme « enfants en Verdingung », on entend souvent des enfants placés chez des paysans, dépend d'une part des circonstances : les enfants étaient surtout placés dans des régions rurales ; d'autre part, les mots « dingen, verdingen » (embaucher, engager) font avant tout partie du vocabulaire paysan. Ces appellations variaient en Suisse selon les régions, et se sont en partie diversifiées au fil des années. Dans certaines régions et certains cantons, on employait aussi les expressions de « Kost-, Güter-, Hof-, Rast-, Hüte» ou « Loskinder ». On ne peut pas toujours tracer une limite claire entre les différentes expressions. La limite d'âge se situait partout à la fin de la scolarité obligatoire.

p. 16
5   Cf. : www.paulsenn.ch

Chap. I Pauvreté et travail des enfants en Suisse

p. 17
1   Cf. Paul Hugger (Ed.), *Kind sein in der Schweiz. Eine Kulturgeschichte der frühen Jahre,* Société suisse des traditions populaires, Bâle, 1998.
2   Anne-Lise Head / Brigitte Schnegg (Eds.), *Armut in der Schweiz (17.-20. Jahrhundert),* Zürich, 1989.

p. 18
3   Heidi Witzig, « Bäuerlich-ländliche Kindheit », in : Paul Hugger (Ed.), *Kind sein in der Schweiz,* pp. 37-45.

p. 19
4   Armin Schöni, *Was het mu andersch wele ! Erinnerungen an eine Kindheit im Oberen Sensebezirk der Zehner- und Zwanziger-Jahre,* Freiburg 1989², p. 19. Frida Köchli décrit également de manière suggestive comment, en tant qu'enfant de famille pauvre, elle a dû travailler chez les paysans dans : Frida Köchli, *Narben,* St. Gallen 1990², p. 20. Cf. aussi : Hans Eggenberger, « Eine Jugend in den Jahren der Krise. Erinnerungen eines ehemaligen Grabserbergers », in : Paul Hugger (Ed.), *Das war unser Leben. Autobiographische Texte,* Buchs, 1986, pp. 117-118.

5 Philipp Zinsli, *Kinderarbeit und Kinderschutz in der Schweiz*, Zürich, 1914, pp. 24-25.
6 Eugen Schwyzer, « Die jugendlichen Arbeitskräfte in Handwerk und Gewerbe, in der Hausindustrie und in den Fabriken. Schützende Massnahmen gegen Überanstrengung, etc. », tirage à part de : *Schweizerische Zeitschrift für Gemeinnützigkeit. Organ der Schweizerischen Gemeinnützigen Gesellschaft*, Zürich, 1900, p. 24.

p. 20
7 Frauke Sassnick, *Armenpolitik zwischen Helfen und Strafen*, Winterthur, 1989.
8 Nadja Ramsauer, *Verwahrlost. Kindswegnahmen und die Entstehung der Jugendfür*sorge *im schweizerischen Sozialstaat, 1900-1945*, Zürich, 2000, p. 12.
9 Julius Deutsch, *Die Kinderarbeit und ihre Bekämpfung*, Zürich 1907, p. 23.

p. 23
10 10 Archives de l'État de Berne, Dossiers de l'Inspection des œuvres sociales, Tome 168. Cf. aussi : Archives de l'État de Berne, Dossiers de l'Inspection des œuvres sociales, Tome 175; Protokoll der Bezirksarmeninspektoren-Konferenz Emmental, 5.9.1935.
11 Hans Weiss, « Kindliche Entwicklungsgefährdung im Kontext von Armut und Benachteiligung aus psychologischer und pädagogischer Sicht », in : ibid (Ed.), *Frühförderung mit Kindern und Familien in Armutslagen*, Munich / Bâle, 2000, pp. 60-61.
12 Recensement fédéral des entreprises, 22 août 1929, T. 7, Die Landwirtschaftsbetriebe in der Schweiz, in : *Statistische Quellenwerke der Schweiz*, No. 36, Berne, 1933, p. 186.
13 Recensement fédéral des entreprises, 24 août 1939, T. 6, Landwirtschaftsbetriebe nach Größenklassen, Kantonen und Gemeinden, in : *Statistische Quellenwerke der Schweiz*, No. 151, Berne, 1945, p. 162.
14 Voir en particulier les reportages de Paul Senn et Peter Surava, par exemple : « Nur ein Verdingbub » in : *Nation*, 22 juin 1944, p. 10.

Chap. II L'école et l'apprentissage passaient pour négligeables

P. 47
1 Peter Gilg / Peter Hablützel, « Beschleunigter Wandel und neue Krisen (seit 1945) », in : Ulrich Im Hof et al. : *Geschichte der Schweiz – und der Schweizer*, T. 3, Bâle / Francfort-sur-le-Main, 1983, s. 123.
2 Hans Ulrich Jost, « Bedrohung und Enge (1914-1945) », in : Ulrich Im Hof et al., *Geschichte der Schweiz – und der Schweizer*, p. 151, p. 169.
3 Archiv für das schweizerische Unterrichtswesen, Conférence des directeurs cantonaux de l'Instruction publique, Tome 28, 1942, p. 66.
4 *Ibid.*, Archiv, Tome 37, 1951, p. 72.

p. 48
5 *Lesen Schreiben Rechnen. Die bernische Volksschule und ihre Geschichte. Katalog zur Ausstellung im bernischen Hist. Museum zum 150jährigen Bestehen des Staatsseminars*, Bern 1983, p. 61.
6 Martina Späni, « Umstrittene Fächer in der Pädagogik », in : Hans-Ulrich Grunder / Hans Badertscher (Hrsg.), *Geschichte der Erziehung und Schule in der Schweiz im 19. und 20. Jahrhundert. Bd.* 1, Berlin / Stuttgart / Wien, 1997, p. 34.
7 Martin Lengwiler, *Schule macht Geschichte : 175 Jahre Volksschule im Kanton Zürich, 1832-2007*, Zürich, 2007, p. 178.
8 Marco Leuenberger, *Verdingkinder. Geschichte der armenrechtlichen Kinderfürsorge im Kanton Bern, 1847-1945*, unv. Lizentiatsarbeit, Universität Freiburg (CH), 1991, p. 119.
9 Lucien Criblez, *Zwischen Pädagogik und Politik. Bildung und Erziehung in der deutschsprachigen Schweiz zwischen Krise und Krieg (1930-1945)*, Bern u. a. 1995, p. 109, p. 379.
10 Pietro Scandola, « Lehrerschaft und Lehrerverein bis zum 2. Weltkrieg », in : Pietro Scandola / Franziska Rogger / Jürg Gerber, *Jubiläumsband 100 Jahre BLV, Lehrerinnen und Lehrer zwischen Schule, Stand und Staat. Die Geschichte des bernischen Lehrerinnen- und Lehrervereins (BLV)*, Münsingen, 1992, pp. 19-23.
11 Lucien Criblez, *Zwischen Pädagogik und Politik*, p. 108.

p. 49

12 Pietro Scandola, « Lehrerschaft und Lehrerverein bis zum 2. Weltkrieg », p. 22.

13 Martin Lengwiler, *Schule macht Geschichte*, p. 276.

14 Archiv, Tome 16, 1930, p. 10 / Michel Binder, « Wie seltsam ! Glaubt man denn die Frauen lernten so viel schneller ? », in : Claudia Crotti / Jürgen Oelkers, *Ein langer Weg – Die Ausbildung der bernischen Lehrkräfte von 1798 bis 2002*, Berne, 2002, pp. 308-309.

15 Pietro Scandola, « Lehrerschaft und Lehrerverein bis zum 2. Weltkrieg », p. 92.

p. 50

16 Franziska Rogger, « Vom zweiten Weltkrieg zur Gegenwart », in : Pietro Scandola / Franziska Rogger / Jürg Gerber, *Jubiläumsband 100 Jahre BLV*, p. 368.

p. 51

17 *Ibid*, p. 379.

18 Pietro Scandola, « Lehrerschaft und Lehrerverein bis zum 2. Weltkrieg », p. 23.

p. 52

19 Philipp Gonon, « Schule im Spannungsfeld zwischen Arbeit, elementarer Bildung und Beruf », in : Hans-Ulrich Grunder / Hans Badertscher (Eds.), *Geschichte der Erziehung*, 58, p. 70.

20 Archiv, Tome 26, 1904, pp. 147-151.

21 Marco Leuenberger, *Verdingkinder. Geschichte der armenrechtlichen Kinderfürsorge im Kanton Bern 1847-1945*, s. 127.

p. 53

22 Linda Mantovani Vögeli, « Wie Mädchen lernen, Frau zu sein », in : Hans-Ulrich Grunder / Hans Badertscher (Eds.), *Geschichte der Erziehung*, p. 424.

Chap. III Évolution légale du placement des enfants

p. 74

1 Hannes Tanner, « Die außerfamiliäre Erziehung, von den Waisenhäusern und Rettungsanstalten zu den sozialpädagogischen Wohngemeinschaften der Moderne », in : Paul Hugger (Hrsg.), *Kind sein in der Schweiz. Eine Kulturgeschichte der frühen Jahre*, Société suisse des traditions populaires, Bâle, 1998.

2 Ordonnance du 19 octobre 1977 réglant le placement d'enfants à des fins d'entretien et en vue d'adoption (OPEE). (État 1er janvier 2008.)
http://www.admin.ch/ch/f/rs/c211_222_338.html

3 Kathrin Barbara Zatti, *Le placement d'enfants en Suisse. Analyse, développement de la qualité et professionnalisation*. Rapport d'expert sur mandat de l'Office fédéral de la justice, juin 2005.

4 Jürg Schoch / Heinrich Tuggener / Daniel Wehrli, *Aufwachsen ohne Eltern, Verdingkinder, Heimkinder, Pflegekinder, Windenkinder. Zur außerfamiliären Erziehung in der deutschsprachigen Schweiz*, Zürich 1989,p. 44.

p. 75

5 Ordonnance concernant l'entretien des enfants placés du 10 août 1893.

6 Loi concernant l'assistance des enfants pauvres et des orphelins du 28 décembre 1896 et ordonnance concernant les enfants placés du 3 février 1905.

7 Verordnung betreffend das Halten von Schlaf- und Kostgängern, Zimmermietern und Pflegkindern vom 25. August 1906. Cf. : Mirjam Häsler, « *Die irrige Auffassung, ein Pflegkind sei ein Verdienstobjekt.* » *Das Kost- und Pflegekinderwesen im Kanton BaselStadt im 19. und im frühen 20. Jahrhundert*. Mémoire de licence, Université de Bâle, 2005.

8 Hans Weiss, *Das Pflegekinderwesen in der Schweiz*, Thèse de doctorat, Université de Zürich, 1920, p. 25.

9 Hans Weiss, *Das Pflegekinderwesen in der Schweiz*, pp. 20-24, p. 82 et pp. 34-35.

10 Leimgruber, Walter / Meier, Thomas / Sablonier, Roger, *L'Oeuvre des enfants de la grandroute. Etude historique réalisée à partir des archives de la Fondation Pro Juventute déposées aux Archives fédérales (dossier 9)*, Berne, 1998.

p. 76
11 Loi fédérale concernant les mesures contre la tuberculose du 13 juin 1928.
12 Hans Bättig, *Die Pflegekinderaufsicht im Bund und in den Kantonen.* Dissertation Universität Fribourg, Zürich, 1984, pp. 3-4.
p. 77
13 AI, GE, GL, GR, LU, NE, NW, OW, SH, SZ, TG, TI, UR, VD. VS et ZG.
14 Estimation pour l'année 1910, Cf. : Albert Wild. « Das Kostkinderwesen in der Schweiz », in : *Jugendwohlfahrl. Schweizerische Blätter für Schulgesundheitspflege, Kinder- und Frauenschutz,* Annexe : *Schweizerischen Lehrer-Zeitung, 14.* Jahrgang (1916), pp. 113-117. pp. 129-134, pp. 146-150.
p. 78
15 OPEE, Section 2, Article 4.
p. 79
16 Zatti, rapport d'expert, p. 5.
17 Communiqué du Conseil fédéral du 18 mai 2005.
18 Communiqué de presse du Département fédéral de justice et police du 23 août 2006.
19 Communiqué de presse du Département fédéral de justice et police du 16 janvier 2008.

Chap IV Enlèvement d'enfants et placement extra-familial
p. 109
1 Rapport administratif de la Direction de l'assistance sociale de la Ville de Berne, 1934, p. 19.
p. 110
2 August Egger, *Das Familienrecht des Schweizerischen Zivilgesetzbuches.* (Commentaire sur le code civil suisse), Zürich, 1914, p. 413.
3 Alfred Silbernagel, *Familienrecht.* Section 2 : La parenté, Art. 252-359. (Commentaire sur le code civil suisse de M. Gmür), Bern, 1921, p. 388.
4 Cf. : Katharina Moser Lustenberger, *Kindswegnahmen und Fremdplatzierungen. Die Praxis der Vormundschafts- und Armenbehörde der Stadt Bern 1920-1940,* Mémoire de licence, Univsersité de Berne, Berne, 2006, Chap. 4.1.4.
5 Doris Schmid, *Uneheliche und Scheidungskinder in Pflegfamilien. Betrachtungen über Pflegkinderverhältnisse an Hand von 50 Akten der Amtsvormundschaft Bern,* travail de diplôme de l'Ecole de travail social de Zurich (inédit), 1949, p. 4.
p.112
6 Rapport de l'Office municipal de la jeunesse à la Préfecture II concernant le placement des enfants, 1925-1926, Archives de la ville de Berne (E4 Direktionsakten 1910-1960, 3 Vormundschaftswesen und Jugendfürsorge, Schachtel 65, Pflegekinderaufsicht, Allgemeines).
7 Rapport sur le placemnent des enfants de la commune de Berne établi par le Tribunal des mineurs de la ville de Berne, 1918-1919, Archives de la ville de Berne (E4 Direktionsakten 1910-1960, 3 Vormundschaftswesen und Jugendfürsorge, Schachtel 65, Pflegekinderaufsicht, Berichte).
p. 113
8 Rapport administratif de la Direction de l'assistance sociale de la Ville de Berne, 1932, p. 18.
9 Rapport administratif de la Direction de l'assistance sociale de la Ville de Berne, 1928, p. 13.

Chap. V Déracinement, isolement et silence
p. 135
1 Les témoignages qui suivent reposent sur les évaluations expérimentales obtenues à par- tir des entretiens. Pour une discussion scientifique actuelle sur la pratique du placement, voir par exemple : Claudia Arnold et al., *Pflegefamilien- und Heimplatzierungen. Eine empi- rische Studie über den Hilfeprozess und die Partizipation von Eltern und Kindern,* Zürich, 2008. En outre : Werner Frieling, *Das Herz des Steines [...] Sozialarbeit mit traumatisierlen*

Menschen. Arbeit für Pflegekinder. Ein Erfahrungsbericht über die Arbeit mit Pflegekindern, Lage, 2003 et Kat ja Nowacki, *Aufwachsen in Pflegefamilie oder Heim : Bindungsrepräsentation, psychische Belastung und Persönlichkeit bei jungen Erwachsenen*, Hambourg, 2007. Pour une vue d'ensemble sur l'état de la psychologie du développement, voir : Rolf Oerter, *Entwicklungspsychologie. Ein Lehrbuch*, Weinheim, 2002[5].

p. 139
2   Pour l'importance de la langue dans le développement de l'enfant, voir : Gisela Klann-Delius, « Bindung und Sprache in der Entwicklung », in : Karl H. Brisch et al. (Ed.) : *Bindung und seelischer Entwicklungsweg. Grundlagen, Prävention und Klinische Praxis*, Stuttgart, 2002, pp. 87-100 et William Damon, *Die soziale Entwicklung des Kindes*, Stuttgart, 1989.

Chap. VI Placés et humiliés – Les formes de la discrimination

p. 162
1   Philippe Aries, *Geschichte der Kindheit*, Munich, 1975. (*L'Enfant et la vie familiale sous l'Ancien Régime*, Paris, Plon, 1960.)

p. 163
2   Michel Foucault, *Die Anormalen*, Vorlesungen am College de France (1974-1975), Francfort-sur le-Main, 2003, p. 424. (*Les Anormaux*, Paris, Gallimard, 1999.)

p. 164
3   Arno Plack, *Die Gesellschaft und das Böse. Eine Kritik der herrschenden Moral*, Munich, 1967, p. 105.

p. 164
4   Gerhard Neuhäuser, « Kindliche Entwicklungsgefährdungen im Kontext von Armut, sozialer Benachteiligung und familiärer Vernachlässigung », in : Hans Weiß (Hrsg.), *Frühförderung mit Kindern und Familien in Armutslagen*, Munich et Bâle, p. 34.

p. 167
5   Reinhold Schone, « Vernachlässigung von Kindern – Basisfürsorge und Interventionskonzepte », in : Hans Weiß (Ed.), *Frühförderung mit Kindern und Familien in Armutslagen*, p. 75.
6   Karl August Chasse, « Armut in einer reichen Gesellschaft », in : Weiß (Ed.), *Frühförderung mit Kindern und Familien in Armutslagen*, p. 20.
7   Lloyd deMause (Ed.), *Hört ihr die Kinder weinen ? Eine psychogenetische Geschichte der Kindheit*, Francfort-sur le-Main, 1994, p. 12.

Chap. VII Violence et abus de pouvoir

p. 195
1   Erwin Carigiet / Ueli Mäder / Jean-Michel Bonvin (Eds.), *Wörterbuch der Sozialpolitik*, Zürich, 2003.
2   Johan Galtung, *Strukturelle Gewalt. Beiträge zur Friedens- und Konfliktforschung*, Reinbek, 1975.

p. 196
3   Wilhelm Heitmeyer, *Internationales Handbuch der Gewaltfor-schung*, Wiesbaden 2002.
4   Trutz von Trotha, *Soziologie der Gewalt*, Opladen 1997.
5   Franz Josef Krafeld, *Praxis Akzeptierender Jugendarbeit*, Opladen, 1996.
6   Walter Hollstein, *Männerdämmerung. Von Tätern, Opfern, Schurken und Helden*, Göttingen, 1999.

p. 199
7   Marianne Gronemeyer, *Motivation und politisches Handeln. Grundkategorien politischer Psychologie*, Hambourg, 1976.

p. 200
8   Arno Gruen, *Verrat am Selbst. Die Angst vor Autonomie bei Mann und Frau*, Stuttgart, 1996, (1e éd. 1986).
9   Erich Fromm, *Die Furcht vor der Freiheit*, Stuttgart, 1980, (1e éd. 1941).

10 Michel Foucault, *Überwachen und Strafen. Die Geburt des Gefängnisses*, Frankfurt a. M., 1977 (*Surveiller et punir*, Paris, Gallimard, 1975).

11 Pierre Bourdieu, « Sur le Pouvoir symbolique », in : *Annales*, 32/3, 1977, pp. 405-411.

Chap. VIII Résistance, fuite et moments de bonheur

p. 221

1 Les développements qui suivent se basent sur la compilation bien structurée de Benjamin Shuler in : Mirjam Brunner, Nebojsa Scekic, Benjamin Shuler, Benedikta Spannring : « o chönnti ume heil ! ». *Wie haben betroffene Kinder und Jugendliche ihre Verdingung bewältigt ? Acht Falldarstellungen. Eine Teilstudie des Nationalfondsprojektes : Verdingkinder, Schwabengänger, Spazzacamini und andere Formen der Fremdplatzierung in der Schweiz im 19. und 20. Jahrhundert*, unveröffentlichter Praxisprojektbericht, Basel 2006. Shuler propose aussi les publications suivantes : Toni Faltermaier, « Notwendigkeit einer sozialwissenschaftlichen Belastungskonzeption », in : Leokadia Brüderl (Hrsg.), *Theorien und Methoden der Bewältigungsforschung*, Weinheim und München 1988, 46-63 ; N. Impekoven, *Fragen – Antworten* (Kap. 11, « Stress und Coping »), unveröffentlicht 2006 ; Petra Katz und Andreas R. Schmidt, *Wenn der Alltag zum Problem wird : Be/astende Alltagsprobleme und Bewä/tigungsmöglichkeiten*, Stuttgart 1991 ; Richard S. Lazarus, « Stress und Stressbewältigung – ein Paradigma », in : Sigrun-Heide Filipp (Hrsg.), *Kritische Lebensereignisse*, München 1990. 198-229 ; Marita Rosch Inglehart, *Kritische Lebensereignisse – Eine sozia/psychologische Perspektive*, Stuttgart 1988 ; Hans Thomae, *Das Individuum und seine Welt : eine Persön/ichkeitstheorie*, Göttingen 1996 und Rolf Dieter Trautmann-Sponsel, « Definition und Abgrenzung des Begriffs 'Bewältigung'», in : Brüderl (Hrsg.), *Theorien und Methoden der Bewältigungsforschung*, 14-79.

Chap IX Se souvenir et raconter – accès historiques et sociologiques aux interviews biographiques

p. 249

1 Transcription de l'interview de Simone Meier, 28.6.2006, 23, pp. 1145-1151.

2 Transcription de l'interview de Marco Leuenberger, 21.7.2005, 34, p. 1720.

p. 250

3 *Ibid.*, 15. pp. 724-726, pp. 740-745.

4 Gabriele Rosenthal, « Die erzählte Lebensgeschichte als historisch-soziale Realität. Methodologische Implikationen für die Analyse biographischer Texte », in : *Alltagskultur, Subjektivität und Geschichte. Zur Theorie und Praxis von Alltagsgeschichte*. Ed. Berliner Beschichtswerkstatt. Münster, 1994, pp. 125-138 ; *idem.*, *Erlebte und erzählte Lebensgeschichte. Gestalt und Struktur biographischer Selbstbeschreibungen*, Francfort-sur-le-Main, New York, 1995 ; Wolfram Fischer-Rosenthal / Gabriele Rosenthai, « Narrationsana-lyse biographischer Selbstrepräsentation », in : Ronald Hitzler / Anne Honer (Eds.), *Sozialwissenschaftliche Hermeneutik*, Opladen, 1997, pp. 133-165 ; Gabriele Rosenthal / Wolfram Fischer-Rosenthal, « Analyse narrativ-biographischer Interviews », in : Uwe Flick et al. (Ed.), *Qualitative Forschung. Ein Handbuch*, p. 5. Rowolt, Reinbek, 2007, pp. 456-468 ; Roswitha Breckner, « Von den Zeitzeugen zu den Biographen. Methoden der Erhebung und Auswertung lebensgeschichtlicher Interviews », in : *Alltagskultur*, pp. 199-222. La méthode de l'interview narrative remonte à Fritz Schütze : « Biographieforschung und narratives Interview », in : *Neue Praxis* 13 (1983), H. 3, pp. 283-293).

5 Heiko Haumann, « Geschichte, Lebenswelt, Sinn. Über die Interpretation von Selbstzeugnissen », in : Brigitte Hilmer et al. (Ed.), *Anfang und Grenzen des Sinns. Für Emil Angehrn*, Weilerswist, 2006, pp. 41-54, ici p. 41.

p. 251

6 Achim Hahn, « Narrative Pragmatik und Beispielhermeneutik. Zur soziologischen Beschreibung biographischer Situationen », in : Gerd Jüttemann / Hans Thomae (Eds.), *Biographische Methoden in den Humanwissenschaften*, Weinheim, Bâle, 1999,

pp. 259-283, ici surtout pp. 276-277.

7 C'est pourquoi notre approche n'implique nullement une privatisation du social, comme elle se fait jour dans les tendances à l'individualisme. Au XIXᵉ siècle, Karl Marx et Friedrich Engels soulignaient déjà la nécessité d'inclure des processus d'élaboration individuels ; cf. plus loin B. Engels à Conrad Schmidt, 5.8.1890, in : Karl Marx / Friedrich Engels, *Werke*, T. 37, pp. 436-437 ; Engels à Joseph Bloch, 21/22.9.1890. *Ibid.*, T. 27, pp. 463-464 ; Engels, Marx, *Die heilige Familie oder Kritik der kritischen Kritik. Ibid.* T. 2, p. 98 ; Marx, Engels : *Deutsche Ideologie. Ibid.*, T. 3, p. 27, pp. 37-38, p. 45.

8 Le « symbolisme interactif » a cette thématique pour sujet. À part cette approche et l'herméneutique, l'ethnométhodologie représente un fondement important de la recherche qualitative. Cf. Hector Schmassmann, *Symbolischer Interaktionismus und Ethnomethodologie*, article inédit, Bâle, 2001. Pour le développement de la recherche orientée vers la pratique, Alfred Schütz (1899-1959) a joué un rôle important, qu'il a basé sur la phénoménologie d'Alfred Husserl (1859-1938). Plus tard, Schütz a émigré d'Autriche aux USA, pour échapper à la persécution fasciste. Cf. Alfred Schütz / Thomas Luckmann, *Strukturen der Lebenswelt*, Francfort-sur-le-Main, 1979. Nouvelle édition, Konstanz, 2003.

9 Cf. Carl C. Rogers, *Entwicklung der Persönlichkeit*, Stuttgart, 1992, p. 221. Rogers plaide pour une « évolution vers la franchise du vécu » (*ibid.*, p. 171).

10 A cet égard, les travaux d'Erving Goffmann (1922-1982) sont utiles. Cf. Martin Schaffner, « Verrückter Alltag. Ein Historiker liest Goffman », in : *Österreichische Zeitschrift für Soziologie, p.* 32 (2007), T.2, pp. 72-89. Contentons-nous de mentionner au passage le rôle joué également — dans notre concept — par les méthodes des sciences de l'histoire et de l'ethnologie, par exemple l'histoire du quotidien et la micro-histoire, la « description dense » ou « l'observation participative ».

11 Cf. B. Johannes Fried, *Der Schleier der Erinnerung. Grundzüge einer historischen Memorik*, Munich, 2004, p. 48 ; Aleida Assmann, *Erinnerungsräume. Formen und Wandlungen des kulturellen Gedächtnisses*, Munich, 1999, p. 64.

12 Cf. Heiko Haumann, « Lebensweltlich orientierte Geschichts-schreibung in den Jüdischen Studien : Das Basler Beispiele », in : Klaus Hödl (Ed.), *Jüdische Studien. Reflexionen zu Theorie und Praxis eines wissenschaftlichen Feldes*, Innsbruck, 2003, pp. 105-122 ; id., Histoire. De même : Ronald Hitzier / Thomas S. Eberle, « Phänomenologische Lebensweltanalyse », in : *Qualitative Forschung*, pp. 109-118 ; Anne Honer, « Lebensweltanalyse in der Ethnographie », *ibid.*, 194-204.

p. 252

13 Résumés chez Harald Welzer, *Das kommunikative Gedächtnis. Eine Theorie der Erinnerung*, Munich, 2002 ; Harald Welzer (Ed.), *Das soziale Gedächtnis. Geschichte, Erinnerung, Tradierung*, Hambourg, 2001.

14 Cf. Haumann, *Geschichte*, pp. 46-47.

p. 253

15 Cf. Rosenthai. *Erzählte Lebensgeschichte*, pp. 130-135 ; *idem.*, *Erlebte und erzählte Lebensgeschichte*, surtout pp. 213-215 ; Fischer-Rosenthal / Rosenthal, *Narrationsanalyse*.

16 Cf. Haumann, *Geschichte*, p. 47.

17 Transcription de l'interview de Flavia Grossmann, 22.6.2006, pp. 76-80, pp. 86-88, in : Flavia Grossmann / Martina Koch, *Erzählte Lebensgeschichten in der soziologischen Biographieforschung und der Oral History. Gemeinsamkeiten und Unterschiede verschiedener Ansätze und eine exemplarische Analyse eines narrativen Interviews mit einer ehemals fremdplatzierten Frau*, travail de séminaire inédit, Université de Bâle, 2007, ici l'annexe p. 62, cf. les analyses de Flavia Grossmanns et Martina Kochs, pp. 40-51.

18 Sur « l'analyse séquentielle », cf. Rosenthal, *Erlebte und erzählte Lebensgeschichte*, pp. 208-226, pp. 240-241 ; Breckner, *Zeitzeugen*, pp. 214-216 ; Gabriele Lucius-Hoene / Arnulf Deppermann, *Rekonstruktion narrativer Identität. Ein Arbeitsbuch zur Analyse narrativer Interviews*, Opladen, 2002 ; Arnulf Deppermann, *Gespräche analysieren. Eine Einführung in konversationsanalytische Methoden*, Opladen, 1999, pp. 53-78. La méthode de l'analyse séquentielle remonte à un processus de l'herméneutique objective : Ulrich Oevermann et al., « Die Methodologie der ‹objektiven Hermeneutik› und ihre

allgemeine forschungslogische Bedeutung in den Sozialwissenschaften », in : Hans-Georg Soeffner (Ed.), *Interpretative Verlahren in den Sozialwissenschaften*, Stuttgart, 1979, pp. 352-433 ; *idem.*, « Die Struktur sozialer Deutungsmuster – Versuch einer Aktualisierung », in : *Sozialer Sinn. Zeitschrift für hermeneutische Sozialforschung*, No.1 (2001), p. 3583 ; Andreas Wernet, *Einführung in die Interpretationstechnik der Objektiven Hermeneutik*, Opladen, 2000. Exemples d'une analyse séquentielle chez Ilse. M. Südmersen, « Hilfe, ich ersticke in Texten ! – Eine Anleitung zur Aufarbeitung narrativer Interviews », in : *Neue Praxis*, 13 (1983) T. 3, pp. 294-306 ; Ronald Kurt, *Hermeneutik. Eine sozialwissenschaftliehe Einführung*, Konstanz, 2004, pp. 238-257 ; Rosenthal / Fischer-Rosenthal, *Analyse*, pp. 464-468.

p. 254

19 Cf. à propos de l'analyse de linguistique pragmatique : Martin Schaffner, « Fragemethodik und Antwortspiel. Die Enquete von Lord Devon in Skibbereen, 10. september », in : *Historische Anthropologie*, 6 (1998), pp. 55-75, ici surtout p. 62, pp. 64-65, pp. 70-71 ; *idem.*, «‹Missglückte Liebe› oder Mitteilungen aus Paranoia City. Eine Lektüre von Justiz- und Polizeiakten aus dem Staatsarchiv Basel, 1894 bis 1908 », in : Ingrid Bauer et al. (Ed.), *Liebe und Widerstand. Ambivalenzen historischer Geschlechterbeziehungen*, Vienne, 2005, pp. 243-254.

20 Sabina Mauron, *Interviewforschung. Der Erinnerungsprozess und die Narrationsanalyse am Beispiel der Selbstdarstellung eines ehemaligen Verdingkindes*, travail de séminaire inédit, Université de Bâle, 2007, p. 21 ; la citation de l'interview réalisée le 13.6.2006 provient de la transcription figurant dans l'annexe, 32, pp. 23-24.

21 Nous ne nous étendrons pas sur les problèmes méthodiques de la transcription. Pour des raisons de lisibilité d'une publication destinée à un cercle de lecteurs étendu, une transcription phonétique n'entre pas en ligne de compte, d'autant plus qu'elle relève l'ensemble des réactions non-verbales lors de l'interview. De toute façon, elle reflète aussi les perceptions de l'interviewer ou de l'intervieweuse.

p. 255

22 Ceci a été abondamment abordé par le sociologue français Pierre Bourdieu (1930-2002) : « Verstehen », in : *idem.*, *Das Elend der Welt*, Konstanz, 1997, pp. 779-803, ici p. 781, p. 802 (*La misère du monde*, Paris, Seuil, 1993) ; de même dans sa dernière conférence : *Ein soziologischer Selbstversuch*, Francfort-sur-le-Main, 2002.

23 Cf. Pierre Bourdieu, *Die feinen Unterschiede. Kritik der gesellschaftlichen Urteilskraft*, Francfort-sur-le-Main, 1987 (*La Distinction. Critique sociale du jugement*, Minuit, 1979) ; *idem.*, « Verstehen », p. 786.

24 Cf. Haumann : *Geschichte*, pp. 51-52.

p. 256

25 Cf. Haumann : *Geschichte*, pp. 48-51.

Conclusion

1 Kathrin Barbara Zatti, *Le placement d'enfants en Suisse. Analyse, développement de la qualité et professionnalisation*. Rapport d'expert sur mandat de l'Office fédéral de la justice, juin 2005.
http://www.bj.admin.ch/bj/home/dokumentation.html

Crédits photographiques et légendes d'origine : Cahier photos (p. 160)

I : Les garçons devant le directeur, maison d'éducation de garçons d'Oberbipp, canton de Berne, 1940.
La légende d'origine dit : « Dans la maison d'éducation de garçons d'Oberbipp. Dans le bureau, on discute des principales préoccupations du moment. »
Paul Senn, « Die Welt der Verdingkinder. Hunger nach Liebe verhärtet die Herzen », in : *Der Aufstieg,* 8 mars 1940, p. 133.

II : Garçon placé pendant la visite de l'inspecteur des pauvres, canton de Berne, 1940.
Cette photo n'a pas été utilisée pour le reportage. La légende d'une autre photo, qui montre le même garçon avec l'inspecteur des pauvres, dit : « Là, l'inspecteur des pauvres rend visite à un jeune homme avec qui il faut maintenant faire quelque chose ; il est sorti de l'école, il faut lui préparer le chemin de la vie. 'Que dirais-tu d'essayer à l'occasion une année en Suisse romande ?' »
Paul Senn, « Die Welt der Verdingkinder. Hunger nach Liebe verhärtet die Herzen », in : *Der Aufstieg,* 8 mars 1940, p. 134.

III : Garçons au travail dans l'établissement d'éducation Sonnenberg, Kriens, 1944.
La légende d'origine dit : « Il y a beaucoup de travail pénible. Quiconque a une vue d'ensemble de l'établissement voit tout de suite qu'il ne reste pas de temps pour l'éducation proprement dite. Il en résulte une exploitation éhontée de la force de travail de garçons en période de croissance. »
Paul Senn / Peter Surava, « Ein gewisser Joseph Brunner. Unhaltbare Zustände in einer Erziehungsanstalt für Knaben », in : *Die Nation,* 30 août 1944, p. 5.

IV : Fillette placée pendant la visite de l'inspecteur des pauvres, canton de Berne, 1940.

Le cliché n'a pas été utilisé. Il s'agit de la même fillette qu'à la planche XII.

V : Garçons gardant les cochons, maison d'éducation de garçons d'Oberbipp, canton de Berne, 1940.

Cette photo n'a pas été utilisée pour le reportage. A propos d'une autre qui montre également la garde des cochons, la légende dit : « Garder les cochons apporte une diversion et permet souvent de se mesurer à la course. »
Paul Senn, « Die Welt der Verdingkinder. Hunger nach Liebe verhärtet die Herzen », in : *Der Aufstieg*, 8 mars 1940, p. 134.

VI : Contrôle des souliers chez une fillette placée, par l'inspecteur des pauvres, canton de Berne, 1940.

Ce cliché a servi d'image de couverture pour un des reportages de Paul Senn en 1940. La légende dit : « L'inspecteur des pauvres en tournée d'inspection. La chambre et le lit ont déjà été soumis à un contrôle, finalement on inspecte aussi les chaussures. »
Paul Senn, « Die Welt der Verdingkinder », in : *Der Aufstieg*, 8 mars 1940, page de couverture.

VII : Garçons au travail dans les champs, maison d'éducation de garçons d'Oberbipp, canton de Berne, 1940.

Ce cliché n'a pas été utilisé dans les reportages de Paul Senn sur la maison d'éducation de garçons.

VIII : Tuteur officiel en visite chez une famille nourricière, canton de Berne, 1940.

Ce cliché a été pris en 1946 lors du reportage sur l'activité d'un tuteur officiel dans le canton de Berne, mais n'a pas été utilisé.
Paul Senn, « Ein Amtsvormund sucht seine Mündel auf », in : *Schweizer Illustrierte Zeitung*, 9 janvier 1946, pp.10-11, 13.

IX : Mère, également mère nourricière, avec deux enfants, canton de Berne, 1946.

Ce cliché n'a été utilisé dans aucun reportage de Paul Senn, mais il date avec certitude de 1946. On déduit des « boilles » à lait à l'arrière-plan et de l'habillement de la femme qu'il s'agit d'une mère qui s'occupait d'enfants placés dans sa famille.

X : Garçon en train de couper du bois, maison d'éducation de garçons d'Oberbipp, canton de Berne, 1940. La légende d'origine dit : « Il préfère rêver au monde qui l'entoure plutôt que de se mettre à l'ouvrage. »
Paul Senn, « Die Welt der Verdingkinder. Hunger nach Liebe verhärtet die Herzen », in : *Der Aufstieg*, 8 mars 1940, p. 133.

XI : Garçon de la maison d'éducation de garçons d'Oberbipp, canton de Berne, 1940. Ce cliché n'a pas été utilisé dans les reportage de Paul Senn sur la maison d'éducation de garçons.

XII : Contrôle des dents chez une fillette placée, par l'inspecteur des pauvres, canton de Berne, 1940. La légende d'origine dit : « De même que l'inspecteur des pauvres doit se soucier constamment du bien-être moral de ses pupilles, il doit aussi s'occuper du physique. 'Tu dois te brosser les dents encore mieux, si tu ne veux pas que la clinique dentaire scolaire à Berne te gronde.' »
Paul Senn, « Die Welt der Verdingkinder. Hunger nach Liebe verhärtet die Herzen », in : *Der Aufstieg*, 8 mars 1940, p. 133.

XIII : Enfant placé allant nourrir les lapins, canton de Berne, 1940. La légende d'origine dit : « Les parents nourriciers sont fiers de 'leur' garçon. Selon eux, il est toujours de bonne humeur, il aime travailler et son élevage de lapins lui donne du plaisir — là, on le voit justement qui va les nourrir. La maîtresse en revanche est moins élogieuse : il ne fait pas ses devoirs, a toujours des poux sur la tête et bavarde beaucoup. S'il ne se donne pas beaucoup de peine, il devra redoubler la classe au printemps. Peut-être tous deux ont-ils raison, les parents nourriciers et la maîtresse. »
Paul Senn, « Ein Amtsvormund sucht seine Mündel auf », in : *Schweizer Illustrierte Zeitung*, 9 janvier 1946, p. 13.

XIV : Garçon à la maison d'éducation Sonnenberg, Kriens, 1944. La photo de ce résidant a été reproduite en pleine page dans le reportage de Paul Senn et Peter Surava sur le Sonnenberg de Kriens. La légende ad hoc était rédigée sous forme de dialogue :
« 'Pourquoi es-tu dans cet établissement ?'   'J'ai volé.'
'Qu'as-tu volé ?'   'Du sucre.'
'Où as-tu volé du sucre ?'   'À la maison, dans la cuisine.'

'Aimerais-tu rentrer chez toi ?'   'Oui, oui, chez ma mère.'
'Depuis combien de temps es-tu là ?'   'Bientôt une année.'
'Est-ce qu'on te bat ici ?'   'Oui.'
Qui d'entre nous, enfant, n'a jamais volé de sucre à sa mère ? »
Paul Senn/Peter Surava, « Ein gewisser Joseph Brunner. Unhaltbare
Zustände in einer Erziehungsanstalt für Knaben », in : *Die Nation*,
30 août 1944, p. 3.

XV : Garçons au travail à la maison d'éducation Sonnenberg, Kriens, 1944.

Le cliché n'a pas été utilisé dans le reportage de Paul Senn et Peter
Surava sur le Sonnenberg de Kriens, qui présentait en revanche toute
une série de portraits individuels, parmi lesquels aussi celui du garçon
à droite. Les légendes disaient : « Ce qu'on estampille ici les étiquettes
« difficilement éducable, enfant à risques », ce sont des enfants qui,
pour la plus grande partie, ne sont ni meilleurs ni pires que les autres.
Ce sont la plupart du temps des enfants pauvres. Des victimes de leur
environnement social, rejetées et superflues. »
Ou encore :
« Il y a longtemps que le dressage moderne d'animaux renonce aux coups.
L'éducation d'êtres humains en revanche semble ne pas pouvoir s'en passer. Un éducateur bienveillant et tant soit peu formé à la psychologie peut
faire de ces garçons des enfants tout aussi normaux que les autres. »
Paul Senn/Peter Surava, « Un certain Joseph Brunner. Unhaltbare
Zustände in einer Erziehungsanstalt für Knaben », in : *Die Nation*,
30 août 1944, p. 5.

XVI : Homme avec un garçon, probablement père nourricier avec enfant placé, canton de Berne, 1946.

Le cliché est très vraisemblablement tiré du reportage de Paul Senn,
« Ein Amtsvormund sucht seine Mündel auf », : *Schweizer Illustrierte
Zeitung*, 9 janvier 1946, pp. 10-11, 13.

XVII : Fillette placée en train de tricoter, canton de Berne, 1946.

Le cliché a été utilisé dans le reportage de Paul Senn sur les activités du
tuteur officiel. La légende disait : « Margareta, dix ans, a trouvé un foyer
chez la soeur de sa mère ; elle partage une chambre avec l'enfant de la
tante. Même en tant qu'enfant placée, elle grandit dans un environnement assez modeste, car le père nourricier est employé à la traite des
vaches. Mais le petit appartement est tenu impeccablement, et l'atmosphère y est incomparablement plus propice au développement d'un

enfant que l'appartement d'une pièce, sombre et sale, où vivent les parents. 'Elle est volontaire et travailleuse, notre Gritli' se félicite la mère nourricière, qui la traite tout à fait comme si elle était sa propre enfant. » Paul Senn, « Ein Amtsvormund sucht seine Mündel auf », : *Schweizer Illustrierte Zeitung*, 9 janvier 1946, pp. 11.

XVIII : La famille du garçon placé « Chrigel », Seeberg, canton de Berne, 1944.

Le cas de Chrigel, enfant placé abusé sexuellement, a défrayé la chronique en 1944, en grande partie à cause du reportage de Paul Senn et Peter Surava. Ce cliché montre la famille de Chrigel, lui-même était hébergé ailleurs à ce moment. La légende d'une autre photo avec les frères et soeurs de Chrigel disait : « Les frères et soeurs de Chrigel vivent dans une pauvreté inimaginable. L'aspect apparemment idyllique de l'image est en réalité quelque chose de très triste. »
Cf. à ce propos : Paul Senn/Peter Surava, « Nur ein Verdingbub. Die unbekannte Schweiz », in : *Die Nation*, 22 juin1944, page de couverture, pp. 10-11.

XIX : Famille du canton de Berne, dont les trois aînés ont déjà été placés, canton de Berne, 1946 (l'un d'entre eux est la fillette qui tricote, planche XVII).

La légende de cette photo dit : « Il en va de l'avenir de ces enfants. La mère les a bichonnés tant bien que mal, car elle était avertie de la visite de l'inspecteur. Heinrich, l'aîné des cinq qui restent, va aussi être placé. Non que les parents veuillent s'en débarrasser, mais ils savent que c'est pour son bien. Les quatre restants – le petit Hansrudi, la timide Martha, la si peureuse Rosmarie et Hedwig, la benjamine dans les bras de sa mère, elle les éduquerait elle-même ensuite pour en faire 'des êtres humains à part entière', dès qu'ils auraient pu construire sur le terrain affermé. 'Alors j'aurai aussi du pain, des pommes de terre et des légumes pour eux', déclare le père avec optimisme.' »
Paul Senn, « Ein Amtsvormund sucht seine Mündel auf », : *Schweizer Illustrierte Zeitung*, 9 janvier 1946, p.11.

XX : Garçons au travail des champs, maison d'éducation de garçons d'Oberbipp, canton de Berne, 1940.

Cette photographie a été utilisée dans le reportage de Paul Senn sur le foyer d'Oberbipp. La légende disait : « C'est en groupe qu'on s'attaque aux travaux. Très tôt, les garçons produisent déjà un travail précieux, apprennent à s'entraider, et le bienfait du travail manuel produit de la satisfaction. Ici, un garçon plus âgé officie en tant que chef de groupe. »

Paul Senn, « Die Welt der Verdingkinder. Kinder ohne Elternhaus », in : *Der Aufstieg,* 15 mars 1940, p. 156.

Bibliographie

(La bibliographie regroupe une sélection de la littérature sur la thématique du livre.
Une bibliographie plus exhaustive se trouve sur le site web : www.verdingkinder.ch)

Récits de vie / Monogrphie / Roman

Fritz Aemi, *Wie es ist, ein Verdingkind zu sein. Ein Bericht*, Waldshut-Tiengen, 2004.

Niklaus Amacker, *Die Lebensgeschichte eines armen Bergbuben aus dem Toggenburg*, Frauenfeld, 2004.

Roland M. Segert, *Lange Jahre fremd. Biographischer Roman*, Bern, 2008.

Louisette Buchard, *Le tour de suisse en cage. L'enfance de Louiselte*, Lausanne, 2009 (1e éd. Yens 1995).

Elvira Frei-Germann, *Die verlorene Kindheit*, Norderstedt, 2003.

Franziska Froholer, Kathrin Barbara Zatti, *Vanessa. Pflegekinder in der Schweiz*, Frauenfeld 2008.

Maria Gremel, *Verdingt : mein Leben als Bauernmagd 1900-1930*, Bern, 1986.

Walter Hess-Kyburz, *Die Buchstaben – mein Leben*, Dachsen 1995.

Walter Hiltbrunner, *Aus meinem Leben*, Riedtwil, 1987.

Arthur Honegger, *Die Fertigmacher*, Frauenfeld, Neuausgabe, 2004.

Arthur Honegger, *La redresse*, Lausanne, 1976

Walter Iseli, *Abgeschoben und verachtet. Die Karriere eines Verdingbuben*, Biberstein 2007.

Anna Jakob-Pozsar, *Pannika oder Anneli : Eine Lebensgeschichte*, Schüpfheim, 1999,.

Rosa Jakob, *Vom goldenen Futternapf. Eine Biographie aus dem Emmentai*, Zürich, 1999.

Fritz Käser-Maurer, *Franz : Verdingbub und Fremdenlegionär*, Kirchberg, 1995.

Jakob Krähenbühl, *Zivilstand ungenügend*, Huttwil, 2006.

Kasy Kunz, *Der Verdingbub. Bearbeitet von Anton Bucher*, Willisau, 1996.

Elena Lappin, *Der Mann mit zwei Kopfen*, Zürich, 2000.

Katharina Lenggenhager, « z'Verdingmeitschi », *e Zyt i mim Läbe*, Gais, 2000.

Walter Loder-Frutiger, *Das Leben von Otto Ferdinand Loder : wie aus einem verdingten Kind ein sozial engagierter Mensch wurde. Nach autobiographischen Aufzeichnungen von Olto Ferdinand Loder-Gasser (1894-1980), verfasst von seinem Sohn Walter Loder-Frutiger*, Spiegel bei Bem, 2003.

Carl Albert Loosli, *Anstaltsleben. Werke Band 1 : Verdingkinder und Jugendrecht*, éd. de Fredi Lerch und Erwin Marti, Zürich, 2006.

Franz Meier, *Der wahre Lebenslauf eines Verding-Buben : Autobiographie*, Luzern, 2000.

Werner Mooser, « Meine Lebensgeschichte », in : Alfred Messerli [Éd.], *Flausen im Kopf. Schweizer Autobiografien aus drei Jahmunderten*, Zürich, 1984, 255-284.

Beat Niederberger, *Sarah – warum gerade ich ? : Ein Pflegekind-Geschichte*, Bottenwil, 2000.

Hans Oppliger (Renate Gerlach), *Der Makel – Geschichte eines Verdingkinds*, Frankfurt, 2007.

Hermann Portmann, *Die andere Armut – vom Verdingbub zum Unternehmer KMU (Fleischwirtschaft)*, Hamburg, 2005.

Frieda Pfäffli, *Schweigende Kindheit*, Thun, 1995.

Eugen Roth, « *Hans-Ueli* », *der Verdingbub : eine wahre Appenzellergeschichte für jung und alt*, Beinwil am See, 1980.

Beate Rothmaier, *Caspar ;* Zürich, 2005.

Pierre-Alain Savary, *Hymne* a *l'amour*, Lausanne, 2002.

Rudolf Schenda [Ed.], *Lebzeiten. Autobiographien der Pro Senectute-Aktion*, Zürich, 1982.

Dora Stettler, *Im Stillen klagte ich die Welt an. Als « Pflegekind »* in *Emmental*, Zürich, 2004.

« Peter Surava, Knecht und Verdingbub. Sozialreportagen aus der Zeit des Zweiten Weltkriegs », in : *Jahrbuch des Oberaargaus*, Langenthai, Jg. 38,1995.

Vereinigung « Verdingkinder suchen ihre Spur », *Bericht zur Tagung ehemaliger Verdingkinder, Heimkinder und Pflegekinder* am 28. *November 2004 in Glattbrugg bei Zürich*, Zürich 2005.

Elisabeth Wenger, *Usa, ein Kind auf Heimatsuche. Ein wahre Geschichte*, Munich, 2004.

Rosalia Wenger, *Rosalia G. Ein Leben*, Bern 1978.

Ernst Wessner, « Bruno Rüdisühli (Aufzeichnung) », in : *Toggenburger Jahrbuch 2006*, Wattwil, 2006, 117-128.

Lotty Wohlwend, Arthur Honegger, *Gestohlene Seelen. Verdingkinder in der Schweiz*, Frauenfeld, 2004.

Recherches et études scientifiques

Martin Akeret, *Über die Forderung nach obligatorischer Arbeit für Staat und Gemeinschaft* im *20. Jahrhundert*, Lizentiatsarbeit Universität Zürich, Zürich, 2005.

Martina Akermann, *Meerrohrstock, Karzer und Fluchring. Anstaltskritik und Strafpraxis im Erziehungsheim Rathausen in den 1940er-Jahren (bis 1953)*, Lizentiatsarbeit Universität Zürich, Luzern, 2004.

Sandra C. Andres, « *L'institution cantonale en faveur de l'Enfance malheureuse et abandonnée ». Rechtliche und soziale Aspekte des Verdingwesens* im *Kanton Waadt 1888-1939*, Lizentiatsarbeit Universität Zürich, Zürich, 2005.

Yuri Ballestri, *Die Neue Sozialpolitik in der Schweiz. Eine Analyse des Entscheidungsprozesses* im *Fall des Impulsprogramms für die Betreuungsplätze für Kinder*, Lizentiatsarbeit Universität Bern. Bern, 2002.

Brigitte Balz, *Kinder ehemaliger Verdingkinder. Umgang mit Mangel*, Lizentiatsarbeit Universität Basel, Basel, 2007.

Hans Bättig, *Die Pflegekinderaufsicht im Bund und in den Kantonen*. Schriftenreihe Jugend, Familie und Recht ; 2 (zugleich Diss. Universität Freiburg), Zürich, 1984.

Matthias Baumer, « *Du, der nicht an Mangel leidet, habe Erbarmen mit deinem Nothleidenden Nächsten, einen freudigen Geber hat Gott lieb.* » Private, freiwillige und nichtstaatliche Fürsorgeinstitutionen in Worb im 19. Jahrhundert, Lizentiatsarbeit Universität Bern, Bern, 2004.

Sabine Bitter, *Die « Richter-Under'sche Anstalt » in Basel von 1853-1906. Die Entwicklung der ersten industriellen Armenerziehungsanstalt der Schweiz und die sozialpolitischen Massnahmen des Staates* am *Ende des 19. Jahrhunderts*, Lizentiatsarbeit Universität Basel, Basel, 1989.

Sandra Böhlen-Fries, *Vom « Notbehelf » zur pädagogisch wertvollen Institution. Die Bewertung öffentlicher Kleinkindererziehung in der Schweiz zwischen 1945 und 2004*, Lizentiatsarbeit Universität Bern, Bern, 2006.

Sarah Brian, *Fabrikgesetz Aarau 1892*, Dissertation Universität Basel, Basel, 2004.

Sibylle Kat ja Bossart, « Kost- und Pflegekinder im Spannungsfeld zwischen Behörden, Pflegeeltern und Fürsorgerinnen in Herisau und Speicher 1907-1943 », in : Appenzellisehe Gemeinnützige Gesellschaft AGG (Ed.) : *Appenzeflische Jahrbücher 2006/134*, Herisau, 2007, 44-69.

Unus Bühler, « I giovani spazzacamini ticinesi », in : *Quaderni Grigoni italiani, 3-4/1984*, 330-342.

Maria Crespo, *Die Entwicklung des Waisenhauses von Zürich vom 17. bis in die erste Hälfte des 19. Jahrhunderts*, Dissertation Universität Zürich, Zürich, 2000.

Guadench Dazzi u. a., *Puur und Kessler. Sesshafte und Fahrende in Graubünden*. Ed. vom Institut für Kulturforschung Graubünden, hier + jetzt, Baden, 2008.

Marco Finsterwald, *Kindswegnahmen durch das Jugendamt Bern in den 1950er-Jahren*, Uzentiatsarbeit Universität Bern, Bem, 2005.

Rudolf Gadient, Bettler, Frevler, *Armenhäusler. Die Armen von Flums im 19. Jahrhundert*, Zürich, 1991.

Gerrendina Gerber-Visser, « [...] *dan mein mutter wot nicht muter sein, und der vatter nicht vatter [...]». Findelkinder in Bem im 18. Jahrhundert*, Uzentiatsarbeit Universität Bem, Bem, 2003.

Ernst Guggisberg, *Private Jugendfürsorge im Kanton Aargau 1920-1940. Eine Studie über den Armenerziehungsverein des Bezirks Baden und seiner Pflegekinder*, Uzentiatsarbeit Universität Basel, Fislisbach, 2007.

Christoph Häfeli, *Die Pflegekindergesetzgebung als Teil des zivilrechtlichen Kinderschutzes*, Luzern, 1997. (Beitrag für die Zeitschrift Netz, 1/1996 ; 3/1997).

Mirjam Häsler, *In fremden Händen. Die Lebensumstände von Kost- und Pflegekindern in Basel vom Mittelalter bis heute*. Neujahrsblatt der Gesellschaft für das Gute und Gemeinnützige (GGG), Basel, 2008.

Anne Hehli, *Le pauperisme rural en Gruyere 1880-1930. Hospice et assistance au quotidien : les cas d'Avry-devant-Pont*, Fribourg, Lizentiatsarbeit Universität Fribourg, Fribourg, 2005.

Kevin Heiniger, « *Man konnte nicht irgendwohin gehen, ohne dass es jemand gesehen hat.* » *Spurensuche und Erinnerungskonstruktionen : Die Lebensgeschichte des « Fremd-platzierten » und « Nacktgängers »* W. H. F., Lizentiatsarbeit Universität Basel, Basel, 2006.

Genevieve Heller, Pierre Avvanzino und Cecile Lacharme, *Enfance sacrifiée. Témoignages d'enfants placés entre 1930 et 1970*, Lausanne, 2005.

Genevieve Heller u. a., *Le traitement des orphelins et les placements d'enfants au 20ᵉ siède. Rapport à l'office federal de l'éducation et de la science Berne*, Lausanne, 2004.

Colla Herbert u. a., *Handbuch Heimerziehung und Pflegekinderwesen in Europa*, Neuwied, 1999.

Paul Hugger [Ed.], *Kind sein in der Schweiz. Eine Kulturgeschichte der frühen Jahre*, Basel, 1998.

Thomas Huonker, *Anstaltseinweisungen, Kindswegnahmen, Eheverbote, Sterilisationen, Kastrationen. Fürsorge, Zwangsmassnahmen, « Eugeniki », und Psychiatrie in Zürich zwischen 1890 und 1970. Bericht des Sozialdepartements Zürich mit einem Vorwort von Stadträtin Monika Stocker*, Zürich, 2002.

Gisela Hürlimann, *Versorgte Kinder. Kindswegnahme und Kindsversorgung 1912-1947 am Beispiel des Kinderheims Marianum Menzingen*, Lizentiatsarbeit Universität Zürich, Zürich, 2002.

Myriam Isenring, *Zwischen Gesetzen, der Kostenfrage und guten Absichten. Die gesetzliche und praktische Entwicklung des Kost- und Pflegekinderwesens im Kanton St. Gallen in der ersten Hälfte des 20. Jahrhunderts*, Lizentiatsarbeit Universität Zürich, Zürich, 2008.

Sabine Jenzer, « *Solche Mädchen sollen gebessert, geändert, erzogen werden.* » *Das Zürcher Erziehungsheim Pilgerbrunnen für « sittlich gefährdete » und « gefallene » Frauen um 1900*, Lizentiatsarbeit Universität Zürich, Zürich, 2005.

Mare Kiener, *Le placement des orphelines dans l'Asile de Vevey de 1828 à 1900*, Lizentiatsarbeit Universität Lausanne, Lausanne, 2004.

Marco Leuenberger, *Verdingkinder. Geschichte der armenrechtlichen Kinderfürsorge im Kanton Bem 1845-1945*, Lizentiatsarbeit Universität Fribourg, Fribourg, 1991.

Walter Leimgruber, Thomas Meier und Roger Sablonier, *Das Hilfswerk für die Kinder der Landstrasse : historische Studie aufgrund der Akten der Stiftung Pro Juventute im Schweizerischen Bundesarchiv, Bundesarchiv Dossier 9. Erstellt durch die Beratungsstelle für Landesgeschichte im Auftrag des Eidgenössischen Departements des Innem.* Schweizerisches Bundesarchiv (Ed.), Bem, 1998.

Sabine Lippuner, *Bessern und Verwahren. Die Praxis der administrativen Versorgung von « Liederlichen » und « Arbeitsscheuen » in der thurgauischen Zwangsarbeitsanstalt Kalchrain (19. und frühes 20. Jahrhundert)*, Frauenfeld, 2005.

Christel Marmy, *Le paupérisme rural dans la Broye aux XIXe-XXe siècles. Soulager, éradiquer ou ignorer la misère ? L'exemple des communes de Montagny-les-Monts et Montagny-la-Ville*, Lizentiatsarbeit Universität Fribourg, Fribourg, 2004.

Katharina Maser, *Kindswegnahmen und Fremdplatzierungen. Die Praxis der Vormundschafts- und Armenbehörde der Stadt Bem 1920-1940*, Lizentiatsarbeit Universität Bem, Bern 2006.

Joset Martin Niederberger, *Kinder in Heimen und Pflegefamilien. Fremdplatzierung in Geschichte und Gesellschaft*, Bielefeld, 1997.

Nicole Oelhaten, *Die freiwillige Armenpflege im Kanton Aargau und das Konzept der Christlichen Nächstenliebe. Die freiwillige Armenpflege als Ergänzung zum öffentlich-rechtlichen Armenwesen im 19. Jahrhundert. Am Beispiel des Armenerziehungsvereins Bezirk Baden* (1862), Lizentiatsarbeit Universität Zürich, Zürich, 2007.

Dominique Pierart, *L'Orphelinat bourgeoisial de la Ville de Fribourg (1868-1914). Un exemple de la prise en charge de l'enfance abandonnée au XIXe*, Lizentiatsarbeit Universität Fribourg, Fribourg, 200t

Anne-Franyoise Praz, *De l'enfant utile à l'enfant précieux. Analyse comparative des modifications du statut de l'enfant dans quatre villages fribourgeois et vaudois au cours de la première transition de fécondité (1860-1930)*, Dissertation Universität Fribourg, Fribourg, 2003.

Nadja Ramsauer, *Verwahrlost. Kindswegnahmen und die Entstehung der Jugendfürsorge im schweizerischen Sozialstaat 1900-1945*, Zürich, 2000.

Barbara Remi, *Die katholischen Erziehungsheime im 19. Jahrhundert in der deutschsprachigen Schweiz*, Brugg, 1987.

Martine Ruchat, *L'oiseau et le cachot. Naissance de l'éducation correctionnelle en Suisse romande 1800-1913*, Genève, 1993.

Raphael Schläpfer, *Kantonale Armenreform und kommunale Fürsorgepolitik. Eine Untersuchung über Armenfürsorge im Kanton Bem im 19. Jahrhundert mit dem Schwerpunkt der Einwohnergemeinde Worb*, Lizentiatsarbeit Universität Bem, Bem, 2003.

Anna Schneider, *« Sie dringend ermahnt, dass mit mehr Geld & weniger Schlägen zu erziehen »* – Die Kinderschutztätigkeit der *« St. Gallischen Vereinigung für Kinder- und Frauenschutz »* in den 1930er-Jahren, Lizentiatsarbeit Universität Zürich, Zürich, 2007.

Jürg Schoch, Heinrich Tuggener und Daniel Wehrli [Ed.], *Aufwachsen ohne Eltern. Verdingkinder – Heimkinder – Pflegekinder – Windenkinder. Zur ausserfamiliären Erziehung in der deutschen Schweiz*, Zürich, 1989.

Loretta Seglias, *Die Schwabengänger aus Graubünden. Saisonale Kinderemigration nach Oberschwaben*, Chur, 2007[2].

Gabriela Suter, *Die transparenten Armen. Generierung von Wissen über Bedürftige am Beispiel der Freiwilligen und Einwohnerarmenpflege der Stadt Zürich 1895-1928*, Lizentiatsarbeit Universität Zürich, Zürich, 2005.

Hannes Tanner, « Pflegekinderwesen und Heimerziehung in der Schweiz », in : *Handbuch Heimerziehung und Pflegekinderwesen in Europa*, Neuwiedl, 1999, 95-102.

Ueli Tecklenburg und Yves Ecœur, *Décisions de placements de mineurs dans le canton de Vaud*, Lausanne, 1996.

Claudia Töngi, « Erziehung, Vernachlässigung, Missbrauch : häusliche Gewalt gegen Kinder und Pflegekinder in Uri im 19. Jahrhundert », in : *Traverse*, 2005, 101-118.

Otto Uhlig, *Die Schwabenkinder aus Tirol und Vorarlberg*, Innsbruck, 1998[3].

Karin von Wartburg, « *Caritas Christi urget nos !* » *Das Seraphische Liebeswerk im Dienst des göttlichen Kinderfreundes*, Lizentiatsarbeit Universität Basel, Basel, 2004.

Elisabeth Wenger, *I ragazzi dei camino. Einer vergessenen Vergangenheit auf der Spur*, Basel 2007.

Kathrin Barbara Zatti, *Das Pflegekinderwesen in der Schweiz. Analyse, Qualitätsentwicklung und Professionalisierung*. Expertenbericht im Auftrag des Bundesamtes für Justiz, 2005. http://www.bj.admin.ch/bj/home/dokumentation.html

Articles de journaux et de revues

Carl Albert Loosli, « Verdingkinder », in : *Tages-Anzeiger*, 6. März 1945 (Beginn einer 16-teiligen Artikelserie Looslis zum Verdingkinderproblem im *Tages-Anzeiger*, abgeschlossen im Frühjahr 1949). Nachzulesen in : Carl Albert Loosli, *Anstaltsleben. Werke Band 1 : Verdingkinder und Jugendrecht*, hrsg. von Fredi Lerch und Erwin Marti, Zürich 2006.

Franziska Ramser, «'Ich war halt nur der Verdingbub'. Eine Kindheit im Emmental : Die Geschichte von Paul H. », in : *Der Bund*, 13. April 2004.

Christine Brand, « Der Verdingbub », in : *NZZ am Sonntag*, 25. Juli 2004.

Reto Anklin und Regula Wenger, « Man wusste : 'Es si armi Cheibe'», in : *Basellandschaftliche Zeitung*, Serie ab 27. Juli 2004.

Markus Zahno und Dominik Balmer, « Die Schicksale der Verdingkinder », in : *Bemer Zeitung*, Serie ab 25./26. September 2004.

Erwin Marti, « Auf der Spur der Verdingkinder : Ein düsteres Kapitel Schweizergeschichte », in : *Soziale Medizin*, 3/2004.

Christoph Schilling, « Wie Sklaven gehalten. Ehemalige Verdingkinder fordern Aufklärung und offizielle Entschuldigung », in : *Beobachter*, 29. Oktober 2004.

Annegret Honegger, « Auch die Spurensuche tut noch weh », in : *Zeitlupe*, 4/2006.

Sibylle Bossart, « Kinder -an die Kost gegeben », in : *St. Galler Tagblatt*, 6. Oktober 2006.

Ruth Frei, « Er hatte keinen Namen », in : *Nova*, 12/2006.

Walter Däpp, « Ich war dazu bestimmt, ein Sklave zu sein », in : *Der kleine Bund*, 20. Januar 2007.

Jakob Hofstetter, «'Du bisch hie häre cho zum Wärche, nid zum Bäbele'. Wie ehemalige Verdingkinder ihre Vergangenheit verarbeiten », in : *Wochen-Zeitung für das Emmenfal und Entlebuch*, 27. März 2008.

Émissions à la radio et à la télévision / Films / Manifestations

« Quer », Röbi Koller im Gespräch mit Robert Wenger, *SF DRS 1*, 26. November 1999

« Input », « Verkauft, verdingt, verbraucht – vom Verdingkinderwesen in der Schweiz », *SR DRS 3*, 8. Dezember 2002, *SR DRS 1*, 3. April 2003.

« Kontext », « Von Liebe keine Spur - in die Fremde verdingt », *SR DRS 2*, 3. November 2003.

« DOK – Spuren der Zeit », « Verdingkinder », *SF DRS* 1, 29. Dezember 2003.

« Schweiz aktuell », « Verdingkinder » (Serie von insgesamt sechs Beiträgen, *SF DRS* 1, Januar-März 2004).

Verarmt, verdingt, gering geschätzt, Gotthelfs « Bauernspiegek » : Lebensbilder, Sonderaus-
stellung im Regionalmuseum Langnau, 3. April 2004-31. Oktober 2004. « Schatten über Heidiland », 3Saf, 20. Juni 2004.

Lotty Wohlwend und Renato Müller, « Turi » – Ein Film über Arthur Honegger 2004. « Vom Verdingbub zum Pfarrer », *Radio Emme*, 26. August 2004.

« Rendez-vous : Tagesgespräch », Sonja Hasler im Gespräch mit Marco Leuenberger, *SR DRS* 1, 26. November 2004.

« Temps pnésents », « Enfances brisees », *TSR 1*, 6. Januar 2005.

« Europamagazin », « Verdingkinder », *ARD*, 15. Januar 2005.

« Verdingkinderwesen im Emmental », *Radio Emme*, 27. Januar 2005.

« Europa », « Verdingkinder », *ARTE*, 11. Februar 2005.

« Auslandsreporter », « Verkauft, missbraucht, vergessen. Schweizer Verdingkinder als Arbeitssklaven », *SWR*, 20. Februar 2005.

« Auslandsreporter », « Was kost' das Büebli ? », 3Sat, 20. Februar 2005.

« Aeschbacher », Gespräch mit Dora Stettfer, *SF DRS* 1, 31. März 2005.

« Zeitlupe », « Verdingkinder » (Beitrag von und mit Franz Hohler), *SR DRS* 1, 16. April2005

« Rendez-vous am Mittag », Alexander Grass im Gespr~ch mit Elisabeth Wenger und Thomas Huonker über den Bundesratsbeschluss, *SR DRS* 1, 10. Juni 2005.

« Menschen, die Pflegekinder begleiten », *Radio Emme*, 30. Juni 2005.

« Leben im Kinderheim », *Radio Emme*, 9. Februar 2006.

« Kontext », « Verdingkinder », *SR DRS* 2, 10. Februar 2006.

«Passage », « Verdingkinder. Wir waren immer nur Aussenseiter », *SR DRS* 2, 7. April 2006.

« Verdingkindwesen in der Schweiz », *Radio Emme*, 22. Februar 2007.

« Kontext », « Besserer Schutz für Pflegekinder », *SR DRS* 2, 9. Juni 2008.

Auteurs et auteures

Sabine Bitter. Licence en philosophie, historienne (Université de Bâle) ; journaliste à la Radio suiss alémanique DRS 2, Bâle.

Mirjam Häsler. Licence en philosophie, historienne (Université de Bâle) ; elle travaille actuellement dans l'économie privée à Bâle.

Heiko Haumann. Historien, professeur ordinaire d'histoire de l'Europe de l'ouest (Université de Bâl).

Liselotte Lüscher. Docteur en philosophie, enseigne les sciences de l'éducation (Université de Berne), collaboratrice dans le projet de recherche lié à ce livre, Berne.

Marco Leuenberger. Licence en philosophie, historien (Université de Fribourg), chercheur à l'Institut de Sociolgie (Université de Bâle) et à l'Office fédéral des migrations (Suisse).

Ueli Mäder. Sociologue, professeur ordinaire de Sociologie (Université de Bâle).

Katharina Moser Lustenberger. Institutrice, licence en philosophie, historienne (Université de Zürich), collaboratrice dans le projet de recherche lié à ce livre, Berne.

Loretta Seglias. Licence en philosophie, historienne (Université de Zürich) chercheuse à l'Institut de Sociologie (Université de Bâle) et historienne indépendante.

Achevé d'imprimer
sur les presses de
Tipografia La Vallée, Aosta.
2008